Foreign Language Education and Application

外语教育与应用

第八辑

主 编 杨江

副主编 沈光临

edukacja j zyka obcego i stosowanie w nauczaniu j zyków obcych

한국어 교육과 응용

外国語における教育と応用

A Educação e Aplicação de Línguas Estrangeiras

Aplicación y Educación de Lenguas Extranjeras

Éducation et application des langues étrangères

educazione e pratica di lingue straniere

Fremdsprachenausbildung und -anwendung

Vyuka a aplikace cizích jazyk

Az idegen nyelvek oktatása és alkalmazása

重庆大学出版社

한국어 교육과 응용

图书在版编目(CIP)数据

外语教育与应用.第八辑/杨江主编. -- 重庆:
重庆大学出版社,2022.10
ISBN 978-7-5689-3564-7

Ⅰ.①外… Ⅱ.①杨… Ⅲ.①外语教学—教学研究—
高等学校—文集 Ⅳ.①H3-42

中国版本图书馆 CIP 数据核字(2022)第 189958 号

外语教育与应用(第八辑)

主　编　杨　江
副主编　沈光临
策划编辑:张春花

责任编辑:张红梅　　版式设计:张春花
责任校对:刘志刚　　责任印制:赵　晟

*

重庆大学出版社出版发行
出版人:饶帮华
社址:重庆市沙坪坝区大学城西路21号
邮编:401331
电话:(023) 88617190　88617185(中小学)
传真:(023) 88617186　88617166
网址:http://www.cqup.com.cn
邮箱:fxk@cqup.com.cn(营销中心)
全国新华书店经销
POD:重庆新生代彩印技术有限公司

*

开本:890mm×1240mm　1/16　印张:16　字数:356 千
2022 年 10 月第 1 版　　2022 年 10 月第 1 次印刷
ISBN 978-7-5689-3564-7　定价:68.00 元

编审委员会

主　　任　杨　江

委　　员　杨　江　杨继瑞　李　葵　张华春
　　　　　　沈光临　龙成松　何晶晶

封面题字　刘仕洪

目录

第一部分
"真实素材"专题研讨

应用型外语人才培养视域下真实素材研究前景分析①
—— 六篇国外真实素材相关论文推介

四川外国语大学成都学院　沈光临　何晶晶　邱枫　李卫东

【摘要】本文系统讨论了真实素材的定义、内涵、特点,根据六篇国外真实素材相关论文,述评真实素材运用于外语类教材的编写原则、内容分析、使用评价,提供真实素材在实践层面的具体操作建议。最后,本文提出真实素材在使用过程中的要点与亟待研究的课题,以期通过对真实素材的使用进行更深入的探究,助力应用型外语专业人才培养目标的实现。

【关键词】外语专业;真实素材;教材编写;应用型人才培养

1. 引言

与研究型外语人才培养有所不同,应用型外语人才的培养除了坚持外语的人文性培养,更强调外语的工具性培养。国内外相关研究表明,外语实际应用场景中所形成的真实素材经过教学化改造,生成真实性教学材料,运用合适的教学方法,全面应用于外语教学,可大大提高外语工具性培养的效率和效果。然而,在应用型外语人才培养语境下,真实素材的界定、采集、教学化改造、教学使用尚存许多未知领域,其相关规律有待进一步深入研究、发现,并加以有效应用。鉴于此,本文拟从以下五个方面进行探讨:①回顾国内外真实素材研究,厘清相关研究现状;②通过对真实素材支撑作用的分析,阐明应用型外语人才培养采用真实素材的必要性;③借助六篇国外相关论文的推介,

① 本文为中国民办教育协会"2022 年度规划课题(学校发展类)线上线下融合的高校外语类教材新形态及创新应用研究"阶段性研究成果,项目编号:CANFZG22117。

展示国外相关领域的研究深度和存在的后续研究空间;④真实素材与应用型跨学科教材研究;⑤真实素材在应用型外语人才培养中的研究方向和规划,以期真实素材的研究覆盖应用型外语人才培养的全过程。通过对这些要素的讨论,本文对本期"真实素材"专栏研究做出分析和解释,以便读者了解我们的工作初心。

2.国内外研究综述

2.1　国外研究综述

国外关于真实素材(authentic materials)的应用研究有很长的历史。Widdowson(1974)提出,在外语学习过程中,真实书面文字材料是唯一有可能提供真实交际的途径。Wilkins(1976)将真实素材定义为:"不是特意为外国学生编写或录制的材料,而本来就是为讲本国语的人提供的材料。"同时他还指出,不应把真实材料中的长句、难句、语法难点删除或改写以降低难度,但可以对材料的内容做不同的开发和利用。Henry Sweet 在其教学与著述中,频繁使用真实文本,倡导"把活的语文学应用到实际的语言教学中"(Howatt 1984)。

在外语教学中,真实素材兴起于20世纪60年代加拿大法语区的"以内容为依托的外语教学"(content-based instruction)理念,将语言教学建基于某学科或主题内容的教学之上。该理念强调在外语教学中选择的核心教材,包括文本、视频、音频等,必须原为本族语使用者使用,教学活动的重点放在使用真实语言来理解、传达信息,完成真实任务。20世纪70年代的语言交际教学法(CLT)首次提出使用"真实素材",并在之后的外语教学中得到提倡。

真实素材的早期研究集中在教学实施与学生使用效果。Prodromou(1996)认为语言教学应以交际为基础,要把真实素材与不同文化背景联系在一起。教育者应该更多地关注文化的多样性,而不仅仅是英语语言的语境。随着相关理论的不断发展,Guariento 和 Morley(2001)在研究中发现,对学习能力较差的学生来说,使用真实的文本他们很难理解,设计者可以通过简化课堂任务执行真实教学素材。Senior(2005)的研究明确支持使用真实素材和多媒体辅助,关注如何使用真实素材促进学生学习真实的英语。同时,她建议给学生充足的时间寻找感兴趣并符合实际需求的真实教学素材,充分体现以"学生为中心"(learner-centered)。

目前有关外语教学真实性(authenticity)的讨论逐渐延伸到了学生真实性、练习活动的真实性、语言课堂的真实性、教学活动的真实性等方面(Lee 1995;Guariento & Morley 2001),但教学材料的真实性仍然是核心论题(Gilmore 2007)。在外语教学中,真实材料能够提供真实的交际范例、自然的冗余重复、多样的理解提示,使学生不再局限于语言的形式,而能"自上而下"地先理解材料内容,后学习词汇和句法,同时利用学科知识和语境去理解信息,改善学生的学习机制,提高其应对新语言知识的能力。

2.2　国内研究综述

20 世纪 80 年代起,国内在外语教学方面就有关于真实素材相关研究出现。尽管起步不算晚,但相关研究在数量和范围上还是与国外同类研究有一定差距。以"真实材料"为主题词在知网上仅检索到与外语教学相关文献约 168 篇,其研究集中在听力教学、阅读教学和语言交际能力这三个领域。下面就其中较有代表性的观点进行综述。

郭卫平(2003)通过对学生听力训练和测试的跟踪调查,指出以学生为中心的听力教学材料一定要有广泛交际性、由易到难、循序渐进,最好选用真实素材。许晓晨等人(2018)依照 Richards 听力理解信息处理模型,从背景知识、语速、生词量三个方面控制真实听力材料的难度进行满足教学实际的听力教学设计。庞利群(2019)认为要根据教学目标,学生的语言水平、学习动机和需求及学生的心理特点来选用真实听力材料。

张惠(2008)归纳了在阅读教学中使用真实素材的一些优点:具有高度激励作用;给予成就感;鼓励深度阅读;反映语言运用中的变化;种类繁多;用途多样;可多次使用;可更新等。陆凯等人(2014)分析了真实材料在英语阅读教学中的作用,提出教师应把握好所选真实材料的难度,保证语言的可输入性;把握好所选真实材料的内容,与学生的阅读教材呼应,激活学生的图式;依据学生的需求选取学生感兴趣的材料语言形式,激发学生的阅读兴趣。

庞继贤早在 1987 年就讨论了使用"未经改写的真实材料"(authentic text)培养学生语言交际能力的必要性。陆国君(2000)提出,在听力课堂上,教师应坚持使用真实素材,实施任务分级(Grading the Task),并控制任务难度,让不同水平的英语学生始终有机会接触真实的语言,促进其自然交际能力的发展。成立(2016)指出,英语教学中使用真实素材能让英语学生全方位接触并掌握英语本族语使用者的表达方式,从而真正提高其语言交际能力。

尽管我国外语界从 20 世纪 80 年代就已关注真实素材与外语教学关系的研究,但大多是对教学材料是否应该选用真实素材,或是选用真实素材对外语教学有何积极作用的探讨,且多数主张直接将真实素材用作教学材料,对如何选择真实素材虽有讨论,但不够深入,对真实素材教学化改造更是鲜有涉足。目前我国社会需要大量复合应用型外语人才,在这一形势下,如何采集、教学化改造真实素材,并针对性地提出合适的教学设计和教学方案,以便真正培养出社会适应能力强的外语人才,正是我们研究的重点方向。

3. 真实素材与应用型外语人才培养

　　教育部最新发布的《普通高等学校本科外国语言文学类专业教学指南》（以下简称《指南》）提出，外语教育要主动服务国家战略和地方经济社会发展，满足中华文化"走出去""一带一路"建设和构建人类命运共同体对英语专业人才和复合型人才的需求。真实素材是来自相关专业、行业的一线实践素材。在外语教育中使用真实素材、完成真实任务，有助于培养具备扎实的外语基础和人文素养，又精通新的专业知识和特色岗位知识的应用型外语人才。随着外语教学研究纵深发展，越来越多的国内学者意识到教材研究对中国外语教学的重要性（张雪梅 2019）。因此，我们应该坚持以服务需求与成效为导向，研究外语类真实素材教材编写，实现教学知识与行业的对接、与企业的对接、与岗位的对接，从而切实提高应用型外语人才培养目标的达成度，满足经济社会发展需求。

　　基于真实素材的外语教材编写应满足三个维度的考量：契合度、可教度、通用度。

　　（1）真实素材外语教材的契合度

　　基于真实素材的教材契合度其包含以下特点：个性特色浓厚（对准某个人才细分市场的需求）、精准指向我国与目标语国家合作的产业、服务地方经济、采用真实素材、用目的语学习行业知识。采用真实材料进行教学，在学生有限的大学时光，为其建构基本的、表层的中外文对应关系对外语学科应用型人才的培养至关重要。一方面，为保证工作岗位内容与教学内容高度一致，教师需在教学中采用来自行业实践的真实素材，保留其本来的实践特征；但另一方面，真实素材的复杂程度、个性化特征等会阻碍教学的正常使用，需对其进行适当的处理。

　　（2）真实素材外语教材的可教度

　　从浩繁的真实素材发展到符合教学要求的教材或讲义应做到"七化一免"，以达到真实素材真正融入教学。第一，去综摄化，要消除真实素材产生背景给素材留下的痕迹，使之成为可在通用背景下使用的知识；第二，去个性化，要消除和改正真实素材中撰写者本人或群体给素材留下的个性特征；第三，计划化。按教学计划对真实素材进行拆分、重排，满足教学计划性的需要。第四，公开化。研究如何将真实素材按照（依托实践知识总结而来的）"应教知识"进行排列和分布，使得各个讲次、单元的教学目标清晰明了。第五，可评估化。要配有相应的练习内容，通过练习和自测题检查学生对知识的掌握程度，将真实素材与考试内容相互连接。第六，双编码化。在教学文本中添加真实场景中的图片和视频，有效提高学生的对教学内容的理解速度，在脑海中保存文字和图像的双编码，增加记忆锚点，以便长期记忆和提取知识。第七，人性化。真实素材大多偏中立和客观，在文本中增添文化、经济和社会的知识内容，可使其更具吸引力。第八，免科普化。为降低教学难度和便于学生理解掌握教学内容，用简单术语代替真实术语的做法会降低学生对所学知识在实际应用中的辨识度,甚至引发错误。因此必须保全真实素材原有的科学体系和术语原貌,避免其科普化。

(3)真实素材外语教材的通用度

通用度是指大学阶段帮助学生掌握通用行业知识,工作中其仅需学习专门行业知识,大幅减轻其在工作中的压力。例如,学习招投标的流程、文件格式,进入某行业后,仅需学习该行业的专业知识,很快就能具备该行业招投标提供语言服务的能力,而无需从头开始学什么是招投标及怎么做等。需要注意的是,教材中的真实素材在工作中的复现率不低于60%,才能帮助学生具备基本的通用行业知识。

鉴于此,真实素材教材编写的研究满足社会发展对应用型和复合型人才的多元需求,推动教学思想和理念的转变,改进和调整传统人才培养形式,构建特色化课程体系。

4.国外研究文章推介

为进一步拓宽研究视野,丰富真实素材的理论与实践研究,本文推介四川外国语大学成都学院英语、法语、俄语专业教师翻译的六篇国外相关研究文章,以期为真实素材教材编写与教学实践提供参考。

第一篇论文摘译自法语专著 *Cours de didactique du français langue étrangère et seconde*,该书由法国尼斯大学教授、世界法语教师联合会荣誉主席 Jean-Pierre Cuq 和尼斯大学教授 Isabelle Gruca 合著,Presses Universitaires de Grenoble 出版。文章对真实素材在法语外语教学中的"前世今生"做了大致梳理,首先通过教材中真实素材的应用历史脉络的呈现,层层递进绘出真实素材的定义,强调真实素材与文化和语境的紧密联系。在此基础上,引出真实素材的种类,由此揭开其发展的轨迹及发展方向,指出随着科技的发展,真实素材的表现形式的变迁与进化,使其作为教学法发展的重要工具,实现其对未来语言教学的积极意义。随后,通过以上对真实素材勾勒的线条要素,对其在教材和教学法中的应用策略及原则做出强调。作为未来语言教材的重要组成部分,以及教学方法的灵感之源,文章在最后肯定了真实素材的重要作用,并针对其科学的运用提出了关切点。

《真实素材:对外法语课堂中的使用示例》是由阿纳多卢大学对外法语教师、对外法语培训师维达阿斯莉姆·耶缇丝(Veda Aslim-Yetis)于2010年发表于 Synergie 中。文章讨论在外语课程中,更具体地说是在对外法语课堂中真实素材的使用。在回顾什么是真实素材及其选择标准并讨论其在语言教学与学习中的重要性之后,作者对以土耳其语为母语的对外法语学生进行了实验研究。该论文以广播节目为支撑素材,采用视听整体结构法(SGAV)进行课堂活动设置,准备了一份口语表达与听力理解课程的教案,为对外法语教师提供了很好的课堂示例。真实素材在对外法语课堂上的运用更关注现实生活和时事教学,强调在课堂上展示地道的法语,帮助学生接触目标语言和文化。然而,为使它们更加有效并让学生充分了解其真实性,应该通过适当处理来正确使用它们。

《外语学习中的真实素材与真实性》摘译自 Alex Gilmore 所著的文章 *Authentic materials and Authenticity in Foreign Language Learning*,原文发表于 *Language Teaching* 2007 年第 40 期,作者为应用语言学博士,写作时为京都大学高等教育素质培养中心(Center for the Promotion of Excellence in Higher Education)教授。文章对真实素材与真实性的研究成果进行了纵向与横向的概括性梳理,并就真实性的定义、真实素材在课堂中的应用提出了自己的观点。文章涉及真实素材和真实性探讨的历史、真实性的定义、真实性在教材层面与语用层面的差距、真实素材选用与教学大纲设计的建议、语料库在素材真实性提高中的作用、信息通信技术对真实素材的影响,以及教学大纲设计潮流在历史视角中可能的发展方向。作者引用主流英语教学课堂,ESL(English Second language)与 EFL(English Foreign language)的教学实验数据,并试图涵盖语言教学整体,寻找一种将语言作为一门科学的总体问题解决途径,并在文章的最后给出了未来研究方向的建议。这篇摘译在考量文章写作时间的局限性后,把重点放在真实性在教材层面与语用层面的差距上,对作者提出的最终建议也做了译介。

《语言课堂上的英语教学真实素材:概览》摘译自马来西亚学者 Shameem Ahmed 撰写的 *Authentic ELT Materials in the Language Classroom:An Overview*,原文发表于 *Journal of Applied Linguistics and Language Research* 第 2 期。作者在参考了 83 篇文献的基础上,对众多学者关于优质教材、真实素材、真实性、教材设计与真实素材的关系,以及基于真实素材的教材改编的研究进行了梳理,认为教材构筑起了生动、互动而又有意义的语言课堂的生命线。教师在选择语言课堂的材料时,要高度重视材料、活动和方法之间的关系。选择真实素材作为教学材料,要考虑其可促进听、说、读、写四种语言技能的学习,确保内容或主题传达相关信息,丰富和拓宽学生对"现实世界"语言的使用。真实素材在语言教学中可发挥多种作用:使学生能够与真实的语言和内容互动,学生在课堂上变得更加清晰,反应更加灵敏,同时在学习课堂外和现实世界中使用的语言时身临其境,从而培养学生一系列交际能力(语言、语用、社会语用、战略和话语能力)。尽管作者对真实性和真实素材相关文献进行了全面梳理,但在教材设计和真实素材的关系,即如何将真实素材改编为优质教材方面,只是借前人的研究成果泛泛而谈,并没有提出具体的、可操作的解决方案。

《肯特州立大学 ESL 教学中心阅读教材真实性研究》摘译自 Amal Lotfi Laba 于 2014 年 12 月发表于肯特州立大学的博士毕业论文。文章考察了美国肯特州立大学 ESL 教学中心英语阅读课程中真实材料的使用情况,并探讨师生对阅读课上使用真实材料的见解。研究结果将为 ESL/EFL 阅读教材编写和教师使用真实材料提供一定参考和启示:一是需要广泛使用真实材料,并选择符合学生水平且能够激发学生阅读动机的真实材料,增加帮助学生在现实生活中阅读目标语或提高跨文化交流能力的真实材料。二是不同体裁的真实材料可以承载不同的教学功能;需要设计与材料相匹配的活动。三是无论是教材编写还是课内外练习,都要为学生提供一定选择真实材料的探索空间和机会。此外,应该对教材中使用的真实材料标明引用出处,以帮助师生查找来源和阅读更多相关内容。文章提出未来研究可从以下两大方向着手:一是进一步评估真实素材在何种程度上提高学生词汇量、阅读能力和阅读动机。二是针对网络阅读材料进行深入研究,从网络文本类型、体裁、内容和感兴趣的原因着手,进一步探究网络文本对学生英语阅读学习的影响。

《真实素材是形成交际能力的重要环节》是由托木斯克国立大学副教授 H. A. 萨维诺娃(H. A. Savinoba)和 L. V. 米哈列娃(L. V. Mikhaleva)于 2007 年发表于托木斯克国立大学公报《语言科学》中,概括了俄罗斯近年来在真实素材研究方面的主要观点,包括真实素材的定义、真实素材的内容、在外语教学中采用真实素材的优势。文章主要观点包括以下三点:首先,真实素材是形成交际能力的重要组成部分,并且对外语学生提高跨文化交际能力有重要作用;其次,文章综述了俄罗斯国内对真实素材内涵的主要观点;最后阐释了外语教材真实素材需要具备的特点。该文是一篇综述性质的文章,因此缺少真实素材在外语教学中的具体应用实例和实证性质的研究。

以上文章展示了不同国家各语种对真实素材的研究与思考,既包括理论阐释,也涵盖实证教学,涉及口语、听力、阅读等外语专业核心课程,对广大一线外语教师更新教育教学理念、采用真实素材教学、开展教学具有指导作用。期待各语种的外语教师参与真实素材的实践、研究及理论优化,从教育实践中的"真问题"出发,积极更新教育理念,参与教学改革,提高教学质量。

5. 真实素材与应用型跨学科教材研究

新文科建设强调学科交叉、文理相融,反映了学科发展与人才培养的新趋势。新文科的意义在于更强化文科专业基础的融通性,帮助学生打牢基础、扩展能力,培养理论素养与实操能力相融合的创新型人才。新文科背景下的应用型外语人才培养迫切需要进行外语专业应用型跨学科教材建设,这类教材要紧密对接"外语 +"人才培养模式,改变重理论轻实践倾向,将外语能力作为核心和基础,并与工业、商业、金融业等服务业所需职业技能、职业素养和所服务经济体文化的认知等因素结合,实现"两化融合"或"多化融合"。真实素材作为自身行业一线材料的特点决定其应用到此类教材开发的必然。此外,从当前社会发展形势看,教材数字化开发已成蔚然之势,通过数字化手段可实现对教学过程环节的分解、管理和控制,推动教学向个性化、整合式、精细化方向发展,体现教材的富媒体性、开放性、动态性、交互性等特性,适应时代发展需求。所以,目前应用型外语人才培养下的真实素材研究重点是教学化转变和数字教材开发。

首先,运用于应用型跨学科教材的真实素材,需完成学术知识、应教知识、实教知识、实学知识的教学化转变。教学化转变(Transposition Didactique)自 1975 年由法国社会学家米歇尔•弗雷特

(Michel Verret)提出以来,最先应用于数学教学研究,后由法国教育学家伊夫·舍瓦拉尔(Yves Chevallard)引入教学法。伊夫·舍瓦拉尔(1985)认为,在教学关系下,所要教授的知识即应教知识并不是学术知识的简化移植,而是针对教学需求进行专门建构的结果,其建构步骤和过程被称为教学化转变。应教知识是学术知识经过公理化和教学化改造,按照国家规定和学校教学大纲规定应该在学校传授的知识。这种从学术知识到应教知识的转变被称为外部教学化转变。应教知识通过师生协商和重组,成为满足实际课堂教学需要、在教学中实际传授的实教知识。从应教知识到实教知识的转变被称为内部教学化转变。最后,实教知识经过学生的各种投入,在自我的知识参照系中扎根,成为学生实际掌握的知识,即实学知识。至此,知识的教学化转变结束。

5.1 真实素材的采集

应用型人才应掌握将学术知识(即特定领域内学者或研究人员创建和持有的知识,另一方面它应包括与之相关的一切社会实践经验)运用于实践的应用能力。因此,使用反映学术知识和工作经验的真实素材开发教材,能够有效提高应用型人才的培养成效。但另一方面,真实素材是完全对接生产过程的,它与教学所需的组织结构完全不同,这类材料还要经过公理化和教学化改造,才能真正用于教学。

5.2 真实素材的改造

对外语专业来讲,公理化以《指南》进行保障,它明确了外语专业学生必须完成的课程和必须达到的目标。基于此,学校通过调研确定人才培养方向。而教材开发者层面的"教学化"则是对《指南》和学校筛选过的学术知识和实践知识按能力需求分解知识(Désynchrétisation)、去除专有特征(Dépersonnalisation)、编排知识板块(Programmation)、设定教学目标(Publicité)、建构测评体系(Contrôle social)五项工作,进而形成"应教知识",并体现在课程教学大纲或教材中。在应用型高校的外语专业,上述五项工作可具体为:按应用型外语人才规格分解知识、去除已分解知识的专有特征、将知识基于学时形成教学计划、为教学计划设定教学目标、构建使用"通用"真实素材的测评体系。

5.3 真实素材教学

就实际教学来看,教师教授知识的同时,学生也在接受知识,这两者通常是同时进行的,对应"教学化转变"的"内部教学化转变"阶段。本阶段的开发应通过如下几种方式:①教学时间发生式转变(La chronogenése)。教师将知识点一个接一个地向学生提出,并不断提醒学生;学生则不断通过教师的提醒质疑自己,重新表述。②师生讨论式转变(La topogénèse)。教师和学生是由应教知识联系起来的两个主体。通过这一讨论过程最终得到实教知识,随之影响学生的实学知识。③介质引导式转变(La mésogénèse)。在这种方式中,应教知识被引入一个由教师在课堂中建立的虚拟生活场景,学生更容易与该场景产生互动。在整个过程中,教师构建的生活场景起到了介质作用。

5.4 真实素材教材评估

外语专业学生在高年级学习真实素材的效果评估应聚焦学生翻译同类素材能力的评估,以及在真实工作场景中的实操能力。首先,用于评测的内容应该区分好"通用"与"专用"真实素材。以工程技术法语为例,"通用"素材是指相关行业内大多数工程技术类别都能用到的专业术语和知识,它是工程技术法语的基础,因为没有"通用"知识,就谈不上工程技术法语的翻译能力;"专门"是指只在某个行业使用的术语和知识,这种知识无需在从业前特别全面地准备。对学生掌握情况的评估通常只限于"通用"真实素材。此外,还应采用真实的文件进行测评,这是为了培养"与社会对接、与企业对接、与岗位对接"的生产服务一线的应用型、复合型、创新型人才。其次,时代对教材编写提出了数字化的要求。在当今数字教育大背景下,传统纸质教材作为教学中传授课堂知识、进行人才培养的重要载体正在不断接受挑战,现代教学手段已对教材建设提出了更高要求。随着信息技术的不断发展,使用真实素材的外语专业教学在数字化、信息化的背景下,可获得更多具有可行性的教学路径。但是,数字资源在给教师带来更多教学自由的同时,也会造成更大的教学挑战。因此,如何发挥数字教学资源对教师教学的辅助作用也是数字教材研究中的重要课题。

将真实素材用于教学,会不可避免地遇到课前铺垫繁杂,学生缺乏专业知识而感到无处下手等问题。而随着信息技术的不断发展,使用真实素材的外语专业教学在数字化、信息化的背景下,获得了许多具有可行性的教学路径。数字手段是应用型外语人才能力培养的最有效手段。基于真实素材的外语数字教材及配套资源研究,有助于进一步探索新时代对外语专业学生知识与能力的培养。未来还可进一步探索数字教育背景下真实素材的开发与运用,在外语教学中开展以学生为中心的、开放的、灵活的个性化学习,让课程和教学内容能够更加适应新时代的信息需求,进一步丰富真实素材的实践与研究。

6. 结语

国内外对真实素材的研究由来已久,但与应用型外语人才培养相关的研究相对贫乏。真实素材对应用型外语人才培养有着重要作用,在其教材建设中更是举足轻重;基于真实素材的外语教材编写应满足与经济社会发展的需求契合度,教学化转变理论指导下的可教度和应用型外语人才职业知识的通用度。本文推介的文章只涉及真实素材的一小部分内容,主要是关于对"什么是真实素材""如何使用真实素材"的讨论。结合当前社会发展形势,我们将教学化转变理论指导下的真实素材的采集、改造和教学,真实素材教材的评估以及真实素材教材数字化作为真实素材的研究方向。

参考文献

[1] WIDDOWSON H. G. Explorations in applied linguistics[M]. Oxford:Oxford University Press,1974.

[2] WILKINS D. Notional Syllabuses[M]. Oxford:Oxford University Press,1976.

[3] HOWATT A. P. R. ,WIDDOWSON H. G. A history of English language teaching[J]. Oxford:Oxford University Press,2004.

[4] GUARIENTO W. ,MORLEY J. Text and task authenticity in the EFL classroom[J]. English Language Teachers Journal,2001,55(4):347-352.

[5] YUK-CHUN L. W. ,KWOK P. Authenticity revisited:Text authenticity and learner authenticity[J]. English Language Teachers Journal,1995,49(4):323-328.

[6] GILMORE A. Authentic materials and authenticity in foreign language learning[J]. Language Teaching, 2007,40(2):97-118.

[7] 陆国君.真实听力材料及其对英语听力教学的启示[J].外语电化教学,2000(1):6-8,15.

[8] 郭卫平.以学习者为中心选择真实听力材料[J].湖南商学院学报,2003,10(2):132-133.

[9] 庞剑群.高职英语真实听力材料的选择策略探讨[J].广西教育(高等教育)2019(10):144-146.

[10] 许晓晨,刘志朋,赵舒,等.基于真实听力材料的英语听力课行动研究[J].中国教育技术装备,2018(4):80-81.

[11] 张惠.论英语课堂阅读教学中应用真实材料[J].湖北广播电视大学学报,2008(11):133-134.

[12] 陆凯,关宝蓉.真实材料在英语阅读教学中的应用[J].广西教育,2014(35):128-129.

[13] 庞继贤."未经改写的真实材料"在英语教学中的应用[J].浙江大学学报(人文社会科学版),1987,1(1):116-126.

[14] 成立.英语教学中真实材料的选择与使用[J].校园英语(中旬),2016(6):6-7.

[15] 张雪梅.新时代高校英语教材建设的思考[J].外语界,2019(6):88-93.

Analysis on the Prospect of Authentic Materials Research from the Perspective of the Application-oriented Cultivation of Foreign Language Talents

【Abstract】After a systematic discussion of the definition, connotation and characteristics of authentic materials, six papers on authentic materials are briefly introduced. Then, there comes a review on the application of authentic materials to the compilation principles, content analysis, and application evaluation of foreign language textbooks, and specific suggestions for the application of authentic materials are offered. Finally, the remaining key issues and research topics of the application of authentic materials are put forward and it is expected to help achieve the goal of foreign language talent cultivation through a more in-depth exploration of the application of authentic materials.

【Key words】foreign language program; authentic materials; compilation of teaching materials; application-oriented cultivation

对外法语以及二语教学法（节选）①

四川外国语大学成都学院　沈光临（译）

20 世纪 70 年代，人们开始思考怎么推行针对外语初学者的"结构整体视听教学法"，于是，真实素材开始走进外语教学，从此开启了真实素材在外语教学中使用的多种可能性。由此，真实素材的实践应用得到了长足的发展，不仅用于习得知识，也用于培养社会文化能力。

2.2.1　从"制造教材"到真实素材

2.2.1.1　"制造教材"

对"制造教材"历史的简单回顾有助于了解真实素材进入外语教学的过程以及由此产生的颠覆性效果。结构整体视听教学法创立于 20 世纪 60 年代，是外语教学界的一场革命，该教学法始终坚守理论与实践紧密结合的课堂教学。这场革命给外语教学带来巨变，令人心潮澎湃。之后，教学法专家基于层出不穷的研究成果和研讨结论，着手对原来的教材进行优化，但理论上的关注和实践中的修正主要针对初学者，尚未荫及其他学段的学生。

直到 20 世纪 70 年代，外语教学曾使用的教材有：

——包含课文或对话、插图与练习的教材。无论是"传统"教材，还是视听教材，有的偏重课文，有的偏爱对话，但无论哪一种教材，其实质都是按语言教学目标进行编写的，且均带有强烈的教学意图。

——结构整体视听教学法教材。其配有磁带、幻灯片和白板贴，磁带的作用是重现对话和提供练习，幻灯片和白板贴用于配套教材中的插图和音频教材中的对话。在大多数情况下，即使有些教

---

①　【原文信息】

本文摘译自法语专著 *Coursde didactique du français langue étrangère et seconde*，本节内容在原书中为 2.2 章，故译文保留了原书中的章节序号。该书由法国尼斯大学教授、博士生导师、世界法语教师联合会荣誉主席 Jean-Pierre Cuq 以及尼斯大学教授 Isabelle Gruca 合著，Presses Universitaires de Grenoble 出版。

材出现了大量教学类符号，画面也带有明显的人工痕迹（如《法语与生活》，也称为《红莫格》，1969年出版），但这些图组能够帮助学生对音频信息的全面理解（《音与画》，1960年出版；《原声》，1972年出版），因为它们达成了沟通进程的可视化（场景和时空），展示了人物在情景中的演进，并把非语言的交际行为（动作、手势、态度等）演绎出来。

所有这些教材均遵循结构整体视听教学法的神圣原则：严格执行、步步推进；教学内容控制在学生一堂课所能记住的量；且教学内容不超出教材规定的范围。然而，其导致的结果是：虽然对话被当做情景言语，但其使用的语言结构却非常有限和简单，均属于基础法语一级水平。使用贫瘠的语言，没有感情色彩，这种现象会出现在某种非常刻板的社会文化背景下，但却一点不真实，也没有反映真实世界的多样性，严重扭曲了考究的文明维度。

由此，60年代末期，要求改革的呼声越来越高，纷纷主张提高与真实交际情景的匹配度，要求加大对"制造教材"的改革力度，努力向真实性靠拢。

2.2.1.2 20世纪70年代的讨论和二级水平

1970年，《世界法语》第73期发表了一篇文章，题目是《对外法语教学二级》。该文可以证明人们已经开始反思，同时表明教学法新纪元的开启。当时的教学法专家既拥有一级水平的教学实践经验，又能借鉴社会语言学和语用学研究的新成果，所以他们已具备条件为二级水平教学确定大的方向，即强调语言教学与文化教学紧密结合的必要性、学生与"真实"语言建立联系的必要性。由此，语言教学必须结合真实的交际功能，且教材在社会性和文化性方面须融入法国文化。引入所谓真实材料不仅可以解决一级水平段教学存在的问题，还能将语言学习与文化学习打通。于是，许多教学法专家将真实材料嵌入视听教材中，设计出新的教材。在二级水平段教学中，虽说强化已习得知识很重要，但最根本的还是要做好真实语言、多样性语言的学习，同时需兼顾学生的明显差异；虽说不能一点不要求进度，但对进度的要求不能太死板，也没有必要作为最重要的要求。所以，通常要求使用"过滤文本"，即为教学目的和为过渡到真实素材而制造的文本。无论是书面文本，还是语音文本，制造文本应该呈现与来源于真实生活的交际文本同样的主题，并且采用专属该主题下交际使用的语言结构；语言应用和知识强化采用过滤文本，以期实现对原非用于语言教学的文本进行更真实的开发利用。最能彰显该发展趋势的教材之一是由Crédif团队编撰的《字里行间》，内含符合文化教学要求的文本。该教材建议，在每个单元前两阶段使用多样化的制造文本（对话和课文），然后在第三阶段才进入真实文本，这些真实文本多来自于媒体。

与该潮流相反，也有一些教学法专家主张在能力习得过程中，给予学生更大的表达自由，无须设置模拟阶段，应该直接进入真实言语。这种趋势以BELC团队为代表，他们从1971年开始，编撰了一系列文化教材，目的是重构真实交际的条件并给学生留出更多创意空间。

从1975年开始，出现大量对视听教材的激烈批判，既有语言学范畴的，也有文化方面的。随之出版的针对一级水平段的教材《春天来了》,不仅点亮了当时的争论,而且交际法的进步得到了具体的体现,因为该教材安排了大量《基础法语》的内容,颠覆了原结构整体视听教学法教材的进度和文化元素构成;教材仍采用"制造"的对话,但语言却全部是真实语言(强化了口语特性,并采用了多级语言,如雅语、俗语等);此外,为呈现语言的真实性,教材还设置了丰富的话语情景和各类人物,这些人物覆盖了所有年龄段和社会各阶层。所以,虽然教学素材是制造的,但提供了更接近真实的语言和法国生活视域,开启了努力接近真实的前景。

20 世纪 70 年代末,依照 Francis Debyser 的"回冲"说法,各学科的理论成果改变了针对二级水平段的教学法原则,交际法从一开始就应嵌入真实材料,这实际上打破了视听法的某些规则。普通语言学(言语行为理论、语用语言学、言语分析、篇章语言学等)和社会语言学(言语运行、交际人种学等)的研究成果虽然有限,但为编制崭新的学习计划提供了依据,这个新的学习计划的宗旨是:在学习初始就开发交际能力和语言能力,以使学生能够在外语环境中开展活动。此外,科技界人士的参与,助推了一些关键概念的改进,如进度、学习的水平段和四项能力的标准要求。

一些教学法专家打算将交际法流派作为一个新的方向;另外一些专家,如 Christian Puren,将其视为视听教学法的第三代。其实,真实素材应用到教学中该怎么命名并不重要,新的针对二级水平段的学习假设不仅更新了教学计划,而且在 20 世纪 80 年代对一级水平的教材也产生了深刻的影响。所以,70 年代的大多数教学法专家,并没有掉入推广视听教学法的陷阱,而都参加到对视听教学法的改造过程中。

《群岛》是交际法最早的教材之一,引入了真实素材,主要是书面素材和可视素材,针对的是初学阶段,更倾向于在"制造"的对话中运用与真实生活相同的言语行为,对话几近真实,并根据不同的交际情景采用不同的句型(进行不同建构),同时保留包含在语言交流中的默示部分。通常,高阶教材中真实素材数量特别多,种类也多,几乎所有的教材都是这种情况,包括至今还在使用的教材。对初级和中级水平来说,即使引入的素材不是真实的,往往也是日常生活中所找素材的修编复制品,而且推荐给学生的活动也接近真实的交流活动。

2.2.2 真实素材:定义与教学法原则

与根据各种语言和教育标准编写的教材不同,真实素材是产生于讲法语的人之间相互交流的"原始"材料。所以它是真实交际情景中产生的话轮,而非为了学习二语而编撰的话轮。因此,真实素材属于范围广泛的交际情景和书面、口语及视觉信息的大集合,异常丰富,种类繁多,如日常生活素材(城市地图,火车时刻表、旅游手册等)、行政类管理素材(登记卡、银行开户申请表、居留证申请表等)、书面、语音或电视媒体素材(文章、天气预报、星象、广告、连续剧等)、口语素材(采访、歌曲、实时对话、即兴交谈等)、文画一体素材(电影、连环画等)、肖像素材(照片、画像、漫画等);无须全部罗列,不难发现这些文本和话语素材所呈现的多样性。需要注意的是,有的教学法专家称其为"粗素材",而另一些教学法专家更喜欢把它叫作"社会素材"。

在教材中使用真实素材或在语言课堂上采用真实素材既有很大的好处,也有明显的局限:

——从教学角度看,真实素材有许多好处;其中最重要之处是,它可以让学生与真实的语言应用建立联系,能够呈现其未来奔赴法语国家将面临的真实情景。这些材料可以在语言教学与文化教学之间建立密切的联系,可以解决语言教学中的语言与文化分离的问题。此外,如果管理机构规定使用的教材中没有这类素材,可以用更新素材、"换新"主题、充实教材或增加趣味性作为理由,用真实素材替换掉教材中的某一课。也可以穿插在教材内容中,用于改变所有教学单元各个环节简单重复的单调感。或用作课堂活动的补充,加强对某些知识点的习得,或强化某些特殊能力的养成。通过真实素材,学生能够直接接触当下的现实、生活和思维方式,从而激发学生的学习热情,且同时具有奖励的效果,因为真实素材能让学生真正理解别人的语言,这种回报是学生最乐意感受的。

——外语课堂使用真实素材也存在不足之处,首先它并不一定能完整构成某一课的基础内容,也不能作为初级水平段或中级水平段的唯一基础教学内容。其次,也不能把它作为解决所有外语教学问题的灵丹妙药,只有在某个特定的且合适的教学计划中,真实素材才能发挥作用。真实素材的选择需要满足严格的要求,如学生年龄和国别,要避免文化冲突;要符合学生的学习习惯、起始水平、进度(非常关键的概念,尽管人们给它定义时很宽松)、学生的需求和课程目标。真实素材的选择还应兼顾素材的老化速度,避免使用快速淘汰的素材。最后,还需要对真实素材进行细致完备的教学分析,如素材的复杂程度、长度和语言的专业化程度,如果处理不当,会造成学生很大的反感;所以有时还须改变其粗糙的部分,要进行教学化处理,比如,用删节并标注的办法。但是任何情况下,都应该采用合适的教学策略。

Daniel Coste 是这样定义真实素材的:"'真实素材',无论其是否为文学作品,都不能作为对外法语教学的目标设计,也不能作为内容设计,更不能作为对外法语教学的手段来设计。只有将其纳入教学方案中才有意义,才能发挥其作用,才具有其地位。"此外,他还确定了一条基本教学原则:"即使将制造的文本引入真实交际情景,也好于使用真实文本作为全制造练习的载体和来源"。事实上,将真实文本用于纯语言目的的教学,或用于学习一个非真实素材特有的语言现象,其结果可能是:一方面脱离了交际情景,另一方面扭曲了使用真实素材的真正目的,这个目的就是,首先要理解信息的内容。所以,应千方百计避开这种人为采用真实素材的陷阱。

固然,关于"真实性"这个概念的讨论非常多,但脱离原本的真实背景,根据教学目的选择的真实素材还仍然真实吗?虽然没必要细究,但还是有必要强调,有些因素的确变了。因为交际变了,所以有些话轮标记也不存在了(如:时间坐标;话轮转换;新受话人的出现,而新受话人的能力与原受话人并不相同,等等)。所以,素材失去了其真实性。但是,如能在课堂上重构交际情景、素材使用条件或信息交际愿望，在这种情况下，就不存在失去"真实性"的问题了。

此外，最好是"窃取"真实素材，比如，删除部分段落，避免内容过长，胜于把原始长度的素材拿给学生一字一句通读，或者将其作为引导语，放在语法课或词汇课之前！用《天气预报》首先是要理解预报的内容；但同时，应把它用作学习法国的大区知识，强化地点的表达，了解未来时态的使用；而把它作为未来时态的变位来学习就不好，当做过去时态来学习就更糟（晚间天气预报有对白天天气的回顾），不可能达到预期的效果。只要保留了原话语情景的要素，应坚决修改素材；最重要的是让学生感觉到其真实性、趣味性，同时教学方式应赋予它交际的真实性。

2.2.3　真实教学材料的多样性

真实素材进入外语课堂大幅度增加了学习资料的品种，尤其是中级水平和高级水平段。

2.2.3.1　书面真实素材

书面素材非常广泛，构成了一个品种繁多、内容丰富、取之不竭的教学工具库，而且覆盖了各个水平段，既有日常生活中的功能性文本，如巴士时刻表、宣传单、使用说明书、菜谱，也有行政文本，如注册表格、事故现场鉴定书，还有所有的媒体素材，称得上是文本宝库：天气预报、星象、时事新闻、性格测试、游戏、消息文章、读者来信。总之，是取之不尽用之不竭，完全可以用作各种理解、表达、词汇、语法、篇章教学活动的启动器，可以把外部的真实性和目标语言文化带进课堂。

2.2.3.2　口语真实素材

口语真实素材同样很多，能提供的语言内容品种丰富，且与目标口语社会文化情感变化关系密切，但须分清即兴口语（对话、采访、争论、日常交流等）和口语化的书面语（电台、电视新闻、政治演讲、歌曲、小品等），因为它们是不同种类的口语素材。20世纪80年代，主要是通过辅助教材来解决口语作品多样性的问题，重点突出口语特征的多样性，尤其是韵律；而嵌入教材的口语素材往往还是制造的，依照教学要求编撰的，但仍企图重构在学习背景外的口语运转的真实性。

一般而言，在教学实践中，电台是一个取之不竭的宝藏，可以提供品类繁多的素材，甚至在单个类别中也有诸多品种：天气预报、带有标题和分析的电台新闻、采访、辩论、广告、还有各种故事或叙事节目、报道、游戏等。必须承认这种信息工具为教学提供了极多的可能性，有直播、录播，也可用录音带反复收听，但是千万别忽略了收听电台节目在语言上的难度：语速、不可打断说话人、无图像、语指对象不详等构成了最大障碍，所以必须选对策略帮助学生抓住语义和整体理解。任何情况下，该媒介所运行的文化世界都是语言教学的关键，例如，电台信息间的对照、书面报刊间的对照或者许多电台之间的比较，因为电台推行的是一种了解现实世界的特殊方式，而且是某种法国文化的呈现。

还有一个方面在口语教学中也占据重要地位，那就是歌曲，其所有内在维度都可以得到利用，而不仅仅只关注其放松或消遣的维度，即使听音乐的首要目的是快乐。这类素材拥有独有的特征：声音、乐器、节奏、旋律和歌词。虽说旋律对语言信息的影响千差万别，但它们对帮助理解能起到关键作用。一段旋律与一段歌词组合在一起所产生的意义很容易被接收，而其中的语言元素，通过重复或强化，可加深记忆。正因为此，所以常常看到儿童教材或少年教材中有许多带有明显语言目的的制造歌曲和儿歌，因为它们可以强化某些语法点和进行语音练习。

歌曲类似于诗歌，其分节形式、副歌的重复、韵脚、节奏等要素似乎非常适合初学者和中级水平段学生，反复使用这些习得要素，远胜于其他口语或声音材料。此外，也可以把歌曲视为反映社会的镜子，视为讲述社会和社会自述的重要空间。所以，可以将其理解为是社会文化能力的真正载体。法语作品异常丰富且品类繁多，有古典的、新生代的、说唱的，还有按 Michel Boiron 的说法，称为"老手"的，其反映了各种文化和各种音乐的流派。像所有真实素材一样，歌曲应该与多种材料融合，教学应该生动且具活力，否则就可能仅仅是一种娱乐。歌曲是用来听的，所以就需要选择听和理解的专门策略，尤其是因为目前音乐似乎比歌词更重要，已经有盖过歌词的趋势。但是第一遍听不懂歌词不足为奇，然而必须利用好这种现象，因为歌曲不仅能跨越国度，而且还能越过语言的壁垒。尤其值得注意的是，这类材料易找，互联网上非常丰富，对于身在外国的学生来说，尤其珍贵。这类材料日益丰富，且在技术上发展较快，催生了小视频、音视频结合等形式，可以进行多种口笔教学活动。

2.2.3.3　视频素材和电视素材

不仅高产的媒体文本、音频素材可用于语言教学，还有一种材料也很特别，因为它能结合两种互补元素：文本（书面的或口语的）和图像。

在书面素材中，主要有两类材料引起了教学法专家的注意，即广告和连环画。广告特别能反映一个国家的文化，而连环画这些年发展很快。这两种素材同时具备电影元素（镜头、取景、角度、剪辑等）、图像艺术元素（图形，画面组合、明暗组合、颜色等）和文学元素（文本、对话等）。教学活动除了要重视图与文的互补性，还应该依赖图像所能发挥的作用，尤其是因为图像有助于对文本的理解（参见：冗余或锚定关系）。

其次，视频的利用意味着将活动画面和移动画面带进了语言课堂，所以这种崭新的教学辅助工具不仅能增加吸引力和嵌入多样化语言、现代语言和带情景语言，而且还是一座输送语言能力和进行交际实践的宝库。视频还有助于学生理解教学内容，因为交际环境和非言语画面（手势、姿势、空间关系）可以很好地将学习内容语境化，转化出大量信息，这些信息有助于意义构建。视频也能为文化教学加分：电视和视频素材可以直接呈现社会现实和文化现实，带来一种"远在天边近在眼前"的感觉，这是借用海德格尔在另一语境的说法，并且可真正帮助理解和习得文化能力。锚定于准确的真实文化之中的言语构成了素材的多样性，与之相匹配，应采用能将四种能力结合起来的教学活动;可以按照四项要素设计教学活动:视觉关注活动、视觉与听觉关注活动、非言语关注活动和口笔产出活动。无论如何,都需提供观看答题表格,尤其应避免学生钝化,而且应优先选择短视频,时间控制在几分钟内。根据素材的类型,可以为这些活动嫁接语言教学的目的,但须按照情景进行处理,融入时应符合逻辑。

2.2.3.4 电子真实素材

我们必须意识到在不久的将来,由于多媒体所带来的机遇,真实素材将再次吸引人们的目光。因为在同一个素材内部,可以同时容纳多种真实材料(文本的、画面的和视听的)和超链接,后者可引领当下的教学潮流,尤其是因为在这种情况下,学生可以与所提供的信息互动,从而建构自己的学习路径。当然,像过去任何时候一样,一项新技术的诞生首先是代替一项旧技术,但是,新材料很快会部分修改教学实践。比如,语言处理软件,原本并不是为教学而设计,而是用于处理文本,可以对书面材料进行新的操作,可以把一个文本移动到另一个文本并嵌入。但同时可轻松保存产出过程,自动检查常见拼写错误,甚至还有通过文本模板运行的写作辅助软件。真实素材的根本特征之一是能打通知识间的分隔,所以,François Mangenot 将真实素材的应用分为两类:"并非真正利用多媒体材料特性的活动",如重复、变形、多项选择,和"深入利用其特性的活动",如指南、改述、理解测评和互动模拟。他甚至还提出让学生自创素材,他推论"如果学生要按自选主题编创素材,就必须要用多媒体进行呈现。为此,将会用到四项语言能力:阅读,理解(为了找到要呈现的资料),写和说(为了落实呈现的界面),因而是处于一个真实的项目教学环境中。"目前还有许多教学法专家也像 François Mangenot 一样,建议将电子百科、博物馆光盘、动画书、寓教于乐作品或其他学科的教材,如历史软件,也当做真实素材使用。

2.2.4 应用策略

在选择真实素材的应用方法时,还应该兼顾到受众的多样性和媒体的多样性,以及进行教学活动机构的强制规定(教学工具、时间表、计划等)。在所有基本原则中,有两条原则必须阐明:无需为某一个真实素材安排太多的活动,控制好教学应用的方法。即使必须用作语言提高,也不要忘记首先需提高接受效果,使其尽可能地接近真实。采用的教学方法应该来自于细致的教前分析,要特别重视每个素材的自身特性,并应与某类通用素材联系起来:文本语言学为此提供了有益的应用路径,可帮助形成理解与产出的教学方法。为此,我们可以举一个范例,那就是对时事新闻所做的分析,由此可产生很有益的应用方法。怎么根据语言、功能和文化目的选择教学方法,我们可以参考两本著作,它们提供了精准应用真实素材的教案。这两本专著是:《法语教师教案六十条》,在20世纪80年代非常出名;《书面真实素材》,可对教材内容进行实时更新,提供了使用其他材料的可能性。

2.2.5 结语

真实素材实现了语言与文化的链接,即使其不能独自解决外语教学中的所有问题,但比以往任何时候都处于教学手段的中心。一般而言,外语课堂使用素材的灵活度应与教材的灵活度相匹配、与种类的多少相匹配,虽然其特征明显,但须与其他教学材料共存,应对一系列目标明确的教学活动做出回应。随着技术的进步,无论身处何地,都可能时时更新教材。在此情况下,也产生两个新的问题:一个是教学或教材的寿命问题;第二个是根据教学情境进行真实使用时的应用策略问题。

真实素材与外语学习中的真实性[①]

四川外国语大学成都学院科研处　何晶晶（译）

1. 历史概览

外语教学中真实素材的应用有很长的历史。素有第一位语言学家之谓的 Henry Sweet，在 19 世纪末的教学与著述中，便频繁使用真实文本。对真实文本较之于人为构建文本的潜在优势，他有着清醒的认识：

自然而符合语言习惯的文本，相较于人工的"方法"与"系列"（series），更加全面地涉及语言的各个特点。人工打磨的体系（system），倾向于不停地重复。重复语法结构，重复词汇中某个细节，重复语词搭配，而把其他同等重要的，或许更加值得关注的语言要素排除在外。（Sweet 1899）

然而来到 20 世纪，主流语言学理论催生了诸如"新方法"与"有声语言法"（Audiolingual Method）（Richards & Rodgers 1986）等多种教学方法，提倡精心设计的素材与预设好的师生互动行为，以至发展出 Howatt 谓之的素材中心论（cult of materials）：

此方法把素材本身置于主导地位，教师的授课行为次之。该观点主张用诸如语言实验室之类的机制代替教师的作用。

20 世纪 60 年代，各类大规模实验层出不穷，以比较不同教学方法在课堂中的优缺点。不出意料，研究者过于忽视教师与学生在学习过程中的角色重要性，随着对完美教学法（perfect method）的追求化为泡影，这种观点至今仍有争议。（Howatt 1984；Alderson & Beretta 1992）

---

① 【原文信息】
作者：Alexander Gilmore
标题：Authentic materials and Authenticity in Foreign Language Learning
原文发表于 Language Teaching 2007 年第 40 期。

20 世纪 70 年代,伴随 Chomsky(1965)与 Hymes(1972)的争论,学界意识到要提高交际能力,仅仅熟练掌握语言结构是不够的。因此,对语境化交流的重视,开始超过对语言形式的关注,而对真实性的讨论在这个时候也卷土重来。交际性语言教学成为这种观点在实践中发展的高峰,至少在英语外语教学(EFL)圈内如此。而这种方法至今也是圈内的主流,并且为真实文本的二次发展铺平了道路。这里真实文本的价值在于交际,而不是语言形式的反映。在过去至少 30 年的时间里,尽管学界一直致力于开发语言教学的真实性(O'Neill & Scott 1974;Crystal & Davy 1975;Schmidt & Richards 1980;Morrow 1981),但在这个方向,前进的脚步已经开始减缓了。

随时间流逝,关于真实性的作用,以及如何定义真实,早已日渐复杂,盘根错节。如今涉及的研究领域延伸至语篇与对话分析(discourse and conversational analysis)、语用学、跨文化研究、社会语言学、民族学、第二语言习得、认知与社会心理学(cognitive and social psychology)、自主学习(learner autonomy)、信息与通信技术、动机研究与素材改进(motivation research and materials development)。遗憾的是,很多研究者局限于自身的领域与专业,虽情有可原,且著述对各自的领域贡献颇丰,但众多成果,对彼此领域的启发和关注,还是颇有不足。诸如真实性此类涵盖多项领域的概念,正需要各领域搭建桥梁,互通有无,以在将来对真实性在外语学习中起到的作用,做出正确的判断。

2.定义真实性

各类著述资料中,关于真实性的相关定义至少有 8 种情况:

a)真实性通过母语使用者在特定社群(community)中的语言交流呈现。(Porter & Roberts 1981;Little et al. 1989)

b)真实性是现实(real)的谈话/著述,面向现实的受众,传达现实的信息。(Morrow 1977;Porter & Roberts 1981;Swaffar 1985;Nunan 1988/9;Benson & Voller 1997)

c)真实性不是信息本身的特性,而是读者/听众等信息接收者赋予信息的特性。(Widdowson 1978/1979;Breen 1983)

d)真实性存在于教师与学生的互动之中。(van Lier 1996)

e)真实性关乎教学活动(task)类型。(Breen 1983;Bachman 1991;van Lier 1996;Benson & Voller 1997;Lewkowicz 2000;Guariento & Morley 2001)

f)真实性关乎课堂所处的社会情景(social situation)。(Breen 1983;Arnold 1991;Lee 1995;Guariento & Morley 2001;Rost 2002)

g)真实性与评测(assessment)有关。(Bachman 1991;Bachman & Palmer 1996;Lewkowicz 2000)

h)真实性关乎文化,关乎目标语言群体的行为与思维,关乎是否为其认同与接纳。(Kramsch

1998）

从以上概述可看出，真实性涉及文本、涉及参与者、涉及社会或者文化环境、涉及交流活动的目的，或是上述因素的综合考量。随着对语言的理解程度的加深，要从众多因素中明确真实性的概念十分困难。本文认为，我们的思路应该尽量使用客观化的标准，如 Morrow（1977）所言："真实的文本应是现实（real）语言的延伸，由现实的谈话人或写作人，面向现实的受众所作，传达某种现实的信息。"

以此为标准，即可通过语篇（discourse）的源头和产生的语境，来判断其是否真实。也如 Porter & Roberts（1981）指出，（特别是涉及听力文本时）母语使用者通常能"不假思索地准确"辨明文本的真实性。进一步而言，据此标准，我们能够辨明真实语篇的表面特征，并评估人工（contrived）素材以及学生作品的真实程度。（Trickey 1988；Bachman & Palmer 1996；Gilmore 2004）

可即便如此定义真实性，我们仍面对海量的语言类别的判定。课堂上不同难度的教师用语、儿语、非母语使用者参与的国际商务谈判，抑或是肥皂剧的剧本皆可看作真实的。而这些种类的真实，又都具备各自的语篇表面特征，他们对于语言习得的作用又各不相同。真实性并不代表"好"，而人工素材也不代表"坏"。（Widdowson 1979；Clarke 1989；Cook 2001；Widdowson 2003）。本文认为，从课堂上的传授者的角度来看，与其沉迷于毫无意义的真伪之辩，不如把注意力聚焦于学习的目标（learning aims），或如 Hutchinson & Waters（1987）谓之"以学习为目的的契合度（fitness）"。

问题的关键不在"这段材料真实吗？"，而应是"这段材料对于学习的过程有什么作用？"我们不应纠结于真实性的抽象概念，而是去寻求以学习为目的时，材料的实际契合程度。

因此，问题的关键成了"课堂素材能够帮助我们达成什么样的目的？"符合逻辑的回答应该是，我们要在目标语言社群中能够有效地交际，也就是说，学生应该具备熟练的交际能力（communication competent）。为实现这样的目标，本文建议教师有权使用一些合理手段，不用刻意于材料的来源，或纠结于教学活动设计是真实还是造作（contrivance）。

3. 真实性的语篇与教材语篇的差距

长久以来的共识是，教材中呈现给学生的语言，无法忠实地反映现实事物。目前看来，就算是最出色的素材，与现实的、日常生活中使用的非正式英语之间，也有不小的差距。若语言教学活动的重要目标，是授予学生专业的语言技能，使其有能力自如地参与到日常的语境中去，那么普遍的共识是，目前我们做得还不够。（Crystal & Davy 1975）

交际能力的研究涉及了对语篇或对话分析、实用语言学、社会语言学的探索，随之而来，我们更加深刻地理解了人如何使用语言表达自己思维的过程。很显然,现在我们应该对教学大纲设计的方式做出根本性的改变了。

语篇意识,以及把语言看作语篇的观点,能让我们更好地设计有效的教学大纲,更好地设计教学活动,更好地编写对话,更好地改进素材,以及更好地评估课堂中的教学行为和处理方式。毕竟,这种方法让我们更加忠实于语言的本质,忠实于人使用语言的初衷。当我们把语言看作语篇的那一刻,整个图景,一般说来,就永远地改变了。(McCarthy & Carter 1994)

接下来我们会回顾一些相关的研究,这些研究为行业范式的转变提供了论据。这些回顾虽谈不上全面,但对于阐述目前语言类教材在提高学生整体交际能力上的不足之处,也颇有帮助。

3.1 语言能力

这个层面的交际能力,众所周知,历来是外语教学的主流。然而其传授的语言学知识,大体来自一种直觉,来自审视书面形式的语言,以及以句为单位的经典语法观念的经验积累。随着语音记录技术的引入,以及随之而来的真实口语分析和记录的发展,近年来,应用语言学的重心已转向口语资料。因此,这个领域的大部分工作,理所当然地聚焦于教材中口语语法的填补。

Holmes(1988)在对 4 种主流 ESL 教材进行调查后,给出口语和书面语中,表示怀疑或肯定的词汇项(lexical items)的相对出现频率数据,发现更普通的表情态的词汇项,相较于情态动词,其在教材中涉及不足(也见于 McCarthy 1991)。Altman(1990)利用 7 种常见的情态助动词的分级测验,发现中下游水平的学生无法准确判定"should"与"had better"二者的语气孰强孰弱。Tannen(1989)发现说话人时常在交谈中重复自己的表达,并解释说,这其实是一种重要的增进情感的手段,并不是即时交谈发挥不佳。McCarthy(1991)赞同这一观点,并进一步阐述了复述(reiteration)、复写(reworking)等重复前一词汇项的再词汇化(relexicalisation)手法,有助于谈话主题的清晰表达。这一点对词汇的教学影响重大,学生需用更多的同义词和下义词来武装自己,而不能局限于教材所学。Williams 在 1990 年,研究了新加坡英语和美式英语中主谓宾结构的一般疑问句,在家人和亲近友人间的非正式谈话时,句式不变的现象。她认为这是一种产出策略(production strategy),以便交谈双方在语义清晰的前提下,避免语构(syntax)冗余。她敦促教师与研究者在测试中加入这种真实性谈话的考量,而不要过分依赖于传统语法观念。Powell(1992)在对 London-Lund 语料库中自然(spontaneous)交谈进行分析后发现,非正式语境中频繁出现评价性的(evaluative)、模棱两可的(vague)、强烈的(intense)或情感充沛(expressive)的语言,能够满足谈话人的交互和感情需要。这一点与教材中呈现的"安全的(safe)、纯净的(clean)、和谐的(harmonious)、正向的(benevolent)、平和的(undisturbed)、老少咸宜的(PG-Rated)"图景形成鲜明对比。对此,Channell(1994)在她的著作《模糊语言》(*Vague Language*)中有很全面的呈现。

目前为止,最全面地描述会话与书面语言差异的资料,是 Carter 和 McCarthy(2006)所著的《剑桥英语语法》(*Cambridge Grammar of English*)。这部著作对教师评估文本与参考书籍的真实性,及其与母语使用者标准的接近程度很有帮助。

3.2 语用能力

截至目前的研究表明,实用性的标准因文化而异。这种差异既表现在特定情境中口语行为的得当与否,也表现在语言结构的体现方式上。在不能完全理解目标文化的前提下,学生不出意料地抓住自己第一语言的实用规则这根救命稻草,虽然不时有效,但仍有造成严重误解的风险。

Eisenstein 和 Bodman(1986)在高阶 ESL 课堂中,设计出一个语篇补全的书面教学任务,评测学生恰当表达感激的语言能力。他们发现非母语使用者表现的接受度只有30% ~67%。考虑到受试者在传统语言评测手段中的高熟练度,这个结果让人大跌眼镜。他们将此归咎于受试者在课堂中缺乏提高自身语言社会实用(sociopragmatic)能力的机会(Loveday 1982)。Beebe & Takahashi(1989)指出,面对威胁(face-threatening)情境,例如观点分歧对学生十分重要。因为这时的表达有很高的风险,会导致跨文化交流的误解。他们举了一个例子,日本学生使用询问策略,向美国教授间接表达意见的分歧。很遗憾,"这种为了保全美国教授面子的策略偏偏让其产生一种丢面子的感觉。"

针对教材中合适的实用性案例模型不足的情况,目前已开展了大量的工作。

教材中呈现的语篇功能与会话行为,时常无法足够反映母语使用者的实际情况,因而无法为学生提供所需的案例模型与输入。(Kasper 2001)

一般说来,这种情况要归咎于素材作者对语言直觉的依赖,而忽视实验数据,并以实用性为代价,专注于传授词汇语法知识。

Williams(1988)比较了30本商务英语教材中的语言表达与真实商务会议中的互动表达之后,发现两者之间几乎没有交集。在真正的会议中,教材中135个例子只有5.2%会真实发生。她批评素材编写人过于依赖主观臆测,而不是基于实验数据选择案例,呈于课堂。Boxer 和 Pickering(1995)发现其评测的7种 EFL 教材中关于抱怨的表达,都是直接抱怨,而非间接抱怨(与间接抱怨不同,直接抱怨表明受抱怨人是产生冒犯的责任方)。而实际的情况是,在日常交谈中,间接抱怨更常见,且扮演着重要的情感和语篇角色。间接抱怨使得受抱怨方有机会通过共情对抱怨方表达友善,在交谈中展开"某人/事出了什么岔子"的主题内容,并把话题的发展延伸开来。评测人还指责教材缺乏语境化,让学生无法在恰当的时机,针对恰当的对象运用目标语言。他们建议素材编写人基于自然而真实的互动,而不是自己的直觉,去编写教材,以便更好地反映目标文化的社会实用标准。Bardovi-Harlig 和 Dornyei(1998)比较了 ESL 和 EFL 两类课堂学生对语法和语用违规行为的辨别能力,让其在 20 个视频资料的情景中,做出语法错误、语用错误以及无错误的选择,并且,若有错误,需指出错误的严重程度。ESL 课堂的学生(于美国学习的学生)把语用错误的严重程度置于语法错误之上,而与 EFL 课堂的学生(于意大利和匈牙利学习的学生)的情况恰恰相反。作者把这种更强的语用意识归结于 ESL 学生使用第二语言经历的特性——很有可能,ESL 学生的语用意识来自于其日常互动的点点滴滴:他们有种压力,既来自于期待自己为人理解,也来自于期待同主环境(host environment)中的母语使用者建立和维持顺畅的关系。

他们建议,在 EFL 课堂中,可以通过增加语用知识的输入,强调交际能力中的语用要素,提高学生的语用意识。

3.3 语篇能力

一直以来,外语教学中主要的关注点都在静态的、句子层面的语言描述,几乎忽视了其赖以生存的社会语境。由此导致诸如语法翻译法(Grammar-Translation Method)作为教学实践的内容,为学生提供一种孤立的、真实性存疑的句式学习。而语篇分析让人关注文本中更加有序的模式,让人理解语言动态的、互动的性质(McCarthy & Carter 1994),从而引出语篇能力的观念。这种能力,能够组织起统一、整体、条理清晰的口语或书面文本,是学生交际能力的关键所在。

学生要学习如何有效地运用目标语言交谈,就需要有现实的模型,呈现熟练的使用者是如何运用语言的。

这里的交谈,是指那种需要参与者投入最大限度精力的,最能提高语篇能力的,几乎为教材忽视的模型,即非正式(casual)交谈。或许因为这类交谈看起来结构涣散,几乎无法传授(Eggins & Slade 1997)。语言教学素材倾向于把注意力集中在独白与对话中,这种回合制的结构更加容易预测,带有一种交易的期望。而若交谈中互动性更强,充满漫无目的的表达,着眼于推进人际关系,这样不走寻常路的情况,不出所料地会导致学生无所适从。对非正式交谈的真实记录,是反映熟练的语言使用者如何有效运用语篇,并建立人际关系的有价值的模型来源。其应用的策略涵盖广泛,诸如话轮转换点(transition relevance places, TRPs),从而适时给出划算的信息交换筹码(Sacks, Schegloff & Jefferson 1974);话题明暗处理(topic shading),以保证交谈进行中己方条理清晰易懂(Crow 1983;Bublitz 1988);微调话题,从而把握交谈方向与自己的目的一致;运用标志性回应做出强调(Clancy et al. 1996)并使用语篇标记暗示自己的表达与谈话的相关性(Schiffrin 1987;Carter & McCarthy 2006)。一旦学生意识到这些策略,就可以运用于自己的交谈行为中,甚至可以记录自己的语篇样本,并与母语使用者相比较,成为合格的"业余谈话分析师",这也是许多研究人员所期望的理想情况(Brown & Yule 1983;Willis & Willis 1996;Celce-Murcia & Olshtain 2000;Schegloff et al. 2002;Wong 2002)。记录会话的过程,是探究课堂上口语语篇的关键步骤,因为通过记录文本,我们可以随时暂停互动,找出对学生最为有用的语言特征,而在正常交流中,这些特征稍纵即逝。

教材中的口语素材的类型存在许多问题。首先,是关于类型涵盖的范围。按常规的方法来看,课堂上我们期望接触到(在特定目标语境中)权重相当的各类型素材,然而事实并非皆如所愿。例如,Eggins 和 Slade(1997)在非正式交谈的研究数据中,找出了 5 种常见的会话体裁:讲故事(storytelling)(记叙、逸闻、寓言、复述)(narratives, anecdotes, exemplums and recounts)(43.4%),做评论(observation/comment)(19.75%)、表观点(opinion)(16.8%),摆八卦(gossip)(13.8%)、说笑话(joke-telling)(6.3%)。据称,尽管这些语言结构对塑造人物特征有帮助,但在语言教学素材中并未能突出体现。

其次值得关注的是,口语体裁呈现的准确度。许多研究人员,如 Yule(1995),报告指出,素材中的模型文本对目标语言的呈现,或不完整,或不忠实。

尽管自 Henry Widdowson 指出"我们需要把语篇纳入语言教学考量"已过去二十余年,课堂上学生体验到的目标语言与课堂外作为语篇而实际运用的语言之间,还存在着很严重的不相称。

课程教材中现实模型的缺失,意味着学生无法感知该体裁的特有模式,尤其无法自然地参与或是退出交谈。而正是这类缺失的信息,可以逐步培养学生对目标语言的掌控感,建立学生的自信。Gilmore(2004)比较了 7 种教材中服务行业接触与真实发生的同类的互动情景,发现两者在下列大量语篇特征上的迥异:对话长度,问答模式,词汇密度,以及伪开端(false start)、重复、停顿、结束重叠(terminal overlap)、接话(latching)、犹豫设计(hesitation devices)和反馈(back-channels)出现的频率。与 Myers Scotton 和 Bernsten(1988)的研究相似,真实案例,有远较教材中一问一答模式复杂的结构。不同点在于,语篇的流畅度常常被"信息提供者"向"信息接收者"的确认或进一步咨询打断。因此,在真实的服务业接触中,相较于课堂提供的模型,学生会遇到更多的互动要求。

最后一个教材中口语体裁所呈现的问题是,即使模型对话足够准确,素材作者往往不会明确说明常见结构的组成要素。这种情况在与书面体裁比较中尤其明显。后者对构成主要体裁的要素,诸如以导论—主体—结论为结构的议论文,往往一语道明。可以预想,对口语中模式的关注,对提高学生语篇能力的帮助,不逊于模式总结在书面语中起到的作用。虽然在这个问题上,目前还鲜有实验数据支撑,但众多作者都开始支持相关的研究活动。目前兴趣点主要集中于口述文体(例见:Slade 1986;Rintell 1990;Yule 1995;Corbett 1999;Jones 2001),而 Hawkins(1985)(引自 Celce- Murcia et al. 1995)已证明,在关注抱怨文本(complaint script)的常见结构之后,学生能够更有效地发牢骚(complain)了。

3.4 对素材设计的影响

比较真实语篇与教材语篇,有助于深入理解语言,对教学大纲的设计影响深远。

随着自然语篇呈现出更加清晰的图景,我们也来到了一个更加有利的位置,从口语和书面语的角度审视我们教学活动得以开展的基础,审视教学素材,审视课堂行为,审视教学成品。(McCarthy 1991)

首先,真实素材,尤其是视听素材,可为学生提供极其丰富的资源来提高学生的交际能力,在教学方式和深入程度上,都大有开发的潜力。

其次,语言展现的语境特性也值得关注。任何情况下,语篇的产生都高度依赖独特的因素(地点、参与者、话题以及形式(mode))的组合。要帮助学生应对第二语言(L2)交流中各种不确定因素和各类情况,首先就要把语言完整地语境化(contextualised),让学生意识到语篇呈现语境的方式。而语境选择,要考虑到学生未来可能生活的环境,教学活动开展需要考虑到学生本国文化与目的语文化的差异。例如,低接触文化(low-contact culture)(人与人身体和眼神接触较少的文化:Argyle & Cook 1976)中的学生,诸如日本,在融入高接触文化(high-contact culture)的过程中,在适应非言辞(non-verbal)交流上需要更多帮助。同样,来自于低语境文化(low-context culture),诸如挪威(主要依赖于言辞方式传达含义)的学生,在融入高语境文化(high-context culture)的过程中,需要更多微妙的语境线索的提示(Hall 1989;Christopher 2004)。这表明,对于学生的不同需求,每一个课堂都是非常独特的。显然,市场上那些国际化的教材并不能满足这些需要。

最后,过去30年间涌现了大量的要素,它们有待添加到语言教学的大纲中。很显然,我们陷入了这样一个困境——哪些该留,哪些该舍?我们如何把不同的要素纳入一个简单易懂、条理清晰的教学大纲之中?这些都是有待专业解决的问题。

4. 未来的方向

未来工作的建议如下:

a)为填补目前纵向研究的缺失,要开展更多的基于课堂的实验,以研究文本主导,交际能力中心的教学方法。

b)加强研究人员、素材作者以及教师之间的沟通,确保教学法意义的理论上的启发,能够体现到语言教学素材中。

c)加强预备和在职教师的培训,确保教师与时俱进,紧跟相关专业领域的发展。

d)在研究以交际能力为中心的教学方法下,如何有效测试学生的表现。虽然关于语言学运用能力的测试已建立完善,如何有效评估学生交际策略能力、语用能力以及语篇能力的研究,仍处于起步阶段。(Kohonen 1999;Johnson 2000;Shohamy 2000;Young 2002)

语言课堂上的英语教学真实素材:概览①

四川外国语大学成都学院英语学院　李卫东(译)

【摘要】教材在语言教学中的重要性已得到广泛认可(McGrath 2013)。教材是大多数语言课程的关键工具。当今世界语言教学如此成功,与教材的广泛推广和使用密不可分(Richards 2001)。本文概述了英语作为外语(二语)课堂的材料设计和真实素材的使用及其对语言学生的意义。

【关键词】材料设计;真实性;真实素材

1.引言

教材可以说是教师和学生共同使用的工具。从用户与工具的关系来看,教材或多或少应有效地被应用。优质教材在一般教学情境下对促进更可预测的学习结果大有帮助。使用优质教材可以促进良好的学习:哪怕教学不好或根本不存在,优质教材同样可助学生变得更加独立。材料的首要作用或功能之一是提供学习机会。Rubin(1979)认为,"良好的语言学习取决于至少三个变量:能力、动机和机会"。其中机会包括课堂内外使学生接触语言,以及供学生练习所学的所有材料和活动。Wright(1987)和Richards and Rodgers(1986)强调教师和学生在理解语言教学以及通过材料和任务理解学习内容方面的重要性。

---

① 【原文信息】
作者:Shameem Ahmed
标题:Authentic ELT Materials in the Language Classroom:An Overview
原文发表于 Journal of Applied Linguistics and Language Research 2017 年第 2 期第 4 卷。

Cunningsworth（1984）在这一方面的评论值得关注："大多数英语教学都包括源于各种真实素材的教学补充材料，这些材料应单独评估，并应纳入整套教材的一部分。我们还需要知道这些材料为教师提供了多少支持，以及它们是否能方便非母语人士使用。"人们在现实生活中使用的文本称为真实文本，即未经修改或简化的文本。真实文本成为简化文本（此处意指教材，译者注）的替代品，则意味着出现了语言习得的第二种观点，即语言习得不是通过有计划的同化（assimilation），而是通过学生努力使用其可用的任何交际资源来表达意义的方式实现的。

用 Grellet（1981）的话来说，"真实性是指不改变原始文本，并保留原文情境……练习必须有意义，并且尽可能多地与预期的文本对应"。真实素材以两种形式出现在各种教材中：未经修改的真实材料和经修改的接近真实材料。

本文重点概述了英语教学中的材料设计与真实素材应用对教材设计的影响。

2. 优质教材的特点

所有优质教材都具有语言输入和技能发展的特点：能让学生产生积极印象；承载有用的语言信息；内容能轻松熟悉；见解发人深省；弥补和改善学习成果的不足；令语言教师有安全感和信心。

Tomlinson（1998）将优质教材的特点概述如下：能影响学生；让学生感到放松并助其建立自信；学生感到学习材料相关且有用；要求并促进学生自我投资；提供有意义、现实的互动机会，使学生能用目的语达到交际目的；考虑延迟教学的积极影响，从而能加以循环利用；关注学生学习风格上的差异；注意学生在情感态度上的差异；允许教学开始时有一段静默期；通过鼓励智力、审美和情感的参与来最大限度地发挥学习潜力，从而刺激左右脑的活动；不过度依赖受控实践；材料应为结果反馈提供机会。

McGrath（2013）认为，材料作为内容的重要性可以刺激交流互动，而材料作为语言的重要性旨在提供有关目标语言的信息和精心挑选的使用示例。在他看来，好教材有以下优点：减少备课时间；提供清晰、连贯的教学计划；为学生提供方便的资源；使标准化教学成为可能；视觉上有吸引力；含有丰富的补充材料。Tomlinson（转引自 Ahmed 2016）认为"材料"包括可用于促进语言教学的任何东西。可以是语言的、视觉的、听觉的或动觉的，且可通过印刷品、现场表演或演示、磁带、CD-ROM、DVD 及互联网呈现。可以是指导性的、体验性的、启发性的或探索性的，向学生介绍语言、提供使用语言的体验、刺激语言使用或帮助学生自己去探索语言。

Howard 和 Major（2004）支持教师应该自己准备教学材料这一观点，同时提出了一套设计有效的英语教学材料的指导原则：材料情境化；材料能激发互动，并在语言方面具有生成性；鼓励学生发展学习技能和策略；注重形式和功能；提供综合语言使用的机会；材料要真实；材料相互联系，能促进技能、理解和语言的协调发展;有吸引力;有很强的适应性。

Hall(2011)则认为,设计良好的教材对教师和学生有许多明显的好处:它们为学生提供语言输入和接触;提供有趣和激励性的材料,以吸引人和合乎逻辑的方式组织;安排学习内容的书面记录,允许学生在课堂之外进行修改和继续学习;同时减少了教师准备的时间。他还注意到,计算机和网络技术的普及正在日益模糊教材和新技术之间的界限。

3.关于真实素材

Nunan(2001)认为,对学生来说,课堂文本和对话不足以应对他们在课堂之外的现实世界中听到和读到的语言。为了掌握真实世界中的听力和书面文本,学生需在课堂上全面接触真实文本。

Richards(2001)确定了两种材料,即真实材料(未经准备的教学资源,如真实文本、照片、视频片段等)和创作材料(教材和其他专门开发的教学资源),因为许多出版材料都整合了真实文本和其他真实世界的资源,这两种材料之间的差异已越来越模糊。Richards(2006)进一步认为,由于课堂活动很可能反映真实世界,并使用真实世界或"真实"来源作为课堂学习的基础。真实素材是很好的教学材料,因为它提供了目标语言的文化信息和接触真实语言的机会;从而与学生的需求关系更为密切;同时支持更具创造性的教学方法。尽管许多对真实性持批评态度的人对这些积极方面持反对意见,但自交际教学法问世以来,教材和其他教学材料呈现出了更加"真实"的面貌。

Brandl(2008)坚持认为,材料必须真实,才能反映现实生活中的情况和需求。他认为真实素材能让学生在自然发生的语境中接触现实的语言;能更紧密地联系学生的需求,并在课堂和现实世界中的学生需求之间建立联系;能支持更具创造性的教学方法,允许教师充分发挥其潜力,设计更符合其教学风格和学生学习风格的活动和任务。他提倡在学生的初级阶段将教材和真实素材混合使用,这在教学上是必要的,也是可控的。

Jiuhan等人(2011)调查了成人 ESL 教师在课堂上成功应用各种真实素材和活动的情况,并将真实素材归纳为如下五个主题类别:就业类(就业相关材料,包括求职、申请和面试材料);技术类(电子邮件、互联网、视频/播客、录音/CD、电视、手机);消费品类(菜单、广告、支票/应用程序、标签);消费服务类(医疗文书和信息、应急服务信息、交通相关材料,如时间表和地图、驾驶相关出版物/材料、新闻相关材料,如文章、漫画和特别报告、邮政和银行材料);公民相关信息类(与公民身份相关的材料和信息,与公民参与相关的材料和信息)。

Tomlinson(2013)将真实文本定义为"为了交流而不是为了教学而产生的文本",将真实任务定义为"让学生参与交流以获得结果,而不是练习语言"的任务。在他看来,所有的课文和任务都应该是真实的,否则学生将无法为现实中使用语言做好准备。

4. 关于真实性

真实素材的定义多种多样。这个问题本身极具争议性。Tomlinson(2013)指出,在这个争议很大的问题上,有两个观点相左的研究者群体。Bacon 和 Finneman(1990)、Kuo(1993)、Little 等人(1994)、McGarry(1995)、Wong、Kwok 和 Choi(1995)、Nuttall(1996)、Mishan(2005)、Gilmore(2007a、2007b)以及 Rilling 和 Dantas Whitney(2009)等认为,真实素材可以促进语言真正使用时的有意义体验,激励学生,使他们能够发展一系列的交际能力,丰富对语言学习的积极态度。另一组研究人员,如 Widdowson(1984 2000)、Yano、Long 和 Ross(1994)、Day 和 Bamford(1998)、Ellis(1999)和 Day(2003)认为,真实素材会给学生带来太多困难:他们倾向于编制简化且促进学习的材料。

Nunan(1997)根据特定教学活动中使用的材料来考虑真实性,然后介绍了 Candlin 和 Edlehoff 所提出的、对语言学习和教学来说很重要的四种真实性:目标、环境、文本和任务真实性。他还提出了另一种被称为"学生真实性"的真实性,即学生对给定文本、任务、材料集或学习活动的真实性的认识和接受。学生真实性,首先是通过学生是否承认材料在语言课堂具有合法地位来认定;其次,通过教学材料是否与学生的兴趣、背景知识和经验关联,是否激发学生的兴趣,是否激发真实的交流来认定。

McDonough 和 Shaw(1997)将真实性大致定义为课堂外的世界,包括语言材料的选择以及课堂练习中使用的活动和方法。Trabelsi(2010)研究了商务英语教材的真实性及其在英语作为外语语境中的影响,他认为材料的真实性与学生的个人情况以及其他人(如教师、学生未来潜在雇主的需求)的考虑有关。

Richard Pinner 通过他的一些研究发现了真实性和动机之间的关系。从内容与语言整合学习(CLIL)和传统语言教育学的角度,Pinner(2013a 2013b)试图找到内容与真实性之间的联系。此外,Pinner(2014a 2014b)从英语作为国际语言的角度将真实性视为一个连续统一体;他的研究发现,正如全世界因国际交流都在使用和教授英语一样,真实性的概念应该重新调整,应该强调全球视野,并从文化上嵌入定义。以下是一些研究者对真实性的观点及其与二语教学相关的概念和观点的调查:

Taylor(1994)研究了不同的,尤其是关于语言课堂的真实性观点;Lee(1995)考查了文本真实性和学生真实性之间的差异;Lewkowicz(2000)反映了真实性在语言测试和普通教育中的性质和作用;MacDonald 等人(2000 年)研究了 EAP 材料选择和评估的真实性标准的有用性;Amor(2002)探讨了文本和其他材料在课堂上的认证方式;Bonnett 和 Cuypers(2003)努力寻找自主性和真实性的问题及其与教育的关系;Mishan(2004)对语料库在语言教学中的应用提出了质疑,认为语料库是真实的;

Mishan（2005）和 Gilmore（2007）将围绕真实性概念的争议解释为多样的、抽象的、重叠的，而且往往是矛盾的；Hung 和 Chen（2007）认为，真实性是学习环境和过程的一个方面；Rilling 和 Dantas Whitney（2009）认为，真实性不仅仅是课堂上使用的材料，也不仅仅是模拟母语语言和文化，真实性也为英语创造了真正的用途；Badger 和 MacDonald（2010）质疑真实性作为教学实践指南的观点，并同意文本是过程而不是产品；Parsons（2011）发现，精心设计的任务与提高学生参与度和扩大单词知识密切相关；Zahra Zohoorian 和 Ambigapathy（2011）回顾了真实材料在 ESP 语境中的应用；Kramsch（2012）发现了在多语言环境中真实性、合法性和语言使用的不断变化的方面；Cobb（2014）将全球化世界背景下的真实性视为一个悖论，因为它讲述了文化产品；Siegel（2014）阐述了教材主题的真实性和有用性；Trabelsi（2014）研究了突尼斯环境下使用的商务英语教材的真实性；Külekçi（2014）研究了英语课堂真实性的多维性和动态性；Zohoorian（2014）调查了伊朗 EAP 学生在阅读技能方面缺乏动机和低成就，发现真实语境对动机水平、阅读动机和阅读成就有积极影响；Zohoorian（2015）发现，在 EAP 情境下，与传统情境下的学生相比，真实情境下的学生获得了更高的动机水平；Lowe 和 Pinner（2016）探讨了母语者和真实性的双重概念之间的联系。

尽管围绕真实性存在各种争议，但它在语言课堂中的作用是不可或缺的。Pinner（2015）在这方面的观察值得一提，"……真实性可以是一个强大的概念，可以赋予学生和教师权力，因为它将个体学生与用于学习的内容联系起来"。

5. 语言课堂上的材料选择

近年来，语言教学越来越以技术为导向，尤其是在发达国家。为了开发最新的教学材料，计算机、投影仪、音视频设备和其他资源设施增强了现代课堂发展语言能力的机会。因此，材料选择变得更加多样化。材料可来自以下领域。视听类：电影、动画片、连续剧、体育、采访；纸质类：图片、海报、照片、日历、提示卡、学生纠错书写、报纸和杂志项目；音频类：新闻、采访、评论、天气预报和各种涵盖语言功能和概念的简短对话；其他：餐厅菜单、小册子、机票、结婚卡、咖啡机、相机和购物收据。

Aniro（2007）推荐了两大类对 ESL/EFL 学生有益的真实素材：印刷材料和听觉材料。印刷材料包括公用事业账单、装箱单、订单、ATM 屏幕/收据、网站、路牌、优惠券、交通罚单、贺卡、日历、成绩单、电视指南、食品标签、杂志、报纸等。而听觉材料包括电话留言、广播、电子书、电影、视频、电视节目等。

熟悉真实的情境和功能可以让学生轻松自如地在课堂上互动、交流和参与。以下从听、说、读、写四项技能的角度简单梳理语言课堂上真实素材的选择。

Hedge（2003）认为，人为的听力文本具有与真实口语完全不同的特征。如果学生在课堂上只听到不自然的语言,他们在现实生活中第一次听到地道的英语口语可能会令人沮丧。其实,课堂可以提供有利的学习环境,在这种环境中,可以逐步引入和利用真实文本来建立学生的信心。由于Hedge(2003)发现中级听力技能教材有以下常见主题,它们可以成为课堂上非常有用的真实素材:广播剧、新闻、儿童故事、旅游新闻、天气预报、机场和车站公告、广播讲话、辩论、导游记录、放松磁带、锻炼指导、采访等。

不同电视频道上大量的资源也可以帮助学生在课堂之外发展听力技能。BBC、National Geographic Channel、Animal Planet、Discovery、Adventure1、Star Plus、HBO、CNN、AXN、CN、ESPN 等频道提供新闻、采访、脱口秀、旅游节目、电影和体育评论,这些非正式的材料可帮助学生发展一般的听力理解能力。最重要的是,通过使用这些资源,学生可以熟悉不同国家使用的各种英语。

Lazaraton(2001)认为,在教授口语技能的同时,教师需要特别擅长组织真实、激励和多样的课堂活动。课堂活动应以使用真实、引人入胜的材料为基础。以下便是一些以真实素材为基础,与真实场景密切相关的口语活动:

- 传统婚姻的组织方式——功能语言重点词汇、连接词。
- 如何烹饪喜爱的和其他受欢迎的本地/国际菜肴。
- 如何玩各种游戏或板球、足球。
- 如何佩戴领带、头巾。
- 描述一些社交场合,如世界各地不同的宗教节日、流行文化婚姻和其他仪式。
- 描述一些社会问题,如吸毒、恐怖主义、腐败、学生政治、作弊和剽窃、交通堵塞、当地/国际政治领导人。
- 描述你最喜欢的个性,比如你认为非常成功的人,你非常感激的人,你梦想中的女人/男人。
- 描述一些成功的组织,如 Facebook、苹果、微软、乡村银行、BRAC、世界银行。
- 描述你最喜欢的乐队、购物中心、餐厅、游戏。
- 对"包办婚姻比爱情婚姻更安全、更幸福"这样的说法给出自己的看法。
- 一些真实的生活情况:描述你的日常生活,讲述你拿到高中毕业证书那天是如何度过的,或者想象 10 年后的自己。

Grabe 和 Stoller(2001)认为,小学教材、辅助资源、课堂图书材料的选择对学生的阅读动机和阅读参与度有重大影响。Hedge(2003)列出了中级阅读技能教材的以下常见主题,作为真实素材,它们对语言课堂很有帮助:信件、食谱、菜单、报纸、文章、火车时刻表、占星术、广告、宣传手册、明信片、街道图、路线图、年鉴条目、天气预报、简历、戏剧节目、诗歌、设备使用说明等。

关于写作教学,Brown(2001)提出了一个重要问题,即课堂写作中有多少是"真实的"写作。他认为以下是一些可以用来发展阅读和写作技能的真实素材:①当地英文报纸剪报、杂志、广告、小册子、传单、不同知名机构的常见信息文献;②后殖民写作、通俗小说、漫画和视觉小说;③学生识别和纠正错误的写作;④求职广告和简历;⑤任何与工作邀请、论文和报告写作相关的官方文件。

6. 教材设计与真实素材

材料设计模型由四个基本原则组成(Hutchinson & Waters 1987):输入(初学者)、内容(文本)、语言(功能)和任务(活动)。编写语言教学材料时,首先要评估材料。以下是评估材料涉及的一些基本问题:

- 材料由谁开发,在哪里开发?
- 教材是否与教学大纲相符?
- 这些材料涵盖哪些语言技能?
- 材料中的文本类型有多真实?
- 学生和教师对教材有何看法?

我们也可以借鉴 Harmer(1998)的评估材料标准,他的评估表中考虑的要点包括实践性、排版设计、活动、技能、语言类型、主题和内容、指导和结论。每个标准都有相关问题和答案示例。这些标准还可以进一步扩展,例如,学生的水平、教师和学生的角色、优势/劣势等。

Murray 和 Christison(2011)表示"……教材并不总是推动教学过程,而是为教师和学生提供了一个平台。因为教材主要是为各种各样的学生编写的,在实际教学中,教师常会发现他们需要修改他们或他们所在教学机构选择的教材。这可能包括对教材本身的活动和文本进行修改,或用来自其他渠道的材料,或由教师编写附加材料对教材加以补充"。在这种情况下,Richards(2002)指出,如果不进行一些调整,使其更适合其使用的特定环境,教材很难得到有效使用。需要在以下方面培养语言教师改编教材的基本技能:修改内容、添加或删除内容、重组内容、解决遗漏、修改任务、扩展任务等。

教材是教师和学生共享的学习工具,可以系统灵活地被使用。为了系统、灵活地使用教材,了解教材是如何组合起来的,以及如何调整教材以满足特定学生的需求是很重要的。教材不是一份不灵活的文件;它是学生和教师使用的学习工具。关于"选择、调整、拒绝和补充"什么的决定取决于学生是谁(年龄、兴趣、学习目的和语言水平)、学校强调什么、可用资源、持续时间或时间框架,以及什么是重要的(Graves 2003)。在这方面,Harmer(2007)认为,许多教师希望将教材作为授课的促进者,而不是作为一本可以盲目遵循的手册,也就是说,他们使用教材作为课程的主要基础,同时他们可以选择何时以及如何使用其基本部分(Ahmed 2016)。

Mishan（2005）认为，丰富的内容会产生一个积极的环境，尤其是在语言学习的动机和参与方面。在二语/外语环境中，采用真实素材进行教材设计具有以下优势：为语言学生提供丰富多样的可理解输入的最佳来源（Mishan 2005）；对学习所必需的情感因素有着积极影响，如动机、同理心和情感参与（Mishan 2005）；能激发学生的动机和兴趣（Cook 1981）；使学生能够在目标语言环境中进行交流和互动，从而具有综合学习价值（Cook 1981）；学习风格对使用真实文本和学习任务的有效性没有问题（Mishan 2005）；适合自然主义的，有意识地实践学习目标语言语法的方法（Mishan 2005）；特别适合处理更整体的语言处理模式，即自上而下的处理（Mishan 2005）；刺激全脑处理，从而实现更持久的学习（Mishan 2005）；让学生了解世界上正在发生的事情，这样他们就有了内在的教育价值（Martinez 2002）；教材通常不包括附带的或不恰当的英语（Martinez 2002）；语言变化反映在教材中，以便学生和教师能够跟上这些变化（Martinez 2002）；书籍、文章、报纸等包含广泛的文本类型，传统教材中不容易找到的语言风格（Martinez 2002）；产生成就感，例如，给学生一本关于英格兰的旅游小册子，让他们制作一个为期4天的度假计划（Martinez 2002）；材料不断更新和主题化（Case 2012）；各类文本的易获取性（Case 2012）；提供真实的文化信息（Kilickay 2004；Richards 2001）；更紧密地联系学生的需求（Kilickay 2004；Richards 2001）。

真实素材也有其自身的缺点，其中包括：明显缺乏语法准确性、习得顺序或学习的持久性（Mishan 2005）；不符合系统化的语言教学大纲（Mishan 2005）；因文化偏见造成不必要的难以理解；太多的结构混合在一起，较低层次的学生很难解读文本；太多不同的口音造成学习上的困难；材料易过时（Martinez 2002）；材料的设计是一项复杂的任务（Nixon 1996）；对于初学者来说，很难找到有趣且容易习得的材料；版权问题（Polio 2014）；确定材料的真实性并不容易（Harmer 2007）；文本通常水平过高（Richards 2001；Case 2012）。

为了克服真实素材的不足，使其更有效，更有利于语言课堂，Cook（1981）提出了一些措施，例如，文本或练习应该对学生富有激励性；选用的材料不应是易过时的，而是能不断更新、或是经久不衰的；材料必须通过主题组织起来，有机地联系起来。在这方面，Pinner（2015）认为，由于其原创性，对语言学生来说，真实素材更难掌握，因此必须为学生进行适当的修改。由于真实素材不是为二语/外语学生准备的，因此存在理解难度通常过高和歧义问题。因此，语言教师的职责是要么对它们进行改编，要么引领学生做好相应准备。

7. 结语

显然，和其他可用的相关材料一道，教材构筑起了生动、互动而又有意义的语言课堂的生命线。非常重要的是，教师在选择语言课堂的材料时，要高度重视材料、活动和方法之间的关系。要选择真实素材，以促进四种语言技能的学习，确保内容或主题传达相关信息，丰富和拓宽学生对"现实世界"语言的使用，最后要关注各种目标群体的背景、需求和期望。

尽管对真实素材的定义存在一些不同意见，但普遍认为真实素材在激发学生学习方面起着重要作用。真实素材在语言教学中可以发挥多种作用。它们使学生能够与真实的语言和内容互动，而不仅仅停留于语言形式，即语法和词汇等。学生在课堂上变得更加清晰，反应更加灵敏，同时在学习课堂外和现实世界中使用的语言时，适当且系统的真实素材可使学生能够更感身临其境。正如 Gilmore（2008）所说："真实素材提供的'更丰富'的输入，结合适当的提高社会认知的活动，将能够更好地培养学生的一系列交际能力（语言、语用、社会语用、战略和话语能力）。"

肯特州立大学 ESL 教学中心阅读教材真实性研究[①]

四川外国语大学成都学院翻译学院　卢璐(译)

【摘要】本研究考察肯特州立大学 ESL 教学中心阅读课程中真实材料的使用情况,并探讨师生对阅读课上使用真实材料的见解。基于文本分析、小组访谈和问卷调查,研究发现 ESL 教学中心的阅读教材普遍采用不同类型的真实材料,并且教师和学生都认为真实材料对阅读技能、词汇学习和批判性思维能力等都有帮助。研究结果将为 ESL/EFL 阅读教材编写和教师使用真实材料提供一定参考。

【关键词】阅读教材;真实材料;肯特州立大学

1. 引言

目前用于英语教学的教材众多,但其中大部分材料是由编者为语言教学目的而设计的。这些材料或教材通常侧重于教授英语技能,而非学生在现实生活中进行互动和交流的真实语言(Berry 2000;Burns 1998;Cane 1998)。然而,以往多项研究显示学生需要接触母语者使用的真实语言,并且这些真实材料对语言学习有显著帮助。本研究基于文本分析、小组访谈和问卷调查探讨真实材料在英语作为第二语言(English as a second language,后文简称 ESL)教学中的效用。本研究试图解决以下三个问题:①肯特州立大学 ESL 教学中心在英语阅读教学中使用真实材料的情况如何;②基于

---

① 【原文信息】
作者:Amal Lotfi Laba
标题:An Examination of Text Authenticity Used at Kent State University ESL Center: Reading Materials, the Insights and Perceptions of ESL/EFL Students and Instructors
原文为 2014 年 12 月发表于肯特州立大学的博士毕业论文。

教师视角对使用真实材料有何见解；基于学生视角对使用真实材料有何看法。

2. 文献综述

英语教师通常使用由牛津大学或剑桥大学出版社出版的传统教科书来教授 EFL 和 ESL 学生。而这些教材往往注重语言学习的功能性而忽略学生的文化背景和学习需求。传统教材主要存在以下几个问题：一是文本简单化和语言结构化（Allen 2008；Laamri 2009）。如，为了某学习目标，把特定的语言形式简化，使得学生面对真情实景的交流时，无法应对更复杂的语言结构。二是教师倾向于使用针对某种语言技能或考试的教材，如学校规定的教科书或雅思、托福材料，而这类材料多注重某种语言技能，但忽视语言交际性。Laamri（2009）也指出，非真实材料通常具有以下特征：①仿真性，即模拟日常生活环境和互动交流；②适用性，即材料适合学生的水平和年龄；③简单性，即语言结构、语调、语速在学生能力范围内；④限制性，即有限的主题、词汇和材料长度；⑤适当性，即材料适合教学环境。因此，非真实材料的教材对于初学者来说比较适用。

而真实材料是"母语人士为他们自己的某些实际目的而产生的语言示例，而不是仅为课堂制作和设计的语言"（Cook 1981）。真实材料包括书面材料，如杂志、地图、宣传册或餐厅菜单等，也包括音视频材料，如日常对话、广播节目、电影或电视节目等。构建主义认为，有效的语言学习应该让学生参与真情实景并进行互动，以此来提高对语言使用的理解，而非仅学习其规则（Oguz & Bahar 2008）。在该理念下，教师作为构建主义教学中的指导者和设计师，应该通过使用真实材料，构建现实生活中的情况，使学生感兴趣并调动所学知识来解决问题。

以往各项研究显示真实材料在外语学习中具备有效性（Gilmore 2001；Jacobson, Degener & Purcell-Gates 2003；Tani & Yusuf 2010）。主要有以下几个原因：一是语言学生希望在发音、口音或词汇使用上更加接近母语者。而真实材料可以将课堂学习与语言使用的真实环境联系起来，使得学生有机会学习真情实景中地道的语言表达和语言技能（Tani & Yusuf 2010）。二是传统英语教材的教学大纲虽然包含多元化主题，但由于该类教材是为课堂设计的学习材料，因此不能确保学生接触到母语者使用的大量词汇和短语（Cook 1981；Crawford 2002；Jacobson et al. 2003）。三是真实文本可以满足学生未来的实际需求。例如，学生若在课上接触到驾驶手册或投诉信这类真实文本，将来考驾照或写投诉信都会得心应手（Jacobson et al. 2003）。并且，这类文本也会增加 ESL 学生学习语言的兴趣，并提高他们的课外生活技能。四是音视频类的真实素材，如广播和电视节目，可以使语言学生认识到自己跟真实表达之间的差异，并且熟悉真实场景中的说话方式。

此外，还有研究表明学生在使用真实材料学习时具有明显动机（Berardo 2006；Cook 1981）。当使用真实材料教授高级英语阅读课时，学生发现老师选择的真实材料引人入胜，而且比传统教科书更有说服力和先进性（Berardo 2006）。学生在阅读活动中非常积极，并且增加了阅读信心。真实材料不仅能提高学生的积极性，还有助于增强学生的跨文化意识。学生在真实材料中接触到外国的餐厅菜单、车票机票、观光旅游、传统节日等，一定程度上能提高他们对外国文化的认知。

3. 研究方法

本研究主要采用定量和定性研究分析相结合的研究方法，并且以交际法和构建主义为理论框架。交际法教学侧重于通过互动来理解含义并获得反馈，以此来培养学生使用外语的交际能力（Richar 2006；Savignon 1997；Widdowson 1987）。同时，交际法鼓励在课堂上使用现实生活中的真实素材（Clarke & Silberstein 1977；Richards 2006；Widdowson 1987）。这些材料可能包括杂志、报纸、标志和其他视觉辅助工具，如地图和图表。而构建主义指导下的教学也强调为学生提供真情实景和真实材料，并在此情景下互动完成学习过程（Oguz & Bahar 2008）。

为全面了解真实材料在 ESL 教学中心阅读课上的使用情况，本研究主要通过以下三种方法获得数据：一是对 ESL 阅读教材进行文本分析；二是对教师参与者进行小组访谈；三是对学生参与者进行问卷调查。具体如下：

3.1　文本分析法

本研究对 ESL 中心现使用的五本阅读教材进行文本分析：①Interaction Access；②Interaction 1；③Interaction 2；④Mosaic 1；⑤Ten Steps to Building College Reading Skills。这五本书分别用于教授从初级到高级不同水平的学生。该分析主要调查各册教材使用真实材料的范围、程度、频率、体裁、出处和教学功能。例如真实材料可以有多种形式，包括菜单、海报、公告、地图、宣传册、门票、报纸和杂志文章。各种真实材料也会有不同的出处和使用功能等。因此，本研究会对真实材料进行分类标注、数据统计和功能分析。

3.2　小组访谈法

为更深入获知 ESL 教师在教学中使用真实材料的见解和体验，本研究采用小组访谈法对 7 名来自肯特州立大学 ESL 中心的阅读课教师进行调查。目前 ESL 中心有教师 79 人，其中阅读课教师 36 人。这 7 名教师参与者都是英语母语者，都获得硕士学位并在 ESL 教学方面拥有 2～12 年的教学经验。此外，这 7 名教师都正在教授中高级阅读课程，并且教授对象包含参与研究的学生。访谈共分为两组，每组访谈时间 45 分钟，访谈地点为 ESL 中心的一个小型图书馆。采访使用电子设备录音，并在肯特州立大学研究中心转录成文本并再次核对录音以完善采访信息。最后对采访转录稿进行分类、归纳总结等进一步分析。

3.3　问卷调查法

为更全面了解 ESL 学生在学习中使用真实材料的体验和偏好，本研究采用问卷调查法进行研究。抽样调查对象为肯特州立大学 ESL 中心的 74 名学生（目前 ESL 中心注册学生 583 人）。ESL 中心为来自不同国家的学生提供初级到高级（一级到十级）的英语语言课程。学生参与者都是来自不同国家在美国读本科或研究生的国际留学生，年龄范围为 18 ~ 30 岁，母语为日语、中文、阿拉伯语等，英语程度中级到高级（五级到十级）。选择中高级阶段学生参与者是因为该阶段使用的教材包含真实材料相对较多。

该调查问卷包含 30 个问题，其中包括定性和定量问题。对于最后的开放式问题还为参与者提供了一些学生喜欢的真实材料示例。此外，为确保问卷没有任何模棱两可的问题或误导性问题，本研究从 ESL 中心随机选择 10 名学生进行试点测试。并在测试后，对个别产生误解的问题进行修改以确保最终测试结果的有效性和准确性。

4. 研究结果

本研究结果是基于阅读教材文本分析，教师小组访谈和学生问卷调查分析产生的，具体结果如下：

4.1　教材文本数据分析

根据对肯特州立大学 ESL 中心现使用的五本阅读教材进行文本分析，发现每本教材都有采用真实材料，但是高级段使用真实材料的数量和体裁比初级段更多，发挥的教学作用也更多样化。具体来说，用于教授初级学生的 Interaction Access 的真实文本最少（占比 27%），而教授高级学生的 Mosaic 1 中使用的真实文本最多（占比 81.4%）。初级和中级学生使用的三本教科书（Interaction Access；Interaction 1；Interaction 2）中的大部分真实材料都是在每章开头的引入环节，用于预读活动，帮助学生预测后面的阅读内容。此外，在前两本书上都发现部分篇章疑似取自真实素材，但是没有注明出处，因此未纳入数据统计范畴。比如，Interaction 1 中发现有 16 篇网络文章，但未找到出处，因此未纳入真实文本数量。

相比之下，高级学生使用的两本教材都使用了更多的真实素材。第四本教材 Mosaic 1 中使用的真实材料占比最大，且都标明出处。该书选择了多种不同体裁，其中包括诗歌、书籍节选、杂志文章、教材选篇、叙事散文、短篇小说、网络文章，甚至还有自传、网络传记、连环漫画、图表等。不同体裁的真实文本也承载着不同的教学功能。比如诗歌用于训练释义;书籍片段用于训练各项阅读技能,如略读和扫读;杂志文章用于理解修辞手法;短故事用于推理和推断故事情节;连环漫画用于训练寻找支撑论据;传记用于训练掌握事件发展顺序;图表用于训练读懂细节等。另一本高阶教材 Ten Steps to Building College Reading Skills 收录了 45 篇不同体裁的真实文本,包括报纸和杂志故事、记叙文、幽默节选、心理学教材节选、信息类文章、期刊、文学作品、自传、论文和漫画等。其中漫画(21 篇)、记叙文(7 篇)、信息类文章(6 篇)这三种类型的真实文本数量最多。但由于该册教材主要是为需要提高阅读技能和批判性思维的大学生所编写,因此有多种不同体裁的真实文本的教学功能都是训练推理、批判性思维、寻找论据或态度意图。此外,该册教材用于帮助学生在日常生活中阅读目标语或提高跨文化交流能力的素材非常缺乏,而此问题在这五本教材中都存在。

4.2 教师小组访谈分析

教师小组访谈为真实材料使用的方式和优缺点提供了更深入的支撑论据。在对转录稿归类整理分析后,发现所有教师都在使用教材中的真实材料,并认同真实材料对 ESL 学生大有益处。教师参与者证实了教材中有不少真实材料的篇章,特别是 Mosaic 1 这本书收录了许多与 ESL 学生学习生活相关的文章。其中一位教师还在《今日美国》日报找到教材中的文章,并发现该文章未做任何修改,完全真实。除了使用教材上现有的材料,教师们甚至还自己补充更加多元化的真实材料,如故事、诗歌、儿童和成人文学文本、歌词、报纸、广告、优惠券、申请表和博客。其中许多真实材料来源往往是美国有线电视新闻网(Cable News Network,CNN)、英国广播公司(British Broadcasting Corporation,BBC)、今日美国(USA Today)、美国国家公共电台(National Public Radio,NPR)等网络资源,用于提高学生的批判性思维、总结能力以及增加词汇量等。部分教师甚至给予学生自己选择真实材料学习的机会,如选择自己感兴趣的书籍和博客,并写读书报告,以增加学习兴趣。

所有教师都认可真实材料主要有以下几大优点:一是真实材料可以增强学生学习动机。教师们认为,学生为自己能够读懂母语者阅读的内容而感到自豪,并且在阅读真实材料中获得乐趣,希望这能鼓励学生在课外也能自行搜索真实材料学习。二是真实文本有助于提高阅读能力和阅读技巧。比如阅读故事让学生练习如何理解人物角色和情节发展;阅读不同体裁的真实文本,让学生学习不同风格的写作手法;阅读含有高级词汇的真实材料,如 Mosaic 1 的文本,可以练习从上下文中猜词的能力。三是真实文本有助于增强批判性思维。教师认为中高级学生需要阅读更具挑战性的真实文本,而不是阅读直接提供信息或能够轻易找到答案的文本。比如,期刊杂志或学术文章等真实文本可以最大限度地激发学生的批判性思维。

然而,使用真实材料也存在一定问题。教师反映找到适合学生水平并且能够激发学生阅读动机的真实材料并非易事。阅读与学生需求不匹配的真实材料对学生来说是个挑战。传统教材为学生提供了脚手架，但使用真实材料需要学生自己搭建脚手架并理解生词。同时，教师还应注意设计与材料相匹配的活动。此外，由于 ESL 中心的学生来自不同文化背景，因此教师在使用包含不同文化的真实材料时，需要具备文化敏感性，避免冒犯他人。

4.3 学生问卷调查分析

研究收到有效问卷 74 份，男女比例为 51：23，英语程度为中级到高级。学生参与者来自多个不同的非英语国家，其中 24 人为中国人。参与者在 ESL 教育中心学习时长从 2 个月到 24 个月不等。基于问卷分析，得出如下结论：

一是学生对在阅读课上使用真实材料的兴趣浓厚。79% 的学生反映网络取材的真实素材是最喜爱的阅读课材料。46% 的学生更偏好来自杂志的素材。喜欢原版书籍素材的比例为 44%。另外有部分学生喜好报纸（40%）、票据（17%）、申请表（10%）和短故事素材（3%）。而在素材选择权上，60% 的学生希望自己能有机会选择在阅读课上的材料。同时，研究结果也暴露出学生阅读比较困难的几类材料：小说、习语、论文、专业性强的文章、宗教话题文章、托福材料、话剧文本等。在选择真实材料考量因素上，51% 的学生倾向于根据兴趣选择真实材料进行学习，而 30% 的学生根据难易度选择真实材料。

二是 91% 的学生反映真实材料有助于词汇学习。学生认为真实材料让自己接触到很多母语者日常生活中使用的地道词汇、短语和俚语，以及不同领域的专业词汇，对自己的日常生活和学术学习都有帮助。但仍有 4 位学生表示真实材料不利于自己学习单词，原因主要是材料中包含太多生词以及话题不适合。

三是 93% 的学生都认同真实材料确实能帮助他们提高阅读技能。学生认为真实材料更能引发思考，而为教学目标编写的材料只是简单地查找论点和论据。还有学生反映真实材料在总结、推理、略读等阅读技巧上有帮助，并且还提高了阅读速度。但同时也有学生表示，虽然认同真实材料对阅读技巧有帮助，但是由于生词太多以及习语、俚语等，自己在阅读时经常产生误解，不利于提高技能，甚至导致其失去信心。

此外，88% 的学生认为真实材料有助于阅读不同体裁的材料。学生表示真实材料涵盖大量不同话题的词汇以及不同写作风格的文章，甚至是以前在教材中没遇到过的体裁，这非常有利于自己熟悉不同体裁和题材的文章，如小说、散文、幽默、戏剧和网络文体等。

5. 启示

调查结果表明，肯特州立大学 ESL 教学中心的阅读教材特别是高级段普遍采用不同类型的真实材料;教师和学生都认为真实材料对阅读课程很有价值。无论是对阅读技能、词汇学习还是对批判性思维能力等都有很大帮助。对教材编写者和教师有如下启示:一是需要广泛使用真实材料,并选择符合学生水平且能够激发学生阅读动机的真实材料;增加帮助学生在现实生活中阅读目标语或提高跨文化交流能力的真实材料,如账单、公告、广告、宣传册、门票和官方报告。二是不同体裁的真实材料可以承载不同的教学功能;需要设计与材料相匹配的活动。三是无论是教材编写还是课内外练习,为学生提供一定选择真实材料的探索空间和机会,特别是学生感兴趣的网络资源,会激励学生阅读、增加其词汇量并提高其阅读技巧。此外,应该对教材中使用的真实材料标明引用出处,以帮助师生查找来源和阅读更多相关内容。

真实素材是形成交际能力的重要环节①

四川外国语大学成都学院国际传媒艺体学院　　陈竹(译)

【摘要】当前,信息技术的飞速发展使人们的沟通交流日益紧密。在这样的大环境下,外语已经成为未来工作的必备本领。越来越多的专家学者开始研究如何提高外语学习的效果。本文对俄罗斯外语教学界就真实素材的主要观点进行了归纳总结,其中包括真实素材的定义、内涵、分类方式以及其在外语教材中的应用的注意事项,以及真实素材对外语学生交际能力的影响。

【关键词】真实素材;综述;外语教学;交际能力

近年来,外语学习已经由单纯学习"字词句"逐渐被"学习外语会话"甚至"用外语交流"所取代。二十世纪末,随着信息技术和通信手段飞速发展,地球已发展成为一个多种文化交流融合的"大公寓",而"大公寓"中的每个国家以及人民都紧密联系、相互沟通、共同面对和解决全球性的问题。在这样的大背景下,跨文化交际显得尤为重要,"成功进行跨文化交际是学习外语最重要的目标之一"的观点也就由此应运而生。S. G. Ter-Minasov 提出了"文化之间的对话"的概念,这意味着学生应该双向全方位的了解母语和目的语文化知识,具体包括区域知识,例如地理位置、气候等如何影响人们的生活方式、经济和习俗;历史知识,包括历史发展进程、著名事件、杰出人物、宗教信仰和仪式等。学生具备这些背景知识,了解文化之间生活方式的异同,可以为双方顺利交流打下良好基础,助力跨文化交际。

---

① 【原文信息】
作者:N. A. Savinova, L. V. Mikhaleva
标题:АУТЕНТИЧНЫЕ МАТЕРИАЛЫ КАК СОСТАВНАЯ ЧАСТЬ ФОРМИРОВАНИЯ КОММУНИКАТИВНОЙ КОМПЕТЕНЦИИ
原文在 2006 年 6 月 18 日发表于《语言科学》。

实际上,将文化知识元素融入外语教学的问题由来已久。目前,外语教学方法研究普遍认为熟悉目的语国家的文化、历史、社会传统、当地人的世界观对外语学习具有促进作用。随着俄罗斯社会文化的发展,整个社会对外语学习的兴趣明显提升。因此现阶段外语教学方法领域的专家学者面临一个普遍的问题,即批判性地评估现有的国外语言教科书中的外语教学设计及外语教学方法。近年来,俄罗斯高校教学法研究普遍承认调整外语教学目标、更新教学内容的重要性。对教师来说,未来的教师为了顺利进行跨文化交际不仅要精通一门外语,而且要重视跨文化交际能力的培养。

R. P. Milrud 和 E. V. Nosonovich 认为背景知识也是形成交际能力的一个组成部分。这种背景知识指的是民族文化的一部分,是"一个特定民族或国家社会历史发展"的结果。在他们看来,这些背景知识构成了社会学家所说的大众文化的一部分,因为它们是当地社会所有成员共有的信息。语言学术语词典对背景知识作了如下定义:"背景知识,英文为 background,即说话者和听话者共同了解的信息,是语言交流的基础。"A. N. Kryukov 和 Yu. A. Sorokin 对背景知识的定义为"背景知识是指听话者和说话者基于现实情况的共识,这种共识是一种隐含在内,不用通过口头表达出来的语言背景知识。"后者是一种理想模型,它认为背景知识储备是一项由人们独立完成的任务,不会在日常交流中表达。这种观念的现实意义在于,它认为外语学习应该建立在掌握目的语国情知识的基础上。当交流者双方来自不同的语言和文化社区时,共有知识的存在是双方顺利进行交流的前提。因此,在对学生进行语言训练时,需要让学生掌握一定的背景知识,这在教学法中被称为"预设框架"。V. P. Furmanova 将"预设框架或预设认知"视为目的语文化背景知识的基础。当前学术界也十分重视研究目的语人民具有的典型背景知识。V. P. Furmanova 把能够成功进行跨文化交际的懂外语的人称为"懂文化知识的外语人",她认为"懂文化知识的外语人"除了懂目的语,还需要具备以下几类目的语文化背景知识:

- 历史文化背景。
- 社会文化背景。
- 民族文化背景,包括与日常生活、习俗、节日有关的知识。
- 符号学背景,包括外语环境中表达象征、专有名词、特征的知识。

目前,学习某种外语已不能单纯等同于掌握某项技能("skill")。外语学习不仅是获得语言结构、语法规则的知识,同时是学生感知目的语与母语者文化之间的关系。每一种语言,都是当地人民的交流工具,因此它必然反映所在民族的物质及精神文化特点。

这也体现了使用真实素材学习外语的重要性,因为真实素材本身包含了各种背景信息并且能够有效促进交际能力的形成。但真实素材在外语教学中的应用引起了一些分歧,这是由于真实素材与当下外语教学目标关联在一起,并且出现在教学法中的时间并不久。真实素材是指由母语者为母语者自己而非教学目的所创造的素材。目前,真实素材的内涵有几种不同的阐述。

K. S. Krichevskaya 认为真实素材包括文学作品、民俗、视觉、音乐等在内的抽象素材,以及衣物、家具、餐具和表示这些实体的图片在内的物质实体两部分。她特别突出了包括日常生活用品在内的"实用素材"的作用,"实用素材"包括广告、问卷、标签、菜单、发票、地图、与旅行、度假、商品、求职等相关的广告手册等。她认为这类真实素材在日常生活中随处可见并且使用频率较高,为外语学生创建虚拟的目的语环境具有重要意义,虽然这些语言素材体量较小,但比教科书上的课文更有价值。除此之外,"实用素材"也包括听力或者视听素材例如广播或电视节目、新闻、天气预报、机场或火车站的广播通知。在教学方法中使用这样的素材极为重要,因为素材本身就是现实中使用的语言,而且能够使学生产生一种自己正在参与目的语国家日常生活的错觉,从而提高他们的学习积极性。K. S. Krichevskaya 根据不同语言素材的使用的领域,做了如下分类:

- 教育专业领域交流。
- 社会文化领域交流。
- 日常生活领域交流。
- 商业贸易领域交流。
- 家庭生活领域交流。
- 体育及休闲娱乐领域交流。

G. I. Voronina 对真实素材的定义与 K. S. Krichevskaya 大致相同。G. I. Voronina 认为真实素材是一种从母语者的交际实践中借来的语言素材。她还将真实素材分成了两种类型,按照真实素材的功能分为具有功能性、执行性、指导性、解释性、广告或警示性(例如指路牌、路标、广告牌、图表、表格、绘图、戏剧节目单等)的素材;按照信息的内容可分为提供信息、进行信息传递以及不断更新信息(例如文章、采访、民意调查、信件、新闻、统计、图表、广告、评论、报告等)的素材。

J. Harmer 认为,通常情况下真实素材是指最初不是专门为了教学而是为母语者自身编写的素材。俄罗斯国内的方法论者认为真实素材是一种为了现实生活需要,由母语者为母语者创造的素材。真实素材在语言结构方面具有以下特征:例如在词语类型方面,真实素材包含大量代词、助词、感叹词、带有感情色彩的词、具有象征意义的词、词组短语、流行词汇等;在句法结构方面,真实素材中的句子结构简单、句子篇幅短小、句子呈现碎片化,并且存在大量缺少句子成分的省略句。

真实素材的社会文化背景通过大量的词汇来实现,这类词汇通常是在日常交流中使用频率最高的词汇单位,例如用来表达观点的评价性词汇、口语常用词汇;含有民族文化成分的词汇;与现实生活相关的涉及休闲娱乐、日常生活的词汇。采用这样的真实素材能够让学生融入目的语的民族文化。

　　与真实素材相反的是非真实素材,非真实素材是指专门为第二语言学生编写的教学素材。这些素材中的词汇是专门为学生巩固特定的语法结构而创造的,与真实环境中的表达相差甚远,这样的语言素材能够培养出具有优秀听说及阅读能力的外语学生吗? 本文认为答案很可能是否定的。原因一方面在于真实素材的来源于日常生活,而不是教学,因此不会出现与日常生活用语脱节的表达;另一方面在于,非真实素材有时在语言结构方面过于复杂,这样复杂的表达与日常交际任务所需要的语言不匹配。

　　R. P. Milrud 将真实素材运用于教学课文,提出了一些相关标准。这类教学课文中的语言素材充分考虑了母语使用者的习惯与标准。相关人士认为这样的教学课文是真实的话语(课文均取自真实情景),词汇和语言结构都很自然,并结合了适当的语言交际情景以及真实场景下的用词习惯。

　　除了上述的真实性标准,R. P. Milrud 和 E. V. Nosonovich 指出,高年级听力教学素材还必须满足以下要求:

- 符合学生的年龄特征,以及他们的母语和外语水平。
- 对学生来说新颖有趣的教学内容。
- 提供多种语言表达形式。
- 允许存在多余的信息。
- 呈现的场景、情景真实自然。
- 所用素材能够引发学生真实情绪反应。
- 具有语言教学的作用。

　　综合上述观点,这是否意味着在教授阅读和听力时只应使用真实素材? 乍一看,这似乎是个好主意。那么学生会对此有什么样的反应? 假设我们给小学生一篇陀思妥耶夫斯基的小说或报纸上节选的文章。学生很可能不理解这些过于生涩的课文。当然,与之相反,学生在遇到过于简单的课文时也不能达到教学效果。

　　因此,教学过程中不应采用非此即彼的立场——教科书应包含真实和非真实的素材,并且这两种素材的内容应该与他们的语言能力相符,与现实生活中的口头、书面语表达一致,是学生可以理解的。

　　R. P. Milrud 和 E. V. Nosonovich 认为真实素材应包括私人信件、轶事、文章,取材自日记、广告、美食的节选片段,烹饪食谱、童话故事、访谈、科普及国情类文章。他们还强调了保持教材中选文体裁的真实以及体裁组成的多样的重要性,这样才能使学生熟悉各种生活场景,具有不同风格的常用语和词汇。R. P. Milrud 和 E. V. Nosonovich 还强调,教学素材的真实性是一个相对属性,取决于许多因素,例如应用的情景、学生的个人特点、教师的教学目标等。

　　R. P. Milrud 为了证明使用为母语人士准备的真实的、未经改编的素材的合理性,对素材的"真实性"做了以下规定：

1. 练习题目的真实性——设计的练习题目应是在现实生活场景里出现过的。

2. 语言形式的真实性——形式能够吸引学生的注意力，有助于理解课文中的交际任务，与现实生活息息相关。

3. 反应的真实性——在编写教学课文时，必须赋予其能够唤起学生真实的情感、心理和言语反应。

4. 情境真实性——教学素材中的情景是母语者日常生活中感兴趣的、真实自然的情景。

5. 信息真实性——教学素材中的信息素材应该符合学生当下的年龄特征和兴趣爱好。

6. 文化真实性——教学素材中的课文应能够反映目的语文化特色，生活特点和母语人士的习惯。

7. 民族价值观的真实性——教学素材要对特定短语的适用场景做出清晰的解释，让学生知道什么场合使用恰当，什么场合使用不恰当。

真实素材当然也存在许多缺点。例如，有些素材包含超出教学大纲、学生理解能力的生涩难懂的语言和词汇；真实素材不能保证学生学习内容整齐划一，使用教科书可以确保所有学生都获得相同的内容，这样就能对教学内容进行统一控制。

综上所述，目前真实素材还没有统一的全球化的定义。依据不同的角度和条件，可以对其内涵做出不同的解释。语言教学课程的每个组成要素——课文、学习任务、课堂情境、学习互动，每种要素中真实与非真实素材的确定标准都是可调整的，而教师的任务就是根据教学目标来整合每个环节的标准。

根据本文对各类真材实料的使用经验，可以注意到学生在使用此类素材时，学习外语的内在动机明显提升，对话题的回应也更加真实自然。只有真实素材才能引起这样的情绪和言语反应，而这正是有效学习外语所必需的。

真实素材:对外法语课堂中的使用示例[①]

四川外国语大学成都学院西欧语言学院　许佳妮(译)

1. 引言

真实素材(Les documents authentiques)通常由母语为法语的人,针对法语地区语言使用者设计以满足交际需求。真实素材的运用更关注现实生活和时事的教学、更注重学生动机和需求,使其学习态度更积极也更具创造性,因此真实素材在语言课上极为重要。

真实(或自然)的交流有助于真实素材实现对外法语教学的一大目标,这也是一种真正的语言交流学习。事实上,这些素材"使学生接触到语言的各个使用方面,并不进行某一具体描述,但仍是需要进行教授的。"(Coste & Bérard 1991)。比如,通俗口语是法语的一个重要方面,相较于对外法语教科书,它更多地出现在真实素材中。

在本文中,在回答一系列便于描述真实素材、明确其特征和在课堂上的使用原因的问题之后,我们将展示准备好的真实素材的课堂示例,该课程针对对外法语听力理解或口语表达,其授课对象为以土耳其语为母语的学生。

---

① 【原文信息】

原文作者:Veda Aslim Yetis

原文标题:Le Document authentique : un exemple d'exploitation en classe de FLE

原文在 2010 年 10 月发表在 *Synergies Canada* 期刊上。

2. 真实素材的展示

2.1 什么是真实素材?

真实素材最初是为母语人士准备的书面、音频或视听文件,但教师收集这些素材用于之后的课堂活动中。该素材之所以被称为真实素材,是因为它并不是出于教育目的而设计的,而是为了进行交流。它按原样呈现给学生,若对本素材进行任何修改,例如删除一个或多个段落以减少信息或为便于演绎在句子之间添加连接词,那么它都不再是个真实素材,而是一个教学化的素材(document didactisé)。因此,根据语言和教学标准,真实素材是不同于"由方法设计者或教师"完全为教学而创造的教学文件或编造的文件。(Robert 2002)。

2.2 真实素材的种类有哪些?

真实素材可以是电话簿、日历、邮购目录、报纸、杂志、地图、计划表、火车时刻表、电报、支票、护照、公告、广告、旅游手册、电视或电影节目、行政表格、调查表、烹饪食谱、钞票、连环画、家庭或纪念碑照片、街拍照片、天气预报、歌曲、电影或纪录片、时间表、体育比分、文学评论、电视节目的视频剪辑、书籍节选等。

2.3 在哪里可以找到真实素材?

互联网的出现便于我们查阅所有类型的真实素材。以下可能是我们曾经无法访问网络时的做法:

- 查找真实的文章、公告、广告;查看日报、女性杂志、男性杂志等。
- 前往法国国营火车站、银行、法国电信、行政部门、旅游局……找广告单、传单;查看邮箱等。
- 查找音频文件:新闻提要或天气预报、广告、歌曲;使用磁带或CD收录所需的音频。
- 查找视听文件:电影、广告、纪录片、视频片段;观看并录下能直接反映社会和文化现实的电视节目。

然而,在连网时,要牢记网络"是各类真实素材取之不尽的来源,人们可在世界各地进行访问……"(Cord 2000);它同样提供真实的音频和书面素材。以下是若干提供此类真实素材的网站(网址在参考文献之后):

● 报刊类：

Revue2presse、国际邮报、街头 89、日报（《世界报》《费加罗报》《队报》《解放报》等）。

● 广播类：

法国文化、RFI、RTBF（比利时）、ARTE 电台等。

● 电视类：

法国国际电视 5 台、法德纪实报道、La Télé Libre 网络电视、法国电视新闻 3 台、播放各种法语节目并可以播放视频的法语探索类节目等。

● 广告、视频片段：

YouTube 或 Dailymotion 是视频托管网站，它们提供各类视频，如电影节选、音乐视频等。通过谷歌或雅虎等搜索引擎，可以在互联网上找到不同的、海报、歌词等。

2.4 为什么在语言课堂使用真实素材？

以下是在语言课堂中使用真实素材的几个原因：

● 缺乏对应语言特色的教科书（例如针对特定目标法语 le français sur objectifs spécifiques）。

● 有义务纠正迄今为止使用的教科书所带来的问题（例如语言水平不对应、学生对相关主题缺乏兴趣、种族主义、活动不当、内容过时和成本问题等）（Lemeunier-Quéré 2006）。

● 展示真正的法语：和所有语言一样，法语有语言规则和句法规则……对外法语教科书尽可能地接近标准法语。学生因此面临着标准化外语、正确法语，有时甚至是高雅外语。然而，法语也被自发地、日常地使用着。法语人在讲话时也会犹豫、停顿、省略、进行不必要的重复、解释和使用不同语级。因此，当涉及口头和/或视频文件时，真实素材可以很好地进行解释：正如所有语言一样，法语不是一种单一的，而是多样的语言。这种多样性，我们称之为"真正的法语"，它使语言学生明白母语学生也会像他们一样犯错、找词、犹豫，而这不仅让他们在接下来的学习中安下心来，还使其能够了解到非正式语言并非总是出现在教科书中，但仍被当地人使用。

● 为完成课程目标，通过真实素材来呈现真实交际场景进而完善课程。

● 提供真实而丰富的外界形象，从而有助于培养学生对外国语言与文化的积极态度；

● 激励学生："如果初级学生能够理解真正的交流，他便会受到积极的激励"（Bérard 1991）。

● "以免学生受限于自己'教师'的法语"（Delhaye 2003）。

● "让学生进行素材的社会型'应用'，而非学术型应用：理解素材即了解其构建意图，像人们在现实中所做的那样，做出目标反应"（同上）。例如，在学术环境中，"素材的应用可能包括某些未知单词的预设清单及教师的解释。然而，在现实中是借助已知单词与其他语言提示的结合，才可理解素材。"（同上）。

•"在解码、识别和理解活动(activités de décodage，de repérage，de compréhension)中提供尽可能少的帮助,通过这样的习惯促进学生在学习中的自主性,这些活动与他之后在校外将面对的素材所类似。"(同上)。因此要锻炼他"学会学习"。

2.5 选择真实素材时应考虑哪些标准?

在选择要在课堂上使用真实素材时,建议该素材(Bérard 1991；Barrière 2003；Cuq & Gruca 2003；Lemeunier-Quéré 2006)：

•与学生的水平相对应,否则文本运用可能转变成文本解释。

•显示法语语言在日常生活中的丰富性和多样性。

•可以传播目标语言的文化且不会使学生感到震惊,因为有时对于一种文化来说平庸或正常的东西在另一种文化中可能并非如此。教师要懂得如何选择合适的素材：内容、图像、传达的信息等。

•能传播目标语言文明。

•涉及日常生活问题或热点问题。

(这些标准可使学生发掘、学会了解并重新认识目标语言国家人群的状况、习俗、行为、目标国家的特征,因此最后三点极其重要。)

•高级水平篇幅稍长,中级水平稍短,初级水平更短。篇幅越长,词汇就越复杂甚至越陌生。

•多种多样：即交替选择录制的诗歌、歌曲、访谈、对话……;选择展现各种语级的素材(通俗—通用—高雅)。

•与一个人寻求发展的能力有关：与需求分析相关。

•可以通过各种交际情景来提出问题以获取信息、给出指令、提供建议、提出论点、表达观点。因此,选择标准可以是一些言语、一连串的动作。

•应与学生的年龄和兴趣相适应。

•与目标语言国家的时事和生活相关。

•标明来源：文件的来源。

•标注日期：便于定位其背景。

•标明作者：若作者是出名的,则更便于理解素材,因为作者的名字可在内容上给出一些提示。

此外,针对口语文本,教师还需注意：

•说话速度：根据不同学生水平控制讲话快慢。

•语级方面：初级学生有理解困难,譬如对通俗口语理解困难。

•该素材包括口头表达的专属特征,例如"呃、嗯、行……"因为这些是母语人士经常无意识表达的法语特征。通过真实素材研究它们的含义,推断/猜测其含义将是一项有趣且更可行的工作。

●口语文本的转录尊重口语停顿。

3.对外法语课堂上真实素材的使用示例

在此建议对于对外法语 B1 级[中级或根据欧洲语言共同参考框架(CECRL)所称的独立运用语言者]的土耳其语母语学生,使用真实的音频文件作为口语表达/听力课程的素材。

3.1 真实素材的展示

该真实素材选自于"只是我的意见!"广播节目,它是其中的一段真实的音频,该节目由珍妮·佩里蒙德(Janine Perrimond)于 2002 年 10 月在 RTL 电台上推出。音频下载于互联网,其转录文本在附录 1 中。鉴于这是一个独白:珍妮·佩里蒙德谈论法国从法郎至欧元的过渡,为了便于使用和理解,本文分为三个部分。

3.2 为什么选择该素材?

选择原因如下:

●这是一个同时锻炼听力和口语表达的启动文件(document déclencheur)。因此,在进入输出阶段之前,我们将首先进行听力理解。此外,最好依靠启动文件来促进口头表达,而不是直接进入主题:学生将有机会研究即将探讨的主题,因此会感到更加投入,至少能够进行一些评论。

●这是一个独白:学生方面只有一种声音、快速的演说,就像一个母语人士每天听广播节目一样。

●它涉及法国文明的一点:从法郎到欧元的过渡。

●它讨论了法国人日常生活中的一个问题:法国人难以习惯欧元。

●它讨论了欧元的缺点以及法国人对这种新货币的看法。

●土耳其学生在 2005 年遇到过类似的情况:从土耳其里拉过渡为新土耳其里拉。因此,法国人的情况对他们来说可能很有趣。

此外,在口语表达阶段,学生对这样的主题会想要表达得更多,因为面对一个熟悉的主题,学生会更有动力参与活动,感到更有参与感,而不熟悉的主题会阻碍学习并促使他们借助于"媒体传播的非常刻板且通常平庸的评价。"(Golder & Favart 2003)。

3.3　所选真实素材的使用

3.3.1　解释意义

无论是使用真实的、教学化的还是编造的口语文本，主要经历三个阶段：听前、听中和听后。划分目的是便于获得所听到的话语的意义（Pendanx 1998），促进意义的重建（萨斯喀彻温省教育部1999）。当涉及真实素材时，这一点尤为重要，因为它是为母语人士创造的，相较于教学文件或重新加工的真实文件，了解其含义有些许困难。

●听前阶段通常为集思广益活动（讨论关键词，提供与要听内容相关的图像或文本等），所有讨论都集中为后续听力阶段、理解文本做准备。在此期间，学生不会听到也不会拿到转录原文。

●听力阶段是关于口语文本的课程应用。学生回答有关全文理解的问题（作者是谁？他/她在说什么？），然后回答更为详细的与内容相关的问题。

●听后阶段在于推断刚刚听过的内容，讨论听力本身或讨论与所听文本内容相关的问题。

3.3.2　教案

水平：B1

交际目标： 发表意见、陈述观点

1）听前

在此阶段，进行两个集思广益口语活动以便学生为听力和更好地理解音频文件做好准备。这主要是更新他们对欧元的认知，为这种货币制作一张"身份证"（发行日期，发行原因等），为他们准备听力文本中会出现的诸如"双重标价""旧法郎-新法郎"之类的术语并使学生略沉浸在法国的货币史中。

集思广益1：

为了解欧元，教师向全体同学提问（交流＋互动）以下问题。

（1）什么是欧元？

（2）从什么时候开始存在？

（3）为什么？

（4）欧盟所有国家都采用欧元了吗？

→如果不是：哪个/些国家没有采用？为什么？

（5）您如何看待欧洲货币一体化？

（6）您知道欧元符号吗？

（7）您知道纸币和硬币欧元的不同价值吗？

（8）在采用欧元之前，法国货币是什么？

(9)您知道 1 欧元相当于多少法郎吗?

(10)在您看来,起初法国人在用欧元购物时遇到困难了吗?(引入术语"双重标价")

(11)在您看来,他们现在养成使用欧元的习惯了吗?

(12)这是法国第一次更换货币吗?

→聆听回答,不要去肯定或质疑。

→使用题为"新法郎"的素材进行第二次集思广益活动,在该素材中可以找到问题的答案。

集思广益 2:

要求学生阅读下列文字(另一真实素材)并重复回答集思广益 1 的第 12 题。

新法郎

1960 年 1 月 1 日,在戴高乐的推动下,财政部长安托万·皮奈和经济学家雅克·鲁夫将"旧法郎"换成了"新法郎"。

● **兑换基础是什么?**

1 新法郎 = 100 旧法郎。从现在起,一升汽油的价格从 100 旧法郎变为 1 新法郎,一公斤面包从 60 旧法郎变为 60 生丁。

● **为什么还要采取这种扰乱法国人日常习惯的措施呢?**

原因在于加强因通货膨胀以及印度支那和阿尔及利亚战争费用而贬值的法郎。根据戴高乐的说法,还必须"将一种它理应得到的尊重赋予旧法国法郎"。

● **相对于其他货币,法郎的地位如何?**

1 法郎的汇率几乎可以兑换 1 马克或 1 瑞士法郎。

● **具体是如何进行货币的转换?**

法国人能够在银行将他们的旧法郎兑换新法郎。几乎没有兑换错误:1960 年 1 月 1 日,汇票(支票)上有 60% 的书写错误,但到第二周,只有 20% 的汇票仍用旧法郎书写。

● **41 年过去了,改革最终融入生活习惯了吗?**

是的,但许多法国人,特别是老年人,仍然用旧法郎支付,尤其是对于高额数目。

摘自 J. Marseille,"法郎变成欧元",历史月刊第 228 期,1999 年 1 月,56-66 页。

---

2)听中

(1)泛听

听两遍课文并回答问题。

1.有多少人在谈论？是关于什么？_____

2.您认为该文件的来源是什么？_____

3.该课程是哪一类的？

A.有关日常问题

B.有关法国经济问题

C.有关法国人购买力

D.有关欧盟

(2)精听

听第一段内容(见附录1),并回答下列问题(两遍播放)：

1.记者的第一句话是什么？

"有人想说:哦,好吧……我们已经改用欧元了吗?"

→这里的"人"指的是谁? _____

→他们为什么要这么说? _____

2.记者是如何称呼"法郎"和"欧元"的？

法郎:_____

欧元:_____

3.她对欧元有什么看法？

"欧元还未与我们对话"。

→在您看来,这个表达意味着什么？

_____

听课文第二段(见附录1),并回答下列问题(两遍播放)：

1.据记者了解,欧元会继续不与人对话吗？解释答案。

_____

2.人们在用欧元购物时会做什么？

(答案必须包含欧元转换为法郎的主题)

3. 据记者了解,在不用兑换的情况下,人们如何习惯使用欧元？

A. 假以时日,一切都会解决的

B.通过谈论欧元来代替法郎

C. 以低价购买为基础

D. 使用兑换计算器

→根据课文和所学知识,解释您的答案。

4. 根据课文内容,在您看来,双重标价的主要原因是什么?

_____

5. 记者将法郎过渡为欧元比作什么?

(从旧法郎到新法郎的过渡)

6. 欧元对谁来说是一种优势? _____

→在您看来,原因是什么? _____

→想象一下他们在使用欧元之前可能遇到的问题。_____

听课文第三段(见附录1),并回答下列问题(两遍播放):

1. 记者在这里究竟要告诉我们什么? _____

2. 为解释问题1,列出记者所说内容:

_____

3. 欧元与法郎的兑换是如何计算的?选择正确的公式。

(X 欧元 ×6 或 7)还是(X 欧元 ×10)– 1/3

→为什么我们乘以 6 或 7 而不仅只是乘以 6? _____

→您认为这个计算困难吗?记者对此有何看法?她用什么确切的词语来描述该计算?

(她觉得这很"费力"。)

→思考一下这个词,这样的形容词通常用于描述什么?

3)听后

此为口语表达阶段。首先回顾课文重点,询问学生从课文中所学内容,并进行简短的口头总结。鉴于他们经历过类似的情况(新货币的过渡),请他们谈谈自己的看法。为鼓励学生进行表达,可在一开始就提问以下问题:

→回顾发生的事情:何时、为何、如何?

→他们是否经历过文中阐述的困难?

→他们是否经历过其他困难?

→改用新货币是否有益?

→法国的情况与土耳其的情况相似吗?

→您是否也进行过汇兑计算?

最后,要求他们阅读下列文本,该文本也是一个真实的素材,且与其他被运用的材料相比更具时效性。这篇文章是由路透社于2010年6月15日发表,涉及法国人对欧元的看法,更准确地说是他们对欧元在2007—2008年经济危机中产生的负面影响的看法。这场危机影响了全世界,也必然影响了我们的土耳其受众。因此,他们已经掌握了这方面的参考知识。阅读完成后,将依次向他们提问以下两个问题,并要求他们口头回答:

→您怎么看?您认为欧元是否加重了危机?

→在您看来,新土耳其里拉在土耳其是否产生了这样的影响?

对于62%的法国人来说,欧元加剧了危机的影响

6月15日 周三 7:28

路透社

根据法国阳狮集团关于法国经济状况的民意调查结果:超过十分之六的法国人认为欧元往往会加剧危机的影响。

根据在欧洲1台,i > Télé 和世界报进行的月度调查:62%的受访者认为单一货币正在加剧危机的影响。相反,28%的人认为欧元在保护群众,10%的人未发表意见。这一发现在工人阶级中很严峻:76%的工人和85%的员工认为欧元是一个恶化因素。只有管理者(59%)和受过高等教育的人(48%)认为欧元可以抵御危机。

为了解释对欧元的这种不信任,该调查的作者指出"在法国人看来,转用欧元的原罪是持久的:价格上涨……,这是欧洲怀疑主义的主要原因"。"总体来说,对欧元的担忧与对欧洲的担忧是一致的,数周以来欧洲本身已经呈现出不太积极的一面",特别是加上希腊危机。该调查于6月9日和10日在受访者的家中进行,全国样本为1 000人,代表18岁及以上的法国人口。

Elizabeth Pineau,责编:Gregory Schwartz

4. 结语

真实素材更加融入语言交际教学,并构成了对外法语教学的特定教材,因为它向学生展示了法语国家、法语时事、该国家的日常生活,尤其是"真正的法语":法国人使用的各种词汇,而不是在学校规范教授的或以编造文件为主构成的教科书中提到的。当然,在课堂上使用真实素材并不总是那么容易,特别是对于焦虑的学生来说,内容理解似乎非常困难,甚至是"痛苦的"。然而,就像我们本研究中介绍的,在课堂上定期进行的分析(或运用)将有可能得以实践,向学生介绍这类素材,减

少他们对困惑的恐惧并掌握语言的不同方面,特别是法语口语习得。然而,我们在课堂上确实无法涵盖所有的语言变体。但只需提醒学生注意这种多样性,至少部分阐述也会向学生表明:除了对外法语教科书中介绍的正式法语,还有一种"非正式"法语,就像正式和非正式的土耳其语一样,仍在被使用。

本研究中对真实的口语文本的运用,不仅能使学生掌握语言知识和能力,还可以突出法国的社会特征,向土耳其学生表示法国人也可能面临与他们类似的问题和困难。此外,该主题参考于贴近其日常生活的素材,因此对他们来说较有意义,可以满足他们对所学知识进行运用的想法,使其表明立场,自我表达,因此可以提升他们的表达动力。

附录一

欧元? 你说呢!

第一部分:

有人想说:"哦,好吧……我们已经改用欧元了吗?"因为在您身边人们只会提到法郎。更有甚者认为,现在有两种货币:一种已不再存在——除了在我们的脑海中,它什么都不是。另一种是真正的货币,还未与我们对话。

第二部分:

那它会持续下去吗? 当然是的。几代人都会这样老去,一切都需要兑换,因为欧元正在发展,真实却又如此缓慢! 我们都知道一个法式面包、一包香烟的价格。渐渐地,我们会接触更高的价格。但现在,我们知道的是就像从旧法郎到新法郎的过渡一样,这将需要经历数年时间。显然,这需要进行双重标价。那么,这是进行怀旧的理由吗? 有些人表示满意:那些经常旅行的人。而其他人确实难以感知欧元的优势。

第三部分:

缺点是显而易见的。首先,要在商店里进行心算:把所有的东西乘以 6 或 7,亦或乘以 10 减去三分之一,这相当费力。需要注意的是不论我们的政府说了什么,当前的支出已经有所增加。

珍妮 · 佩里蒙德,只是我的意见,RTL,2002。

第二部分
外语教育

构建基于 MOOC 平台的通识教育混合式教学模式

——探索应用型外语院校通识教育提质增效新路径

四川外国语大学成都学院翻译学院　　施勤[①]

【摘要】基于 MOOC 平台的混合式教学模式融合网络教育资源与传统课堂教学方式，贯通线上学习与线下学习过程，强调学生在教学中的主体地位，要求课堂信息传输由单向输出向多向互动转变，其先进的教育理念成为近年来本科教学改革的风向标之一。应用型外语院校应抓住教育信息化提供的机遇，致力于构建基于 MOOC 平台的通识教育混合式教学模式，走出一条加速通识教育提质增效进程的新路子，引导学生充分利用外语优势，在广泛涉猎全世界各地各民族的人文历史发展知识的基础上，加强文化理解、知识贯通、比较鉴别和社会融入，成为知识、能力、情感饱满的高素质国际化人才。

【关键词】MOOC 平台;应用型外语院校;通识教育

通识教育是现代高等教育的重要组成部分，对培养具有良好思想道德素养和社会责任感，具备全球化视野、跨文化沟通能力和国际竞争力的国际化人才意义重大。在"互联网 + 教育"背景下应运而生的 MOOC(Massive Open Online Courses)即"大规模在线开放课程"，又称"慕课"，为包括通识教育在内的高等教育实现教学资源共享开辟出前景广阔的通道。基于 MOOC 平台的混合式教学融传统教学优势与网络教学优势于一炉，不仅有利于实现教学资源的共享和优化，而且使移动式教学、多元互动生成、更多自主学习和新型师生关系的构建成为可能。应用型外语院校应抓住这一难得机遇，致力于构建基于 MOOC 平台的通识教育混合式教学模式，走出一条加速通识教育提质增效进程的新路子。

---

① 作者简介:施勤,女,四川外国语大学成都学院副教授,媒体与文化研究硕士,研究方向为英美文化、跨文化交际、英语口语教学。

1. 以整合 MOOC 优质资源助力通识教育混合式教学

通识教育是指大学生均应接受的包括人文科学、社会科学、自然科学和技术、艺术等基本知识的教育,即职业性和专业性以外的教育。与传统的公共课不同,通识教育不仅指一系列相关课程内容,更是一种完整的人才培养模式,覆盖教育理念、培养目标、课程安排、教学方式、学业评估、学生管理等广阔领域。就外语院校而言,以实现人的全面发展为逻辑起点,促进专业教育和通识教育相互融合,努力培养知识、能力、情感饱满的高素质国际化人才,为国家经济社会发展和对外开放事业提供强有力的人才保障乃当务之急。

学科设置相对单一既是外语院校发展特色,也是制约外语院校进一步发展的瓶颈。20 世纪 50 年代受苏联教育模式影响,我国高等教育学科分类过于细化,过分强调专业教育,导致培养出来的学生知识结构比较单一。外语专业教学也不例外,学生知识面偏窄,视野不够开阔,被指为"语言流利,头脑空洞"。"学生们阅读积累有限、反思有限、体验感悟有限、能动性有限,加之又欠缺接近和洞察社会生活方方面面问题本质的动力与勇气,导致中外文读写思辨及批判性思考能力欠缺,尤其在写作中显现出其观点贫乏、论证苍白、逻辑欠缺、缺乏新意。"因此新时期强化外语专业通识教育,引导学生在打好语言基础、保持专业特色的前提下,养成广博的知识面、广阔的国际视野和强劲的创新能力势在必行。

事实上,进入新世纪以来我国高校以培养"人文素养、跨文化沟通能力"为指向的通识教育即告启动,并率先在北大和清华等高校试水,呈现出齐头并进、多元探索、异彩纷呈的态势。尤以复旦大学"一年通识教育 + 三年专业教育"的"1 + 3"模式最为亮眼:外语专业新生入学后进入复旦学院进行为期一年的通识教育,接受综合教育、文理基础、专业基础等三大课程板块的文理综合素质教育,从二年级起再进入具体专业学习阶段。党的十八大以来,外语院校通识教育模式创新聚焦于引导学生充分利用外语优势,在广泛涉猎全世界各地各民族的人文历史发展知识的基础上,加强文化理解、知识贯通、比较鉴别和社会融入,成为知识、能力、情感饱满的高素质国际化人才。如北京外国语大学按照"历史、哲学与比较文明""文学、艺术与文化研究""社会科学与区域研究""语言、翻译与跨文化传播""科学技术与社会发展"和"身心健康与自身发展"六大模块,设置了涵盖文史哲、自然科学等学科知识的通识课程体系,将知识讲授与外语专业学生所需的思辨能力、跨文化传播能力、社会责任感等能力培养融为一体,为学生成长提供了多元通道。同时要看到,外语院校通识教育建设虽步入健康发展轨道,但发展不平衡不充分问题依然存在,尤其在一些应用型外语院校教学资源匮乏的问题还比较突出,因为缺乏硬核师资团队,通识教育要达到"课程内容要反映前沿性和时代性,教学形式要呈现先进性和互动性,学习结果要具有探究性和个性化"的"金课"标准要求,还有很长的路要走。

高质量通识教育需要高品质资源支撑。随着 MOOC 的普及,我国陆续建成 10 余个慕课平台,以互联网为载体推出了大量的视频教学资源,截至 2017 年,国内各慕课平台产出 3200 余门 MOOC 产品。其中,中国高校外语慕课联盟(China MOOCs for Foreign Studies, CMFS)旗下的"中国高校外语慕课平台 UMOOCs",以打造"语种丰富、质量精良,通识教育、学科平台,人才导向、学以致用,中国情怀、国际视野"的人才培养战略高地为愿景,致力于为建设社会主义现代化强国提供强有力的高层次外语人才支撑。UMOOCs 平台目前已经设计建成涵盖 10 个语种、12 个课程方向、5 个特色专题的课程体系。MOOC 平台为通识教育提供了海量的高品质教育资源,应用型外语院校应抓住这一难得契机,大力引进、充实和整合通识教育教育资源,尽快补齐教学资源匮乏短板,夯实开展通识教育混合式教学的基础。

2. 以对接 MOOC 运作平台优化通识教育混合式教学

基于 MOOC 平台的混合式教学模式融合网络教育资源与传统课堂教学方式,贯通线上学习与线下学习过程,强调学生在教学中的主体地位,要求课堂信息传输由单向输出向多向互动转变,其先进的教育理念成为近年来本科教学改革的风向标之一。与其他课程相比,通识课一般具有教学对象的广泛性、教学内容的通用性、教学方法的差异性等鲜明特征,推行线上线下混合式教学改革具有得天独厚的优势。通识课与混合式教学的耦合性首先体现在教学内容上,由于教学对象量大面广,通识选修课的内容一般较为通俗易懂,更适合进行在线教学;其次体现在教学资源上,一般而言通识课已经积累了比较丰富的教学资源,如案例、教案、教材以及科研成果,将这些教学资源挂到网上,便于学生课余检索阅读;再次体现在教学方法上,通识课更适合进行案例教学、讨论教学,解决了慕课不便开展案例教学及讨论教学的难题。推进基于 MOOC 平台的通识教育混合式教学改革,目前要下大力攻坚克难,凝心聚力做好以下几方面工作。

2.1 精准把握混合式教学模式核心要义

把握基于 MOOC 平台的混合式教学模式之核心要义,关键要处理解构知识体系与重构学习体系的关系。解构知识体系,主要指对传统课堂的教学内容进行解构,结合课程所在专业的培养目标,精选教学内容并对课程知识点进行细化。在布鲁姆教学目标分类法的基础上,将所有知识点按照自主学习、引导学习、深度学习三个层级进行拆解,明确哪些知识可以线上自主学习完成,哪些知识需要教师引导协助完成,哪些知识需要通过师生深度交互完成。重构学习体系,则指在解构知识体系的基础上,形成一条学习主线,对教学空间、学习方法、教与学的关系进行重构。重构教学空间,教学不再被束缚在有限的时间和空间内,而是可以向课前与课后无限拓展和延伸,学习可以在任何地方、任何时刻进行。重构学习方法,指根据知识点层级,形成低层级知识由学生自己完成;中层级知识由教师辅导帮助学生完成;高层级知识由教师通过有效的教学活动设计引导学生最终达成的模式。重构教与学的关系,形成"以学习为中心"的教学模式,即教学活动既不是"以教师为中心",也不是"以学生为中心",而是一切服务于学生的学习和发展。教师的教学行为是引起和促进学生能动、有效活动的条件或手段,而学生能参与学习活动和有效完成学习过程是教师发挥作用所追求的本体或目的。

2.2 倾力打造通识教育教学信息资源库

通过 MOOC 平台提供的丰富资源建立健全和充实丰富通识教育教学信息资源库,是推行基于MOOC 平台的混合式教学模式的关键环节。中国高校外语慕课联盟成员包括全国外语类院校和具备外语优势学科的各类院校,共 136 所,其理事长单位北京外国语大学作为中国外语类高等院校中历史悠久、教授语种最多的教育部直属高校,能够在语种多元性、课程专业性、内容丰富性、学习有效性等方面为学界同行提供强有力支撑。中国高校外语慕课联盟旗下的中国高校外语慕课平台UMOOCs 上线 MOOC,以深挖学科特色、注重内容质量、创新课程设计为特色,旨在为培养"一精多会、一专多能"的国际化人才提供支持服务。故此,应用型外语院校不妨先从引进整合包括UMOOCs 在内的 MOOC 平台优质资源开始,通过走共享资源之路让教学信息资源尽快充实起来,以解燃眉之急。

与此同时积极创造条件发掘内部人才,借助外部人才,投入财力物力加强校本 MOOC 建设,形成自主 MOOC 系列产品与"金课"成果,为丰富 MOOC 平台教学资源做出贡献。北京外国语大学校长彭龙曾在"2017 北京外国语大学国际化人才培养高峰论坛暨生源基地校工作会议"的讲话中表示:在通识教育方面"我们学校比较薄弱的是自然科学、物质科学、生命科学、医学科学,我们没有这么多好的讲座,但是我们可以跟北大、清华合作,会很诚恳地邀请它们特别好的教授,能够关心北外,能够比较固定地在北外开设好的通识教育。""将来学生考到北外,不管是学语言,是英语、德语、日语这些大语种,还是学中语种,像西班牙语、葡萄牙语,甚至很少人学的冰岛语,不管什么语种,在北外我们希望学生的知识结构是复合的,是接受北外最好通识教育的体系的。"当然,应用型外语院校在办学层次、生源及师资状况上与之尚存在差异,需从自身实际出发,在校本 MOOC 建设及混合式教学模式探索方面推出产品,创出品牌,形成特色,做出贡献。

2.3 对标混合式教学流程精心组织教学

基于 MOOC 平台的混合式教学的预设流程,其外在表现形式由"线上教学"和"线下教学"两大板块构成,"线上教学"是学科理论知识的完整展现,是教学的必备活动;"线下教学"是基于"线上教学"的前期学习成果而开展的更加深入的教学活动,是对传统课堂教学活动的革新。通过两种教学组织形式的有机结合,学生既可依据自身的基础、目标、时间、空间、节奏进行个性化的线上学习,提升学习效率,又可将线上学习带来的引申和思考引入线下学习与讨论,从而将知识获取由浅层探查和记忆引向深层的探究和理解。混合式教学的目标是实现优秀教学资源的标准化、流程化、互联网化,强化课堂互动、着力提高课堂教学效率及质量。一方面,学生可根据自身学习进度自主调整学习节奏,达到学习目标及效果。另一方面,可以根据课程性质与定位的不同采取不同的线下课堂教学形式,如复述式、辩论式、研讨式、练习式、群组式等,使学生由被动学生转化为主动学生,提升学习效果,提高教学质量。

简言之,线上学习和线下学习是混合式教学密不可分的两个环节,共同作用于学生的学习。线上学习是每阶段学习的起点,通过自主学习,学生基本掌握课程知识点,带着一定的知识基础及问题走进教室;同时是每阶段学习的小结,在线完成学习内容的总结、检验与反思,从头和尾两个环节对课堂教学的质量进行保障。线下学习是控制课程学习效果的关键环节,是实现课堂高阶性、创新性和挑战度的主要途径之一。教师以精心设计的课堂教学活动为载体,完成学生线上学习成果的检验、帮助学生完成知识的巩固和转化,引导学生实现高阶学习。线上与线下教学环环相扣、循环往复,构成完整的教学周期,形成贯穿"课前 + 课中 + 课后"的学习闭环。

3. 以践行 MOOC 开放品格推行通识教育混合式教学

基于 MOOC 平台的混合式教学模式在实现形式上体现出包容开放的品格。美国学者 Graham 按照"混合"的最初动因,将混合式教学分成三类:发生型混合、促进型混合和改变型混合。"发生型混合"是针对同样的教学内容提供多模态教学媒介,方便学生选择合适的学习方式;"促进型混合"依托在线学习补充传统教学,但本质上不会改变教学方法;"改变型混合"中的在线学习与面对面学习则充分融合和相互影响,最终带来教学理念和课程设计的改变,如教学活动真正实现了"以学生为中心"的转变。包容开放的混合式学习模式,为应用型外语院校推行通识教育混合式教学提供了多元选项,开辟了多条通道。应用型外语院校实施通识教育混合式教学,应立足学校现有学科类型、学生层次、师资力量以及以应用型人才为主要培养目标的定位,统筹考量助力学生学业达标和服务学生就业、考研、出国深造的因素,可以先从"发生型混合"起步,逐步向"促进型混合""改变型混合"转轨升级,最终达成高阶性通识教育混合式教学目标。

3.1 课程设置要坚持贴近学生实际需求

开展通识教育既不能游离于专业教育之外,更不能降低专业教育标准、消解专业教育优势,而要致力于打造着眼于学生能力培养、知识贯通、人格塑造的更高起点的高层次专业教育。因此应用型外语院校通识教育课程设置要聚焦于学生完成学业和毕业就业两个维度,增强学生未来职场竞争力夯实基础。一是开设解读国家经济社会发展重大战略与重要事件的时政热点课程,培养学生家国情怀和国际视野,引导学生与社会脉动同频共振,与时俱进,为服务国家、报效社会奠基。二是开设作为专业课延伸的通识课程。例如,作者长期担任教学的"跨文化交际"和"英语国家概况"两个课型,作为英语及翻译专业的专业核心课程,依据《普通高等学校本科外国语言文学类专业教学指南——英语类专业教学指南》的意见,应分别安排32个学时,但实际排课仅16个学时,课时减半造成学生在专业知识半径及深度上的缺失。因此可通过开设相关素质选修课"拾漏补缺",让课型学习得以延伸。三是开设关乎毕业生就业走向的通识课程,培养学生心智健全的社会属性,关注学生心理疏导和社会技能培养,推行"思维沟通与培养表达"系列通识课;注重对学生就业思路的引导,帮助学生开阔眼界扩大就业面。例如结合当前形势可开设以"乡村振兴"为主题的课程,鼓励学生积极投身"开发休闲农业和乡村旅游精品路线,完善配套设施。推进农村一二三产业融合发展示范园和科技示范园区建设"第一线;鼓励旅游等专业方向学生逆行进入乡村振兴产业链,在乡村振兴宏伟事业中建功立业,实现人生价值。

3.2 教学活动要切实用好在线优质资源

新媒体技术和资源的广泛运用为均衡论教育理念在单科性大学落地提供了新思路和新契机。例如MOOC平台面向社会公众分享优质通识讲座或演讲,一些海内外知名高校推出的公开课,国际知名的Ted大会,中文演讲节目"一席"等综合类平台,以及由中国科学院举办、致力于传播自然科学领域前沿文化知识的"格致论道讲坛"等,为通识教育提供了足够丰富的高品质教学资源。特别是我国首个以外语学科特色为主的国际化MOOC平台——中国高校外语慕课平台自发布以来,汇聚国内优质外语类课程,实现教育资源的开放共享,已经发展成为国家精品开放课程展示和评审认定平台之一。在该平台上线运营的通识教育课《中国文化概况》已成功入选国家精品在线开放课程。我们要切实用好用活这些在线优质资源,本着"去粗取精、去伪存真、由此及彼、由表及里"的精神,对其下一番资源甄别和积聚整合的功夫,使其成为助力推行通识教育混合式教学的利器,成为学生完善知识结构体系、拓展知识广度和思想深度的可靠且终身受益的信息资源保障。

3.3 创设师生、生师、生生多向互动关系

传统课堂的信息传输大都呈现出从"师"到"生"的单向传输状态,即从教师所知到学生所知,通识教学亦不例外,能够体现学生主观能动性的输出环节和输出方式不多。事实上,学生学习的途径远比我们想象的多样。英国伦敦大学教育学院戴安娜·罗瑞兰德教授认为,学生可以通过教师沟

通循环、同伴沟通循环构建自己的所知,通过教师示范循环和同伴示范循环形成和完善自己的行为,同时学生通过将所知运用于所行以加深自己对知识的理解,通过所行得到反馈并不断对既有知识进行再加工,教师则可以通过从学生处获取的反馈动态调整教学活动。有鉴于此,在教育信息化背景下如何通过设计线上讨论、互动答疑、线下课堂小组作业等线上、线下的教学活动,以输入驱动输出,以输出倒逼输入,创设师生、生师、生生多向互动关系,是创新通识教学模式亟待破解的课题。实际上基于 MOOC 平台的混合式教学模式的突出特点之一即是对线下课堂师生多向互动的设计,强调在课堂教学中大量使用案例教学、启发式和讨论式教学,配合线上多元化的教学资源,有效提高了学生参与课堂讨论的积极性,营造出活跃灵动的课堂氛围。课堂之外,通识教育的输出渠道还可进一步升级,通过系列活动、赛事等形式进行推广,例如前述提及的多个知识传播平台,即是"互联网＋"时代实现知识、信息、故事和观点互动的优化模式,具备较大的借鉴价值,基于这一思路,在校内逐步尝试招募演讲者,经由现场演讲或网络视频大赛,实现课堂以外的通识互动、展示与学习。

4. 结语

将基于 MOOC 平台的混合式教学模式引入通识教育教学实践,是高校课程教学改革的一种创新探索。引进整合 MOOC 平台优质资源,对于教学资源相对匮乏的应用型外语院校充实丰富教学信息资源库,加速通识教育混合式教学模式的落地,具有特殊重要的意义。要通过对接 MOOC 运作平台,精准把握混合式教学模式核心要义、倾力打造通识教育教学信息资源库、对标混合式教学流程精心组织教学,以夯实全方位优化通识教育混合式教学模式的基础。应用型外语院校实施通识教育混合式教学,应立足学校现有学科类型、学生层次、师资力量以及以应用型人才为主要培养目标的定位,统筹考量助力学生学业达标和服务学生就业、考研、出国深造的因素,先从"发生型混合"起步,逐步向"促进型混合""改变型混合"转轨升级,最终达成高阶性通识教育混合式教学目标。

参考文献

[1] 黄刚.外语类人文通识教育课程改革探索——以南通大学为例[J].佳木斯教育学院学报,2012（12）：467-468.

[2] 彭龙.外语类高校人才培养模式怎样创新[N].光明日报,2019-02-19.

[3] 焦健等."互联网＋"背景下高校混合式教学面临的问题及建议[J].教书育人,2019(12):84.

[4] 林云.大学通识选修课混合式教学模式实践探索及反思——以浙江师范大学"创新经济学"课程为例[J].中国信息技术教育,2019(17):108-109.

[5] 郑静.国内高校混合式教学现状调查与分析[J].黑龙江高教研究,2018(12):44-45.

Structuring General Education System Based on the Blended Teaching Model
—From the Perspective of Application-Oriented Foreign Studies University

【Abstract】 The prevalence of blended learning model has become a sign of reform orientation of undergraduate education in recent years. It is based on MOOC(Massive Open Online Courses)that blended learning integrated face-to-face instruction and online teaching provides the hybrid teaching platform, and highlights the dominant role of students in class, and achieves the transformation of in-class information transmission from one-way output to multiple interaction. In this context, it is also essential for application-oriented foreign studies university to follow the trend of blended teaching model and explores the route to structure the applicable general education system via optimizing traditional courses and online sources.

【Key words】 MOOC; general education; application-oriented university

外语院校通识教育课程构建研究

四川外国语大学成都学院国际商学院　刘静静[①]

【摘要】针对外语专业学生人文素养、能力培养缺失,外语院校应加强实施通识教育。本文以四所外语院校为参照,发现外语院校在实施通识教育的过程中仍存在课程目标不完善、结构不均衡、内容不合理、实施不系统等问题。外语院校通识教育课程设置应在课程目标、课程体系、以及课程实施等各方面发挥外语院校专业特色,保持其独特性,同时积极探索和构建更加合理科学的通识教育模式。

【关键词】外语院校;通识教育;课程设置

通识教育作为大学教育的一部分,其主要目标是培育全人,培养学生具有人文素养、心智素养、辩证逻辑思维能力以及独立思考能力。但是,通识教育在外语院校中推进并不顺畅,而且得不到足够重视。特别是在复合型人才培养过程中,通识型外语人才欠缺,人文教育和能力培养缺失,在外语院校实施通识教育依旧存在较大局限性。本文主要以北京外国语大学、上海外国语大学、广东外语外贸大学以及四川外国语大学四所外语院校作为参照,广泛搜集通识教育课程相关资料,尝试进行分析总结,以期能对外语院校完善通识教育课程设置提供一定参考。

1.通识教育课程特点

通识教育是一种广泛的、非专业的教育。通识教育课程是通识教育目标实现的重要载体之一,也是教学体系的重要组成部分。通识教育课程具有通识性、多样性、综合性、民族性与国际性。

[①] 作者简介:刘静静,女,四川外国语大学成都学院副教授,文学硕士,研究方向为英语语言学、商务英语教学。

1.1 通识性

通识教育课程首先具备通识性或普适性。换言之，通识教育课程性质是非专业性，内容具有基础性，课程具备适应性。通识教育课程着眼于学生掌握基础性和普适性的学科知识，力争突破专业化的局限，激发学生潜力，实现对人类社会的基本认识以及自身生活质量的提升。通识教育课程关注的是大学生从基本的领域中获得广泛的知识。

1.2 多样性

通识教育课程多样性包含下列三层含义：一是课程内容具有广泛性。它不仅包含人文科学，而且包含社会科学、自然科学等基本学科知识，更包含人类文明发展的各方面，学生尽可能多地接触各类学科知识，促进自身全面发展。二是课程实施形式具有多样性。通识课程不仅采用课堂讲授的方式，还可以辅以其他非正式形式展开，比如讲座、小组讨论、调研报告等。三是开设层次具备多样性，除全校统一课程外，也有根据不同院系专业发展开设的一些院系级别的针对性课程。多样化的课程满足学生不同的兴趣爱好，有利于学生的个性发展。

1.3 综合性

通识教育是非专业性、非职业性的教育，旨在培养学生掌握尽可能多的全面知识，通识教育课程内容是一种综合知识体系，传授学生综合知识，培养学生综合能力，学生遇到问题可以多角度独立思考并做出分析判断，有利于学生知、情、意融合的完整人格的形成。同时也体现跨学科，多个学科知识相互交叉、相互渗透，从而使不同学科之间相互补充，相互促进。

1.4 民族性与国际性

通识教育课程首先要重视自己的传统文化，体现对文化精华的传承，让学生拥有厚实的文化沉淀，加强中国历史、传统文化知识的学习。其次，通识教育课程担负着培养学生全球视野的使命。当今，高校尤其是外语院校的通识教育课程的目标之一就包括对本民族优良文化传统的继承与发扬，能尊重并区分比较不同的文化价值观，对国际社会事务能有自己的独到见解，成为具有人道主义精神、乐于奉献的公民。

2. 外语院校通识教育课程设置现状及问题

2.1 通识教育课程目标不完善

杨颉在其《大学通识教育课程:借鉴与启示》一书中提到,"我国的大学教育中还不存在真正意义的通识教育。"虽然各个外语院校开设了一定公共必修课和选修课,但开设的目的只是拓展学生的知识面,拓宽专业口径以期提升就业竞争力,这与塑造完人教育还存在一定差距。以至于相当外语院校把通识教育作为专业的附庸,对通识教育的内涵理解直接影响通识教育课程目标的明确。所以从根本来说,还是因为对通识教育概念把握不准,课程目标的设置仅停留在理念上,而且对课程目标设定和实施监管不足。课程评价缺失,这导致无法获知课程设置目标所达成的效果。北京外国语大学、上海外国语大学、广东外语外贸大学等院校对通识教育课程简介、课程内容、课程考核方式、任课教师等做了简要介绍。但其他很多外语院校并没有依据本校的人才培养特色针对通识教育课程设定具体的目标,也缺乏对学生通识教育课程的指导。以上海外国语大学为例,虽然就部分学科领域的课程做了相应简介,但不同学期开设的相同课程其目标、内容、授课方式几乎没有什么变动,这是不科学的。应根据每年上课情况进行教学反思并不断改进。外语院校如果想更好实施通识教育,就必须首先明确通识教育理念,完善通识教育目标。

2.2 通识教育课程结构不均衡

通识教育不同课程设置应该基于学生的个性发展。就目前外语院校现状来讲,课程类别结构不均衡。由于外语院校的学科结构、专业设置的特殊性,社会科学类课程比重过大,自然科学类课程比例不足。广外开设五大类通识教育课程,人文社会科学类课程占比大,其中社会科学类的课程比重偏大,人文教育的课程比重却偏少。四川外国语大学通识选修课程更侧重人文艺术、社会科学,依旧缺少哲学、伦理学等相关课程,虽然现在增加了自然科学相关课程比重,但相比还是不足。

通识教育课程通常设置为必修课和选修课,其中必修课所占比例较大,选修课可选空间则少,而且选修课开设时长和学分都较低,无法满足学生的个性选课需求。以四川外国语大学英语学院为例,根据 2017 年英语专业本科人才培养方案,通识教育课程修读总学分为 53 学分,其中通识必修课为 47 学分,通识选修课仅为 6 学分,通识必修与选修课程比例接近 8:1,这不能很好地满足学生的选课需求。而且通识教育选修课测评标准不统一,致使学生功利性选修容易拿高分的课程,或是选不到心仪的课程,随便选门课程凑学分,应付教学计划。这主要还是因为外语院校师生对通识教育与专业教育的关系把握不清,没有理解共性与个性的关系。所以很多情况下,学生不知道为什么选课,应该选什么课,只是为了修学分盲目选课。

2.3 通识教育课程内容不合理

首先,课程德育教育力度不够,相关传统文化的课程不足。21 世纪的外语人才应该具有较好的思想道德素质、文化素质、业务素质、身体和心理素质,其中思想道德素质是根本。外语院校的德育课程主要有"思想品德修养与法律基础""中国近现代史纲要""毛泽东思想和中国特色社会主义理论体系概论"等,显然这些课程很多时候都流于形式,德育效果不佳,缺乏像伦理学等相关中国传统文化课程这样的显性德育课程。例如,广东外语外贸大学提出培养"全球化高素质公民"的目标,但其通识教育并没有主旨为公民教育的课程。北京外国语大学、四川外国语大学也都缺乏"公民教育""伦理学"为课程名称的显性通识教育课程。当前,四川外国语大学开设了一门"追求幸福:中国伦理史视角"课程,上海外国语大学开设了一门"商业伦理与东西方决策智慧"课程。除此,对于传统文化课程如"中国现代文学"和"古代文学""中国文化"几乎都列为公共通识教育选修课,对学生普及不足,而且虽然课程设置实现多元化,但不乏一些课程仅是充数课程,同一学科领域中基础性、相似性课程太多雷同,例如,四川外国语大学人文社会课程中的"中国现当代文学""民间文学""鲁迅研究""沈从文研究""中国文化史""中国文化通论"等。

其次,外语院校跨学科课程较少,而且相当部分院校并没有对通识教育课程进行领域划分,非常零散。涉及单一学科知识的课程比重较大,缺乏综合、贯通的跨学科课程。而且跨学科课程主要分布在数学、心理学等领域,如北京外国语大学曾开设"音乐与心理""行为与文化"等课程,其他院校都是凤毛麟角,这势必导致通识教育广度和深度不够。

最后,课程内容本土化欠缺,创新意识不强。21 世纪对外语专业人才提出新要求,其中一个很重要的方面就是培养学生的创新能力。通识教育有助于学生创新能力的培养以及整体思维能力的提高。尤其是外语院校不管是专业课程教学还是通识教育课程,都偏重知识获取,缺乏对学生如逻辑思维、分析判断和解决问题等基本能力的训练。除了计算机类课程要求实操外,普遍都缺少其他实践性课程。

2.4 通识教育课程实施不系统

通识课程实施不系统主要还是因为教学师资薄弱,教学形式单一,评价体系欠完善,没有进行分层选修,课程选修欠缺灵活度。外语院校特别是民办外语院校师资比较薄弱,有的是辅导员培训后直接上思政课,而且教学方法、教学手段相对单一。教学评价没有突出通识教育特色,没有关注学生的学习收获,基本是仅采用学生评教的方式,教学督导也很少参与听课,师生没有真正地参与到评价活动中。

3. 外语院校通识教育课程设置构建路径

3.1 确定合理课程目标

外语院校通识课程设置出现问题的原因之一把通识教育作为专业教育的延伸或补充,对通识教育认识不到位。外语院校通识教育的目的是发展大学生核心素养能力,培养具有学习能力、实践能力、国际视野和技术运用能力的外语人才。通识教育要充分发挥外语院校优质外语教学资源,加强内涵建设,走内涵式发展道路,培养国际化、复合型人才,凸显"国际导向、多元通用"的涉外人才培养特色。根据外语学院的人才培养目标和自身特点,通识教育课程目标的构建必须包括基本的三方面:

(1)文化性目标

文化性目标也称作知识学习目标,是通识教育的基础和主渠道。其思想内核即吴宓所说的"了解西洋文明之精神;熟谙西方思想之潮流;汇通东西之精神思想"。外语院校通过有计划的通识教育课程使学生可以接触、了解和学习有关文化以及知识,从而拓宽视野,培养学生从全局和长远来看待问题。学生需对中西方历史文化进行了解和区别,通过人文科学、社会科学和自然科学等不同领域的知识实现对文理的融会贯通,并掌握一定的科学文化知识,了解人类社会的发展趋势。

(2)认识性目标

认识性目标也称作能力锻炼,是通识教育"全人"教育目标的主观条件,也是通识教育课程要实现的最重要目标。具体来说,这些能力非某项只用来谋生的专业技能或说手段,而是能伴随一生、终身受益的能力。其主要包括以口头和笔头表达为主的表达沟通能力、自主学习探究式学习能力、探索和实践等"关键能力"培养。

(3)价值性目标

价值性目标指的是人格塑造,这是通识教育的首要目标,也是贯穿通识教育的主线,同时是通识教育要达到的最高目的。通识教育更注重"育人",通过引导学生树立正确的世界观、人生观、价值观,塑造学生完美的人性,培养学生具备高度的责任心和强烈的使命感和民主意识、有健全的人格和自由的心智、有强烈的主体意识、道德觉醒和高尚的价值追求、有包容的文化意识和一定的艺术修养等。

3.2 优化课程体系

（1）优化课程内容

要以学生为中心科学合理地设置通识课程,充分发挥学生主体性原则,在全校范围内对不同专业和年级的学生进行调查问卷,了解学生的学习需求、学习态度和方式,按需施教。通识课程应以提高学生的人文素养为目标导向,坚持少而精,着重建设通识教育的核心课程,好的通识课程不在数量多,而在课程质量精。

增大通识课程比重,对课程领域进行划分。外语院校中北京外国语大学、上海外国语大学、广东外语外贸大学、四川外国语大学等对通识教育课程进行了学科领域划分,很多其他外语院校通识课程体系凌乱,并没有进行领域划分。在通识课程上着重增加人类文明、历史文化、伦理道德、自然科学类课程比重,使人文精神、德育精神和科学精神有机结合。课程设置也应体现本土化、特色化,特别是应用型本科外语院校应把创新创业教育、法治教育作为通识教育课程中的必修课,培养学生的创新思维、创业素质,提升大学生的法律素养。

外语院校旨在培养复合型人才,这就要求外语院校应为发展学生的跨学科研究能力提供必要的复合型课程,如开始将外语课程与计算科学、统计学、心理学以及大数据分析等进行跨学科的交叉研究。这种相较于专业学科的课程,更多地需要通识教育课程来呈现。

（2）丰富课程形式

通识教育类型丰富,课程形式也讲求灵活多样。根据课程内容广度、深度、性质开展分级、分类教学,同一学科领域课程可以分为基础入门类、体验类、素质拓展类。基础入门类指的是知识性课程,比如思想政治类课程、军事体育类课程、计算机类课程以及其他分类通识课程,可侧重课堂讲授或利用MOOC平台进行线上自学加线下讨论。体验类课程侧重以生活体验或环境熏陶方式进行,比如社会实践调查、企业参观调研、勤工俭学、社区服务等活动。素质拓展类课程除了校内有经验的老师自行申报进行课堂讲授,也可以与尔雅通识课程平台合作,目前尔雅通识课程平台已在众多高校推广。

（3）整合通识教育与外语专业教育

通识教育和外语专业教育是相辅相成、相互促进、不可分割的。我国外语院校虽然把通识教育视为专业教育的补充,但目前通识教育在理念上和实践上都不足以与专业教育分庭抗礼。最早北外英语学院就提出培养"通识型外语人才"。这也说明通识教育在外语专业教育中的重要性。

将通识教育与外语专业教育进行整合。首先,要在师生中通过各种形式如讲座、网络论坛广泛普及通识教育理念,深化师生对通识教育的认识,听取师生意见和建议,针对外语专业学生和外语专业课程的特点制定符合外语人才培养目标的通识教育课程。其次,建设共同基础课程,推进课程思政建设,重视文本阅读。要发挥外语各类课程育人功能,结合专业特点,使专业课和思政教育同向同行,实现知识传授同时进行价值观引导,从而达到通专融合。实施百部文化名著读书工程,根据不同的模块或领域为学生列出数量、质量双重保证的通识教育经典名著书单。最后,以学生发展为出发点完成课程评价体系,侧重考查学生学会了什么,学到了多少,采用多种评价方法衡量学生的发展。

3.3 培育加强师资队伍

外语院校通识教育的开展必须发挥教师的主导作用,补充高质量师资。一是要建立通识教育带头人制度,打造高水平通识教育教学团队,邀请相关专家学者开展讲座,采用助教制度补充师资,鼓励优秀青年教师投入通识教育中,并对青年教师进行培训,补充后备力量。二是建立对教师的激励机制,创造良好工作和政策环境,从政策上支持教师开发通识课程。三是增强校内、校际间通识课程教师合作与交流,把教师组织起来形成合力,将通识教育真正落到实处。

3.4 设立专门通识教育管理机构

外语院校通识教育课程最开始一般是由教务处统筹管理,再加上一些外语院校对课程内容领域没有进行划分,导致各个院系间缺乏沟通协调,教务处也缺乏对通识课程的整体宏观规划。所以,成立统一的通识教育管理机构是一个重要举措。为此,有的高校成立了通识教育核心课程建设委员会,有的成立通识教育中心或通识教育学院,有的采用书院模式,以期加强对核心课程的顶层设计。这些做法都值得外语院校学习和借鉴。独立管理通识教育的机构成立后,可以对全校通识教育课程开发、管理、监控提供更多资源空间,而且有利于宣传通识教育理念,以此提升通识教育理念在校园文化中的影响力。

虽然,部分外语院校对通识教育的改革已取得显著成绩,但对通识教育课程设置的研究依旧任重而道远。整体来说,外语院校通识课程设置还处于探究、试验阶段,构建满足人才发展需求的通识教育课程体系仍然是亟待解决的课题。

参考文献

[1] 李曼丽. 通识教育———一种大学教育观[M].北京:清华大学出版社,1999.

[2] 黄联英. 浅议通识教育课程的特点[J].学理论,2011(23):231-232.

[3] 杨颉. 大学通识教育课程:借鉴与启示[M].上海:上海交通大学出版社,2009.

[4] 骆少明,刘淼. 2009中国大学通识教育报告[M].广州:暨南大学出版社,2010.

[5] 倪雄飞. 应用型本科院校通识教育的推进路径研究[J].辽宁教育行政学院学报,2020,37(4):12-16.

[6] 韩冰.外语专业教育与通识教育的整合[J].林区教学,2016(3):12-13.

[7] 周绪义.外语院校通识教育课程设置研究——以四川外国语大学为例[D].重庆:四川外国语大学,2018.

A Research on the Construction of General Education Curriculum in Foreign Language Institutes

【Abstract】Due to foreign language majors' lack of humanistic quality and overall abilities, foreign language institutes should strengthen general education. Taking four foreign language institutes as reference, this paper finds that there still exist some problems in the implementation of general education, such as imperfect curriculum objectives, unbalanced curriculum structure, unreasonable curriculum content and unsystematic implementation. Foreign language institutes should take into account the specialty characteristics of foreign languages in terms of generation education curriculum objectives, curriculum system and curriculum implementation and maintain their uniqueness, thereby actively exploring and constructing a more reasonable and scientific model of general education.

【Key words】foreign language institutes; general education; curriculum setting

浅谈民办高校应用型课程体系建设
——以四川外国语大学成都学院法语专业为例

四川外国语大学成都学院西欧语言学院　　耿晓芬①

【摘要】学校"十四五"规划的目标是建设中国顶尖的民办应用型特色大学,这就从顶层设计方面明确了人才培养的方向,那么建设应用型课程体系是我们转型与发展的重要突破点,因为课程建设的水平和质量直接影响着人才培养的质量。作为承担课程建设与改革具体方案的实施者,法语专业理清思路,适时制定适合本专业长远发展的、针对性强的应用型课程体系建设方案,并积极实践创新,效果良好。

【关键词】民办高校;应用型;课程设置

1. 前言

民办高校以培养应用型人才为主,只有制定合理的创新型人才培养方案才能真正适合民办高校的学生课程,作为学生和大学的结合点,学生和社会的连接纽带,其设置是否合理,直接关乎应用型人才培养质量的高低。

关于课程体系建设,国内外早有比较成熟的研究。美国教育专家布鲁贝克在其著作《高等教育哲学》中指出:"作为现代社会的思想库,大学的思想主要依靠课程传递。"我国钱穆先生曾说:"现代的大学教育是以课程为中心的教育。"齐泊洋在其硕士论文《江西科技学院创新型人才培养研究》中写道:"创新教育课程建设需要坚持创新教育与专业教育相结合、传统课程与网络课程相结合,不断优化课程结构。"李璐丹在其硕士论文《高校课程设置优化研究——以 H 大学教育专业为例》中指

---

① 作者简介:耿晓芬,女,四川外国语大学成都学院副教授,教育学硕士,研究方向为法语写作、法语基础教学。

出："高校课程设置能否很好地满足学生未来就业需求，是否注重大学生职业能力的培养，是判断一所高校课程设置合理与否的基本依据。"高雪春、侯长林在《应用型本科高校课程建设的"破"与"立"》中提出："高素质应用型人才培养目标能否顺利实现，课程建设是关键。突破传统课程建设瓶颈，既是应用型本科高校内涵发展的刚性需要，也是时代发展的外在诉求。"

通过对这些研究成果的梳理，不难看出，现有的对高校课程设置、对创新型人才培养方案的研究内容广泛、成果颇丰，但也存在一些问题，比如：究竟怎样的培养目标才称得上应用型人才培养？究竟如何才算创新型课程体系建设？究竟如何把人才培养目标通过课程体系建设来实现？如何让这些概念落地才是我们要解决的实质性问题。

2. 应用型课程体系建设的基本思路

课程是指学校为实现培养目标而选择的教育内容及其进程的总和，包括学校教师所教授的各门学科和有计划的教育活动。课程建设的主要任务是优化课程结构和提高课程教学质量。课程建设的前提是以人才培养方案为依据，关键是树立正确的课程建设理念，重点是制定课程内容体系、编制教材，核心是有效开展课程教学，评估是需要多样的课程考核和评价体系。

建设应用型课程体系的目标就是培养应用型人才，该类人才特征主要是在为区域经济社会发展中，实现理论知识向实践能力的转化，能够胜任特定职业与岗位，并能够在职业工作中通过创造性工作，培养职业发展的高素质人才。因此，对应用型人才而言，运用知识发现问题、解决问题的职业能力与扎实的学科知识素养同等重要。结合斯宾塞科学主义课程观、杜威实用主义课程观、布鲁纳结构主义课程观、多尔建设性后现代主义课程观以及德国"双元制"课程观，应用型课程体系建设应依循以学生发展为本的基本理念，即融职业需求、学科课程系统性以及学生发展需求于一体。

2.1 基本原则

鉴于以上分析，以四川外国语大学成都学院法语专业为例研究应用型课程体系建设将围绕以下几个基本原则展开。

第一，课程体系进程与学生语言学习规律相符合。法语不同于英语，大部分学生是进入大学从零开始学起的，所以在学习初期需要足够的时间认识、了解，直到掌握、运用这门语言。因此务必要依循认知规律，在夯实法语语言基本功的基础上进行专业化、应用型的培养，实现有层次、有梯度的系统性课程建设，否则容易本末倒置。

第二，课程内容设计与学生职业岗位需求相协调。依据社会需求、职业岗位工作需求构建应用型课程体系。在调查行业企业岗位需求的基础上，注重与企业联合，厘定专业核心技术能力，进而确定专业核心知识与专业理论知识,设计应用型课程体系、开发课程资源以及更新课程内容,实现学科课程内容设计、知识逻辑与职业岗位需求相协调。

第三,课程资源开发与学生实际应用能力相配合。注重学生的应用能力培养,以此为核心充分利用现有资源,整合优化课程内容,结合学生实际特点,编撰符合本专业实际的基础教材教辅、特色专业教材教辅;充分利用线上资源和现代教育技术,打造特色教学模式;充分利用校内外资源,重点培养教师转型发展,加强实践教学;努力建设实习实训基地,保障学生实习实训的机会,提高学生实践能力。

第四,注重通识知识教育与专业知识传授相融合。通识教育本质上讲就是人文素养教育,积极促进人文素养教育与科学知识教育的有机融合,开发、挖掘出不同个体身上的潜质与精神气质,为学生的全面发展奠定基础。

2.2 总体框架

学校"十四五"规划的目标是建设中国顶尖的民办应用型特色大学,这就从顶层设计方面明确了人才培养的方向,而承载人才培养的基础是课程。作为承担具体课程的单位,法语专业适时制定出适合本专业长远发展的、针对性的人才培养目标,即根据自己的专业特点,并坚持遵循市场导向,致力于培养德才兼备、兼具本土情怀与国际视野的应用型"法语+"人才——通过积极走访企业,了解区域经济社会发展需求,以满足具体岗位所需知识结构为宗旨,以"四项基本能力(普通法语能力、通用专业术语能力、通用专业背景知识能力、专业技能实操能力)"为基础,培养"法语+工程技术""法语+跨境电商"和"法语+经济管理(葡萄酒方向)"三大方向的跨学科交叉复合型人才。基于该人才培养目标,法语专业应用型课程体系建设的总体框架如下。

第一,构建课程体系建设框架——"法语+特色专业"。在夯实法语语言基本功的同时,打造与法语市场(或区域经济)发展对接的特色课程建设,如工程技术法语、跨境电商法语和葡萄酒法语等。

第二,保证课程体系建设质量——教师素质。一方面,提升法语教师自身素质和教学能力,更为重要的是促成教师转型,通过一定的措施,让教师走出校园、深入社会,将教师单一的语言教学能力转型为能利用语言解决实践中遇到的问题的能力,提升教师理论与实践的交叉融合运用能力;另一方面,引进非外语行业专家进校参与教学,不仅能够专业指导学生实践,而且可以给予本院法语教师以专业示范或相关知识传授。

第三,丰富课程体系建设手段——教学模式。一方面,改革课堂教学模式,整合网络教育资源,结合线下优势力量,充分利用现代教育技术和优秀教育平台,打造线上线下混合式教学模式;另一方面,突破传统课堂,努力推进校内实习实训基地的建设,或者带学生直接到岗实习实践,让专业技术人员与其进行面对面的知识传输,实现校企协同育人。

第四,检验课程体系建设成效——学生质量。学生质量好坏需要完善的课程教学质量评价制度,而该评价制度的制定者不应该局限于学校、领导或是学生等,而应该联合行业单位等进行三方共同评价,便于教师教学、企业选才、学生学习与就业等标准的协调统筹。

3. 应用型课程体系建设的具体路径

3.1 针对性的人才培养模式,为课程体系建设提供指导方向

四川外国语大学成都学院以建设中国顶尖的民办应用性特色大学为"十四五"规划目标,从顶层设计上明确了人才培养方向,提出针对性的人才培养模式,即从各专业自身特点出发,结合学生学习能力与应用能力,建设符合专业发展与人才培养目标的课程体系。法语学习的核心是语言的学习与掌握,目标是语言的实践与应用,须在熟练掌握语言的基础上,在社会各行各业发挥自身的语言优势,最终目标是将语言能力应用到具体职业中去。由此,法语专业的课程设置紧紧围绕学生普通法语能力、通用专业术语能力、通用专业背景知识能力、专业技能实操能力这"四项基本能力"的培养,以期实现"法语+工程法语""法语+跨境电商"和"法语+经济管理(葡萄酒方向)"三大方向的跨学科交叉复合型人才的社会供给,满足经济社会发展的国际化人才需求。此极具针对性的人才培养模式为我系应用型课程体系建设提供了指导方向。

3.2 夯实"法语+"基础,保证课程体系建设基础

课程体系建设的基础始终在于夯实法语语言基础。坚持以法语为本,提升法语语言能力,增强学生以法语为支撑对接相关行业的能力,确保法语的核心地位。以专业等级考试为导向,将考级与教学有机融合,教师根据教学实际和学生实际进行反复教研,在保证学生成绩的同时,出版了《法语专四阅读快速突破80篇》《法语专八阅读快速突破80篇》《法语专四完型填空快速突破500题》《法语专四语法快速突破600题》《法语专四近反义词快速突破400题》等系列教材教辅,形成法语专业能力全覆盖。该教材突出对应用型法语专业学生的适用性,在法语基本功训练的各课程中得到广泛应用,极大提高了学生语言水平。

3.3 坚持所学与所用对接,推进课程建设特色化进程

法语专业在应用型课程体系建设的思路和框架下,坚持以所学与所用完全对接为目标,发挥外语优势,在中高级法语阶段推进特色课程建设。开设了《工程技术法语》《跨境电商法语》和《葡萄酒

法语》等多门特色"法语＋"跨学科课程。其中《工程技术法语》获批省级创新创业教育示范课程和省级地方普通本科高校应用型示范课程,《跨境电商》获批省级应用型示范课程。同时,法语专业出版了《简明工程技术法语》《工程技术法语翻译实务》等实用性工程法语教材,进一步完善了特色课程体系的建设。

3.4 建立双师型教师队伍,确保课程体系建设质量

为教师积极打通高校到企业的流动渠道,充分培养"双师型"教师。法语专业鼓励教师通过各种途径提升自身的各项技能,比如,支持教师深入企业接受技能培训和挂职锻炼,实现从"讲台"到"企业",再从"企业"到"讲台"的双师型培养路径。教师具有教学与实战经验丰富、职称水平高的特点,而且教学理论与实践结合度高、实操经验丰富,形成了较为完善的应用型课程配套教师团队。同时,采用"校内＋校外＋国外"精英教师团队的多线特色授课模式,教师讲授与企业专家指导相结合,构建完整的实践教学体系。

3.5 探索线上线下混合式教学模式,创新课程体系教学手段

在应用型课程体系建设过程中,法语专业丰富课程体系建设手段,努力实现教学模式多样化。在传统的课堂教学模式基础上,采用翻转课堂等新型教学模式,利用微课、慕课等网络教育教学形式,充分利用现代教育技术和优秀教育平台,打造线上线下混合式教学模式。法语专业的《工程技术法语》和《跨境电商法语》慕课均上线中国顶级外语慕课平台,课程体系资源开发不断丰富和完善,既提高了相关教师的教学水平和职业技能,还提高了学生的自主学习意识和能力,教学相长,形成良性互动。

3.6 校企协同育人,建立校内实习实训基地,落实应用型人才培养目标

四川外国语大学成都学院深入校地校企合作,推进产教融合,协同育人,法语专业也积极推进校企融合,搭建学生实习实训平台。目前,法语专业已与多家国企、大型私企签订实习基地协议,如中国水利水电第十工程局有限公司、环球易购、金梦想跨境电商公司等。法语专业在校内建立跨境电商实训中心,构建了"校内实训＋工学交替＋顶岗实习"的实践教学体系,探索形成"校企协同、学训一体、岗位成才"的现代学徒制培养模式。跨境电商课程也分为理论教授、实践指导、实战参与三个阶段,充分给予学生实践机会,锻炼学生实操能力。通过理论知识的学习和足够的实践经历,"法语＋跨境电商"方向的学生具备较强的实践能力,上岗后"上升快,适应期短",毕业后可直接进入法语专业的校企合作单位工作,对口就业率100%。

3.7 完善课程教学质量评估体系,保证课程体系建设有据可依

在应用型课程体系建设的背景下,课程教育质量评估体系应以"应用型"为主:第一,采用第三方评价。制定专门的第三方评价制度,向毕业生比较集中的相关企业发送问卷调查,近三年数据统计显示:用人单位对法语专业毕业生满意率达90%。第二,对毕业生跟踪调查。根据学校委托第三方机构对毕业生的调查显示,毕业生对学院的核心课程设置的满意度和对专业课程设置的满意度均在90%以上。

4. 结语

本文所做的研究主要是根据四川外国语大学成都学院法语专业多年课程和教学实践展开的。为实现应用型人才培养目标,不断进行课程体系改革建设,四川外国语大学成都学院编撰了一系列与法语专业语言教学基础密切相关的、符合法语专业学生学习特点的教材教辅,并且受到全国广大法语学生的青睐;开发了和法语市场需求相匹配的特色应用型课程,其中两门课程获批省级创新创业教育示范课程和省级地方普通本科高校应用型示范课程;还编撰了与此相配套的实用性教材教辅,在法语书籍市场上大受大学生和就业人员的欢迎。此外,相关任课老师也就这些应用型课程实践成果发表了数篇相关论文。

应用型课程体系建设一定是适应经济社会发展对应用型人才的需要,并采用机动灵活的方式,如采用真实工作素材经过教学化改革后用于课堂授课,设立企业实习基地和校内实习实训基地,派驻学生顶岗实习和教师挂职锻炼等方式提升课程的实践价值,这些经验都能够使高深的理论落地,符合推动民办高校的应用型转型要求,有利于实现民办高校特色发展、内涵发展、质量发展,提升高校人才培养的质量。

参考文献

[1] 中华人民共和国教育部.关于深化本科教育教学改革全面提高人才培养质量的意见[N].中国教育报,2019-10-15.

[2] 丁宁,徐日宣.应用型人才培养模式下的科技法语教学研究[J].吉林华桥外国语学院学报,2014(2):31-33,37.

[3] 刘耀明.民办高校课程建设须向内涵型转变[J].中国高等教育,2010(6):59-60.

[4] 叶树江,张洪田,李丹.应用型人才培养模式视阈下课程体系的建构[J].黑龙江高教研究,2012,30(10):141-143.

［5］刘献君.抓住四个关键问题加强大学本科课程建设［J］.中国高等教育,2013(17):40-43.

［6］侯长林.论应用型本科高校课堂教学的研究性［J］.铜仁学院学报,2019,21(1):28-37.

Construction of Application-oriented Curriculum System in Private Colleges and Universities
—Taking the French Major of Chengdu College of Sichuan International Studies University As an Example

【Abstract】The goal of the college's "14th Five-Year Plan" plan is to build China's top private applied universities, which clarifies the direction of talent training from the top-level design. The construction of an applied curriculum system is an important breakthrough in our transformation and development point, because the level and quality of curriculum construction directly affect the quality of talent training. As the implementer of the specific plan for curriculum construction and reform, the French major has clarified ideas, formulated a targeted application-oriented curriculum system construction plan suitable for the long-term development of the major in a timely manner, and actively practiced innovation with good results.

【Key words】civilian-run colleges and universities; application-oriented; college curriculum

第三部分
外语教学

强化思政教育背景下日本文学如何融入思政内容的对策研究

四川外国语大学成都学院亚非语言学院　钱韧①　钟伟②

【摘要】近年来,教育部做出了进一步强化高校课程思政和通识教育的决定,要求高校要把思政教育的内容融入各学科的教学之中,让思政教育全面进入高校课堂。外语院校是为国家培养人才的重要基地,由于外语院校的一部分毕业生要出国留学或在国外工作,在校期间要特别注重培养他们的民族精神和爱国精神,因此,把思政内容融入外语各学科的教学中十分重要。本文首先分析和论述了日本文学课程融入思政内容的必要性,然后再分析和论述了日本文学课程融入思政内容的主要对策,最后得出了几点结论。

【关键词】强化思政教育;日本文学课程;融入思政内容;对策研究

在新的历史时期,党中央一再强调高校的人才培养目标是立德树人,"培养什么样的人、为谁培养人、如何培养人"是新时期全国高校需要认真研讨和解决的重大课题。为此,教育部做出了进一步强化高校课程思政和通识教育的战略部署,要求全国高校要把思政教育的内容融入各学科的教学中,让思政教育全面进入高校课堂。按照党中央的指示和教育部的部署,在新形势下,全国的高校不仅要"术业",更要"树人",而且必须把"树人"放在第一位。只有这样,才能培养出国家和社会需要的有用人才。为了实现这一目标,高校的领导和全体教师都应该认真思考如何把思政教育的内容融入各科教学中的问题。本文认为:课程是人才培养的核心环节,是落实立德树人的主渠道,探索新时代新文科背景下的外语教育课程建设的新途径,就是要深入挖掘各类课程和教学方式中蕴含的思想政治教育元素,从而做到知识传授与价值引领相统一,显性教育与隐性教育相统一。为

① 作者简介:钱韧,男,四川外国语大学成都学院教授,经营学硕士,研究方向为高等教育、外国文学和国际经贸。
② 作者简介:钟伟,男,四川外国语大学成都学院亚非语言学院党支部书记、讲师,文学学士,研究方向为思政教育。

此,本文选择了《强化思政教育背景下日本文学如何融入思政内容的对策研究》这个课题进行研究,研究的目的就是解决思政教育如何进入高校外语教学课堂的问题。本文将首先分析和论述日本文学课程融入思政教育内容的必要性,然后再分析和论述日本文学课程融入思政教育内容的主要对策,在此基础上,得出几点结论。

1. 日本文学课程中融入思政教育内容的必要性

外语院校是为国家培养人才的重要基地,为了强化思政教育,必须把思政教育的内容融入外语的教学中,其中日语教学就是一个重要的方面。本文认为,在日本文学课程中融入思政教育内容是以下三个方面的迫切需要。

1.1 它是立德树人、把思政教育引进日语课堂的需要

同其他高校相比,外语院校立德树人的任务更加艰巨。由于外语院校的学生毕业后很多人都要出国留学或在国外工作,在国外时间一长,难免会受到各种思潮的影响,部分学生容易对祖国产生偏见和崇洋媚外。为此,外语院校急需把思政内容融入外语各学科的教学之中,在校期间就要注重培养学生的民族精神和爱国精神,提前给他们打好预防针。要通过强化对学生的思想教育,增强学生的民族自信和文化自信。前几年,四川外国语大学成都学院在日语教学中,特别是在日本文学课程的教学中已经注意到要融入思政内容,但其广度和深度还远远不够。根据新时期的新要求,我们应该把更多有关民族精神和爱国主义教育的内容融入日本文学的教学之中,这既是强化外语院校课程思政的需要,更是高校立德树人的需要。

1.2 它是强化通识教育、创新日语教学方式的需要

在新的历史时期,为了全面提高当代大学生的思想素质,党和政府做出了创新高校新文科,强化大学通识教育的决定。文学课程是高校的主要课程,也是对大学生进行通识教育的最好课程。在文学课程中融入思政教育的内容,是新时期党和政府对文学课程的新要求,也是创新文学课程教学方式的新方法。对这个要求,中国文学课程必须做到,外国文学课程也不能例外。从目前我国高校的情况来看,中国文学课程在这方面已经做得比较好了,而外国文学课程在这方面还与之存在一定的差距,应该奋起直追,迎头赶上。所以,我们要创新日语教学方式,把思政教育引入日本文学的教学课堂,让思政内容成为日本文学讲解中不可缺失的重要部分,这是强化高校通识教育的需要。

1.3 它是适应新形势、丰富日语教学内容的需要

实现立德树人的培养目标,就必须要顺应新形势,要把更多的思政教育的内容融入日语的教学

中,丰富日语各学科的教学内容。过去,在日本文学课程的教学内容中,我们对日本文学发展的概况、重要作家和重点作品讲得较多,而讲中国文化对日本文化发展的重大影响讲得较少,或讲得不够。对日本人在日本文学发展中的创新精神讲得较多,而讲中国文化对日本文化发展所起的重大作用讲得较少,或讲得不够。为了让思政教育能进入日语教学的课堂,我们必须要对原有的教学内容进行调整和补充,在日本文学的教学内容中大量增加中国文化对日本文化发展的重大影响和重大作用的内容,让这些内容成为对学生进行民族精神和爱国主义教育的新教材,成为日本文学课中的思政教育新内容,让日本文学课的教学内容能更符合新时代的要求。所以,在日本文学课中融入思政教育内容,也是适应新形势、丰富日语教学内容的需要。

2. 日本文学融入思政教育内容的主要对策

在日本文学课程中,有许多能对学生进行民族精神和爱国主义教育的内容,只要我们进行认真地挖掘和梳理,这些内容就可以成为把思政教育融入日本文学教学的新内容。本文认为,日本文学融入思政教育内容的主要对策,就是要增加以下五个方面的重点讲解。

2.1 要增加中国文字对日本文字发展的影响的重点讲解

日本文字是仿照中国汉字创造出来的,中国汉字在日本文字的发展中起到了巨大的引领和推动作用,这是全世界公认的,日本的史学家们也都承认这一点。隋唐时期,中国的汉字开始传入日本,由于当时日本还没有正式的文字,日本人就用汉字来记录民谣、民歌、神话故事和传说。公元八世纪时,日本留唐学生吉备真备专门到中国学习汉诗文和汉字,回日本后他精心研究,利用中国汉字的偏旁创造了日本的表音文字——"片假名",日本文字由此诞生。从诞生到发展,日本文字始终没有抹去中国汉字的痕迹。直到今天,日本的文字都是由汉字和假名两套符号组成,混合使用。假名有两种字体:平假名和片假名。平假名是以汉字的草书字形为基础而创制的,用于日常书写和印刷;片假名都是取自汉字楷书的偏旁造成的,用于标记外来词、象声词以及特殊的词语。这就充分说明中国文字对日本文字发展的巨大影响,这就是思政教育的最好内容。我们在日本文学的教学中就要把这个内容讲深、讲透,让学生了解中国文字的博大精深,让学生了解中国文字对日本和世界文字发展的巨大贡献,从而增强学生的民族自豪感。

2.2 要增加中国汉诗文对日本古诗文发展的影响的重点讲解

中国汉诗文对日本古诗文的发展有着重大影响,日本的古诗文是在仿写汉诗文的基础上发展起来的,这在日本的各种史书上都有详细的记载。在日本上代时期和中古时期,汉诗文在日本十分盛行,占有统治地位。特别是在中古前期,当时日本出现了汉诗文的鼎盛期。在这个时期,日本政府选派了大批遣唐使前往中国专门学习汉诗文,日本国内也盛行汉诗文,全社会都在学习汉诗文和仿写汉诗文,文学作品和诗歌作品大多数是"汉风化"的。当时的日本先后编撰了三部"敕撰汉诗集",汉诗文的发展达到顶峰。中古时代的中后期,在汉诗文的引领和推动下,日本人创造了古诗文——"和歌"。中国汉诗文对日本古诗文发展的重大影响,也是日本文学融入思政教育的好内容,我们在教学时应该进行重点讲解。要通过讲解,让学生了解汉诗文的历史作用,了解汉诗文对日本和世界文学发展的重要贡献,从而增强学生的文化自信。

2.3　要增加中国民间故事对日本物语发展的影响的重点讲解

物语是日本最早的小说模式,它是在学习中国民间故事的写作手法的基础上发展起来的。在日本平安时代,中国六朝和隋唐时期的民间故事和传奇文学在日本广为流传,深受日本民众的喜爱。平安时代中后期,日本的作家们认真学习了中国民间故事和传奇文学的创作手法,创作了日本最早的小说模式——物语文学。日本物语最早产生的是两大类别:一是传奇物语,二是歌物语,在此之后又产生了历史物语和说话物语等,并创作了《竹取物语》《源氏物语》等一大批优秀作品,物语文学的发展进入全盛期。日本早期的物语作品深受中国民间故事的影响,例如日本第一部物语作品《竹取物语》就是学习了中国民间故事《斑竹姑娘》《月姬》《嫦娥奔月》等作品的创作方法,其作品在主题上和写作风格上都与中国的《嫦娥奔月》非常相似。由此可见,中国六朝和隋唐时期的民间故事和传奇文学对日本物语文学的发展有着巨大的引领和推动作用,这是在日本文学课中融入思政教育的生动内容。我们要通过对这个内容的重点讲解,让学生了解中国古代的历史文化遗产对日本和世界产生的巨大影响,培养学生的爱国情结。

2.4　要增加中国古代小说对日本小说发展的影响的重点讲解

中国古代小说对日本小说发展的影响巨大,日本早期著名的小说巨作都是学习和模仿中国小说的写作手法而创作出来的,其中以《源氏物语》和《平家物语》最为典型。这两部作品都是日本的历史巨作,两部作品有一个最大的共同点,就是模仿了中国名著的创作方法,在作品中大量借用了《礼记》《战国策》《史记》《汉书》等中国古籍中的史实和典故。《源氏物语》是日本物语文学的巅峰之作,也是世界上第一部长篇写实小说。这部作品的创作深受白居易的《长恨歌》的影响,作品的主题思想、故事结构和人物塑造等都与《长恨歌》十分相似,除此之外,还活学活用了白居易的大量诗歌。《平家物语》是日本军记物语文学的巅峰之作,这部作品的创作也深受白居易的《长恨歌》的影响。此书不仅在主题和结构上与《长恨歌》相似,而且借用了《长恨歌》中的某些情节来描写故事的情节,又活用了《长恨歌》的许多诗句来表达人物的思想情感。以上事例充分说明,中国古代小说是中华民族的文化瑰宝,它极大地推动了日本和世界的文学发展。我们在日本文学课中要通过重点讲解这个问题,增强学生的民族自信心。

2.5 要增加中国古典戏剧对日本戏剧发展的影响的重点讲解

中国不仅是日本文字和日本文学的引领者和推动者,而且也是日本戏剧发展的引领者和推动者,日本古代的戏剧就是学习和借鉴中国古典戏剧而发展起来的。日本早在中古时期就引入中国古典戏曲的三种表演形式,即唐朝正舞乐、伎乐和散乐。日本人在学习和借鉴基础上,创造了日本芸能的三种表演形式,即雅乐、伎乐和猿乐。后来,日本人又把这三种表演形式合并成了能乐。能乐是日本最早的古典戏曲形式,也是日本古典戏剧诞生的标志。由于能乐是仿照中国古典戏剧发展起来的,因此它的节目、服饰、表演都与中国古典戏剧十分相似。能乐的发展推动了后世日本歌舞伎及其他戏剧形式的诞生,其中,歌舞伎最终成了日本的国剧。可以说,日本的戏剧来源于中国,它是对中国古典戏剧的继承和发展。这个问题也是思政教育的重要内容,在日本文学的教学中应该进行重点的讲解。

日本文学课要通过增加这五个重点讲解,丰富日本文学课的思政教育内容,把民族精神和爱国主义教育的内容融入日语教学的内容中,把思政教育引入日语教学的课堂;要通过增加这五个重点讲解,让广大学生认识中国悠久历史文化对日本和世界产生的巨大影响,从而增强学生的民族自豪感,提升学生的爱国情结;要通过增加这五个重点讲解,让学生知道日本人是如何对中国优秀文化进行的继承和发展,启发学生学习日本人的创新精神。这五个重点讲解充分说明:中国古代文化是日本文字、日本文学和日本戏剧发展的引路者和推动者,这是值得中国人永远自豪和骄傲的。同时,这五个重点讲解也是把思政教育融入日本文学课的教学中的最好教材。在日本文学课中增加这五个重点讲解的具体方法有很多,第一,可以充分挖掘现有教材中的相关内容;第二,可以搜集和补充教材外的相关内容;第三,可以充分利用国内外相关的纪录片资料和影视动漫作品等。

通过以上的分析和论述,本文得出三个结论:第一,在新的历史时期,为了立德树人,按照党中央和教育部的要求,必须把思政教育的内容融入高校各学科的教学之中,让思政教育全面进入高校课堂。因此,在日本文学课程的教学中必须融入思政教育的内容。第二,日本文学课程中要融入思政教育的内容,必须要对现有教材进行挖掘和补充,增加五个方面的重点讲解,把思政教育内容真正融入日语教学的内容之中。第三,我们要通过增加五个方面的重点讲解,强化对学生的思想教育,增强学生的民族自信和文化自信,增强学生的民族精神和爱国精神。只有这样,才能培养出大批国家和社会需要的、有用的外语人才。

参考文献

[1] 王洪元.用习近平新时代中国特色社会主义思想铸魂育人[N].光明日报,2019-06-03.

［2］王靖华. 论通识教育与专业教育的关系［J］. 马克思主义学刊,2017,5(2):28-34.

A Countermeasure Research of How to Integrate Ideological and Political Content into the Curriculum of Japanese Literature in the Background of Strengthening the Ideological and Political Education

【Abstract】In the new era, the Ministry of Education has made a decision to further strengthen the ideological and political education and general education in colleges and universities, requiring colleges and universities to integrate the content of ideological and political education into the teaching of various disciplines, so that ideological and political education will be fully integrated into the classroom. Foreign Studies Universities are important bases for cultivating talents for the country. Since many students of Foreign Studies Universities will study or work abroad after graduation, it is very essential to cultivate their national ethos and patriotism during their college years. Therefore, it is very important to integrate ideological and political content into foreign language teaching. This paper will first analyze and discuss the necessity of integrating ideological and political content into curriculum of Japanese Literature, then analyze and discuss the main countermeasures of integrating ideological and political content into curriculum of Japanese literature, and finally come to some conclusions.

【Key words】strengthen ideological and political education; curriculum of Japanese Literature; integrate ideological and political content; countermeasure research

"他语种＋英语"复语人才培养模式的思考
——以四川外国语大学成都学院亚非语言学院为例

四川外国语大学成都学院亚非语言学院　　刘轩[①]　吴娅蕾[②]　崔泽[③]

【摘要】在建设新文科的背景下,为更好地践行学校"十四五"规划,培养"外语及国际化特色鲜明、综合素质优良、具有创新理念、适应社会需求、社会认同度高的厚基础、宽口径、高素质"的应用型人才,制定更符合我校实际情况的"他语种＋英语"复语人才培养方案势在必行。本文通过对四川外国语大学成都学院亚非语言学院目前所施行的"他语种＋英语"复语人才培养模式实施效果进行了调查,客观掌握目前我院该人才培养的实施效果,为是否继续沿用该人才培养方案提供依据。

【关键词】"他语种＋英语";复语人才;人才培养方案

1. 引言

随着经济全球化的不断加深,跨境电商行业的不断发展,复语人才培养和双语教学已经成为新文科教育中不可或缺的一环。同样,《外国语言文学教学质量国家标准》中提到,外国语言文学专业旨在培养有思辨能力,有国际视野,能够服务国际事务的人才。与此同时复语人才的培养与建设是四川外国语大学成都学院"十四五"建设的重要抓手,为跨境电商等市场实体培养复语人才也是四川外国语大学成都学院的人才培养目标之一,培养高质量、应用型、多语言、有市场竞争力的学生倚

---

① 作者简介:刘轩,女,四川外国语大学成都学院亚非语言学院院长、副教授,经营学博士,研究方向为韩国语教育、韩中翻译。
② 作者简介:吴娅蕾,女,四川外国语大学成都学院亚非语言学院院长助理、副教授,文学学士,研究方向为韩国语教育。
③ 作者简介:崔泽,男,四川外国语大学成都学院亚非语言学院院长助理、助教,文学学士,研究方向为阿拉伯语教育、阿拉伯历史与文化。

重于复语人才的培养。

2. 研究背景

在国际背景以及就业形势的双重改变下,孤立他语种的就业优势逐渐减弱,双语就业优势逐渐凸显。我院于 2015 学年始对朝鲜语、泰语、越南语、阿拉伯语四个专业开始进行"他语种 + 英语"的复语人才培养改革计划,即在原人才培养方案的基础上,删除《大学英语》课程,统一排课,为每个行政班增加每周两课时的英语小班课,旨在提升他语种学生的英语综合能力以及学生四六级通过率。

目前"他语种 + 英语"人才培养方案已经施行了 6 年,这期间四川外国语大学成都学院亚非语言学院一直对四个专业学生的英语水平,以及全国大学生英语四六级考试通过情况进行跟踪调查,并对学生进行问卷调查并进行数据分析。通过数据分析,亚非语言学院学生英语综合能力以及全国大学英语四六级考试通过情况并不理想,在此背景下深挖学生对小班英语课程的反馈,发现学生英语综合能力的提升问题仍未从根本上得到解决。亚非语言学院他语种专业学生,在职场应聘、外宾接待过程中,不能彰显双语学生的语言优势。很显然,这样的人才培养方案对于培养"他语种 + 外语"人才起到的作用有限。

3. 调查对象及其构成情况简介和方法

3.1　调查对象

对四川外国语大学成都学院亚非语言学院朝鲜语、泰语、越南语、阿拉伯语 4 个专业大一至大四的 450 名学生进行问卷调查,收回有效问卷 423 张,问卷收回率 94%,调查结果有效。

3.2　调查结果

从各专业、各年级来看,每周花在学习英语上的时间在"两个小时以内"的人数比例约占 67%,其中,大二学生占比最高,为 73.85%,这是因为大二第二学期是学生报考全国大学生英语考试的高峰期。由此可知,亚非语言学院学生大学四年内用于学习英语的时间比较有限,且自主学习英语的主观能动性较弱,根据目前开设的复语课程每周 2 课时即 90 分钟来看,学生除正常课时外学习英语的时间不足 30 分钟。

学生自身对英语的要求?

（1）各年级比例

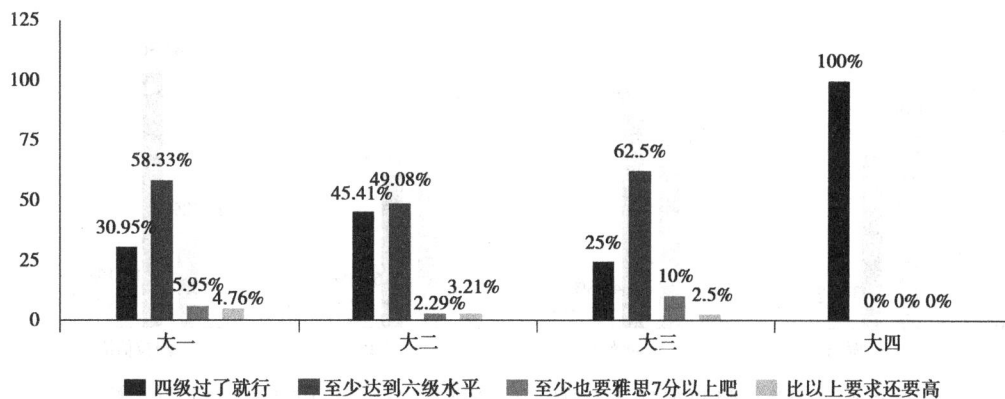

125
100 ── 100%
75
58.33% 62.5%
50 49.08%
45.41%
30.95%
25 25%
10%
5.95% 4.76% 2.29% 3.21% 2.5% 0% 0% 0%
0
大一   大二   大三   大四

■ 四级过了就行 ■ 至少达到六级水平 ■ 至少也要雅思7分以上吧 ■ 比以上要求还要高

（2）各专业比例

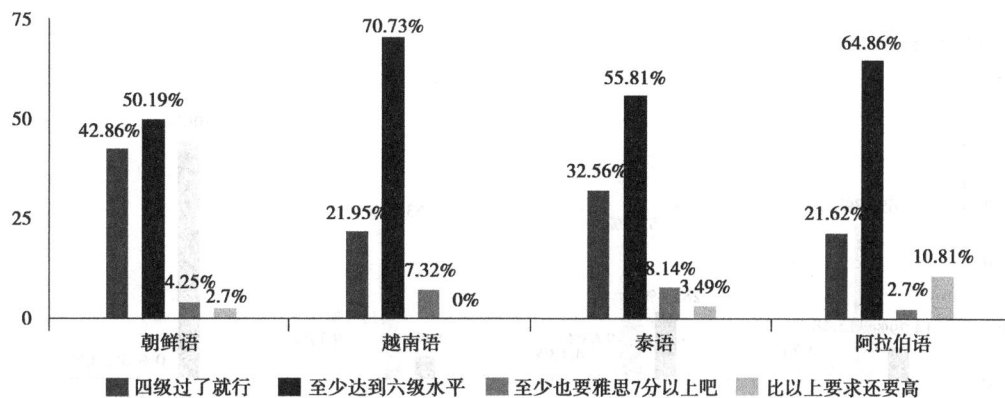

75
70.73%
64.86%
55.81%
50 50.19%
42.86%
32.56%
25 21.95% 21.62%
4.25% 2.7% 7.32% 0% 8.14% 3.49% 2.7% 10.81%
0
朝鲜语   越南语   泰语   阿拉伯语

■ 四级过了就行 ■ 至少达到六级水平 ■ 至少也要雅思7分以上吧 ■ 比以上要求还要高

由此可见,在大学阶段的后期,学生对英语的要求逐渐降低,其主要集中在全国大学英语四级的通过上,对英语能力要求比较单一,英语学习目的比较集中。

目前开设的英语复语课程(每周两课时)对英语水平提升的帮助?

（1）各年级比例

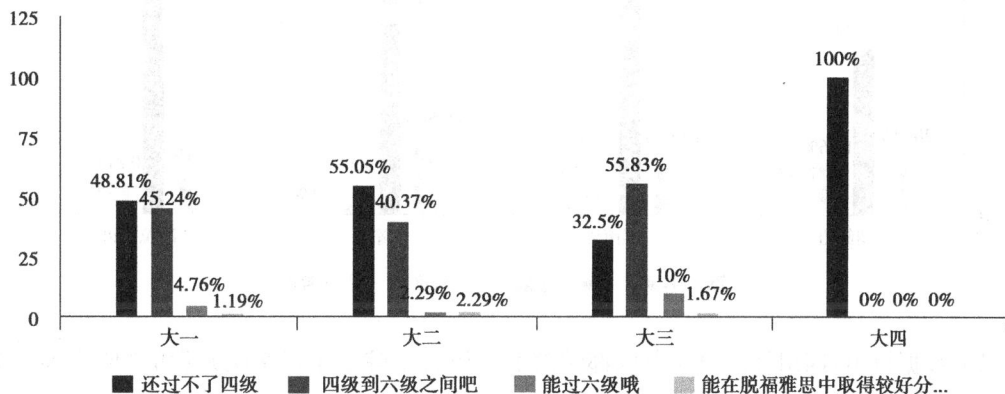

125
100 ── 100%
75
55.05% 55.83%
50 48.81% 45.24%
40.37%
32.5%
25
10%
4.76% 1.19% 2.29% 2.29% 1.67% 0% 0% 0%
0
大一   大二   大三   大四

■ 还过不了四级 ■ 四级到六级之间吧 ■ 能过六级哦 ■ 能在脱福雅思中得较好分...

(2)各专业比例

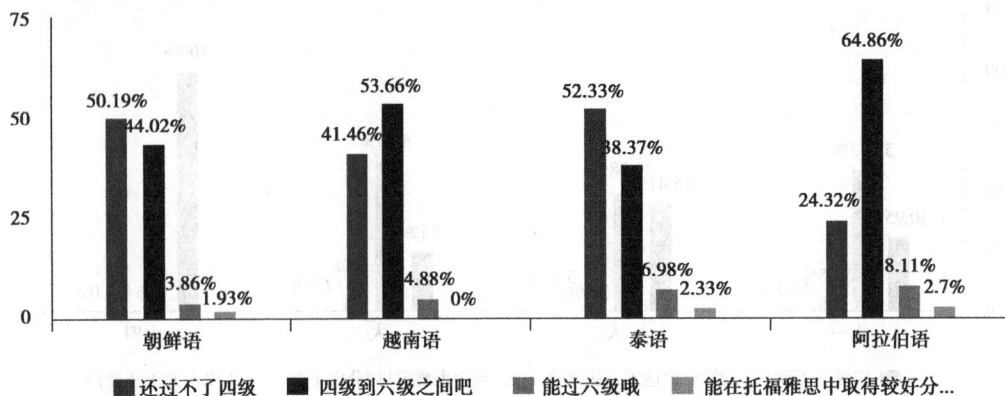

同专业课相比,目前开设的英语复语课程难度和实用性?

(1)各年级比例

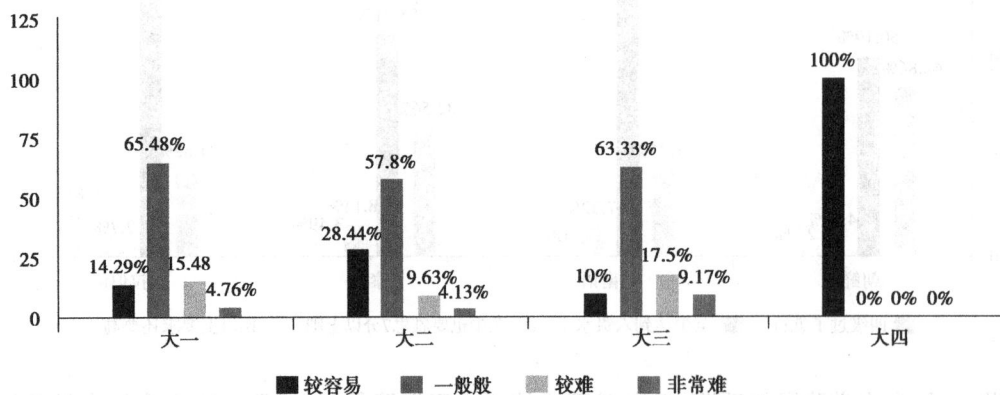

(2)各专业比例

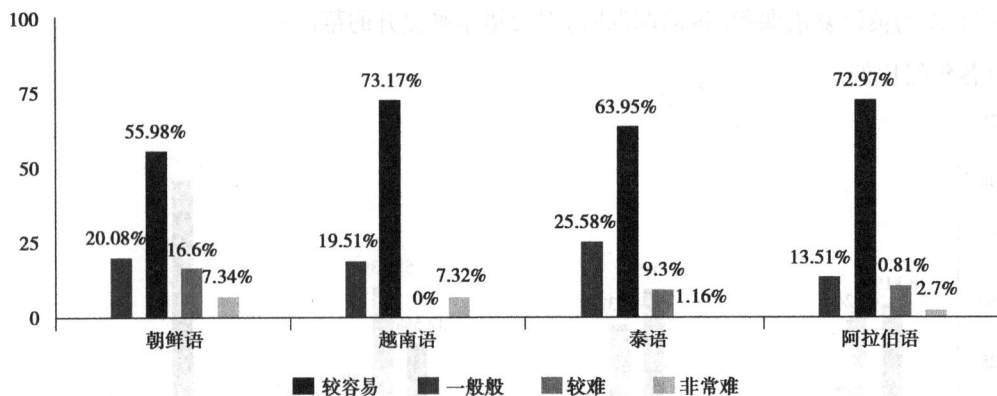

由以上数据得出:四川外国语大学成都学院亚非语言学院学生对学院开设的"他语种+英语"课程的小班英语课程教学持保留意见,他们认为课程内容的实用性、课程难度并不能对其英语综合能力以及全国大学生英语四六级考试通过产生积极作用。

自身英语水平提升难的因素?

(1)各年级比例

年级	没有时间学	英语太难学不会	学习时放松和懒惰	中英思维模式不同	自己学习能力较差	缺乏环境	没有兴趣	两种外语同时学习受干扰	小计
大一	47 (55.95%)	13 (15.48%)	45 (53.57%)	24 (28.57%)	20 (23.81%)	41 (48.81%)	8 (9.52%)	30 (35.71%)	84
大二	130 (59.63%)	29 (13.30%)	111 (50.92%)	54 (24.77%)	47 (21.56%)	105 (48.17%)	24 (11.01%)	118 (54.13%)	218
大三	52 (43.33%)	11 (9.17%)	57 (47.5%)	35 (29.17%)	19 (15.83%)	72 (60%)	24 (20%)	68 (56.67%)	120
大四	1 (100%)	0 (0.00%)	0 (0.00%)	0 (0.00%)	0 (0.00%)	0 (0.00%)	0 (0.00%)	1 (100%)	1

(2)各专业比例

专业	没有时间学	英语太难学不会	学习时放松和懒惰	中英思维模式不同	自己学习能力较差	缺乏环境	没有兴趣	两种外语同时学习受干扰	小计
朝鲜语	145 (55.98%)	42 (16.22%)	116 (44.79%)	74 (28.57%)	59 (22.78%)	133 (51.35%)	37 (14.29%)	119 (45.95%)	259
越南语	18 (43.90%)	4 (9.76%)	27 (65.85%)	7 (17.07%)	8 (19.51%)	22 (53.66%)	2 (4.88%)	28 (68.29%)	41
泰语	42 (48.84%)	4 (4.65%)	46 (53.49%)	24 (27.91%)	16 (18.60%)	43 (50%)	13 (15.12%)	50 (58.14%)	86
阿拉伯语	25 (67.57%)	3 (8.11%)	24 (64.86%)	8 (21.62%)	3 (8.11%)	20 (54.05%)	4 (10.81%)	20 (54.05%)	37

由此可知:阻碍学生提升英语能力的因素主要集中在三个方面:学习时间的自我把控能力不足、自主学习能力的缺乏以及双语学习带来的不利影响。由此说明,只在人才培养方案上"增加"相关课程的课时,其讲授目的性弱,实用性差,不是对双语人才培养的最佳方案。

4.复语人才培养的方案探索

从调查的结果来看,于2015年开始试行的"他语种＋英语"复语人才培养整体上实施效果明显低于预期,英语课时的投入与教学效果不成正比。"他语种＋英语"复语人才培养模式涉及内容多,对生源质量要求较高,课程安排略有不当就会造成教学时间不足、教学效果不显著。因此,目前所采用的"全面铺开式"的模式不符合学校人才培养目标,不利于更好地开展"因材施教"。

鉴于此,为突出"分层培养,分类卓越"的理念,践行学校"十四五"规划,培养"外语及国际化特色鲜明、综合素质优良、具有创新理念、适应社会需求、社会认同度高的厚基础、宽口径、高素质"的应用型人才,亚非语言学院拟从2021级起取消现行的"全面铺开式"的"他语种＋英语"复语人才培养模式,按照《普通高等学校本科外国语言文学类专业教学指南》恢复《大学英语》课程。

针对有意向进行"他语种＋英语"复语学习的学生,亚非语言学院计划与兄弟院系共同合作,成立"基础并进、双语并重"的"他语种＋英语"复语人才培养特色班(即双学位),为亚非语言学院学生开展双语定制班,因材施教,"过级率"与实用性并重,真正做到英语与他语种的双语融合。此外,亚非语言学院将积极拓展国内外联合培养模式,如通过海外高校进行云端英语课程授课;根据人才培养分流结果,因材施教,在班级开设更加有目的性的英语课程。如在"考研班"开设考研英语课程,专攻考研英语;"就业班"开设实用"商务英语＋英语口语"实操;"出国班"开设雅思、托福等英语强化课程,适时调整课程设置,通过形式多样的模式培养新文科背景下的复语应用型人才。

5.结语

"他语种＋英语"的复合型人才培养必须建立在双语的共同发展基础上,要培养双语的复合型人才,既要有扎实坚固的他语种语言知识,又要具有应用性强、目标导向明确的英语综合能力。双语的复合型人才是当今社会急需的综合人才的代表之一。复语人才的培养是四川外国语大学成都学院"十四五"建设中的对标市场,加强产教融合的重要一环。一方面,要深化学生专业课程的知识体系建设,因为双语的学习时,两种语言的互相影响是阻碍学生双语学习的重要因素之一,因此教师在课堂教学中,要注意双语互译给学生带来的思维惯性差异,注重双语间的互译差异、分析差异,对学生进行语言引导;同时要鼓励专业学生坚持英语学习,为学生构建双语的教学环境,鼓励学生参加亚非语言学院与翻译学院共设的双语教学班,从而打造更具四川外国语大学成都学院特色的、具有市场竞争力的应用型复语人才体系,培养更具国际视野与双语语言能力的涉外人才。

参考文献

[1] 王雪梅,徐璐.国际化复语型人才的内涵与培养模式探索[J].外语与外语教学,2011(1):9-12.

[2] 陈烨华.国家化人才:世界沟通的桥梁[M].北京:中国传媒大学出版社.

[3] 蒋洪新.新时代外语专业复合型人才培养的思考[J].中国外语,2019,16(1):1,11-14.

Implementation Effect of "Other Languages + English" Multilingual Talent Cultivation
—Taking the School of Asian and African Languages, CISISU as an example

【**Abstract**】Under the background of building a new liberal arts, in order to better implement the school's "14th Five-Year Plan", cultivate students who have "foreign languages and internationalization characteristics, excellent overall quality, innovative ideas, adapt to social needs, and have a high degree of social recognition". It is imperative to formulate an "other language + English" multilingual talent training program that is more in line with the actual situation of our school. This article investigates the implementation effects of the "other languages + English" multilingual talent training model currently implemented by Chengdu College of Sichuan International Studies University, objectively grasps the current implementation effects of the talent training in our college, and provides information on whether to continue to use the talent training program. in accordance with.

【**Key words**】"other languages + English"; multilingual talents; talent training plan

"外语 +"课程中核心素养培养策略

——以对日信息技术服务课程为例

四川外国语大学成都学院亚非语言学院　管静①

【摘要】目前我国课程发展的逻辑起点从学科内容走向了核心素养。在新文科背景下"外语+"课程发展亟需立足于核心素养来完成跨学科的融合,不同学科完成各自课程目标的同时还需要作为核心素养培育的载体,构建对学生整体核心素养的培育体系。本文将以对日信息技术服务课程为例,厘清"外语+"课程中核心素养的内涵和培养策略。

【关键词】核心素养;"外语+";跨学科;培养策略

核心素养是当今国际课程改革的风向标,探讨核心素养的课程意义有助于提升我国课程育人的专业认知与课程发展的质量。当前我国课程发展的突出问题是,学科内容的立场亟需转向以学生为中心的核心素养立场。核心素养的课程意义在于打破学科等级化的困境,提供更具教育性的问责,消解分科与整合的课程对立。

而新文科背景下"外语+"跨学科课程要求我们必然具有动员整体性知识的机制和能力,通过推进学科融合和交叉,加强多学科间的合作,以核心素养面临的问题为导向展开针对性的研究。核心素养是学生在新时代必备的关键素养,具有跨学科性。其关键在于,一是"人之为人"的必备素养;二是适应21世纪的必备素养。而核心素养的培养不是只需一门学科的单独作用,而是有众多学科合力的结果,跨学科性是核心素养的重要特性之一。

"对日信息技术服务"课程正是新文科背景下四川外国语大学成都学院积极建设"外语+"跨学科特色应用型课程的阶段性成果,其通过专业教育和社会服务的紧密结合,实现了日语和信息技术两门不同学科的融合。课程基于对日信息技术服务市场复合型外语人才需求日益增长的社会现

---

① 作者简介:管静,女,四川外国语大学成都学院副教授,文学硕士,研究方向为日语教学与研究。

状,以市场需求为导向,在课程内容上打破学科壁垒,将日语与信息技术两门不同学科的内容进行融合,强化学生实践能力和综合能力的培养。学校通过课堂教学和社会实践教学,着力培养具有扎实日语听说读写译能力、跨文化交际能力、自主发展和社会参与能力,同时具备对日外包服务、项目管理、IT开发及测试等能力的应用型、复合型、国际化人才。而如何将两门不同学科有效融合,是该课程亟须解决的问题。核心素养是确定课程内容的重要依据,要能够引领教师的课堂教学。因此该课程探索的培养策略即:依据学生的核心素养来提出、整合和确定教学内容和教学方法。

1. "外语＋"课程中的核心素养是什么?

外语专业是具有工具性与人文性特征的专业,具有双重特征与双重价值。外语专业基础的核心素养就是我们常说的"听说读写译",而除此之外,外语专业的全称是"外国语言文学",专业的核心素养背后还包含了人才的阅读与思考能力、批判性思维能力,以及跨文化能力。因此在跨学科课程中,外语专业要充分发挥其工具性和人文性,在教学材料上以外语为工具传授其他学科相关知识,这也符合大学生认知水平和发展规律。如果沿用传统的外语教学方法,针对零基础学生,还用认知水平停留在学前教育阶段的简单语言材料和场景来进行教学,往往导致学生学习动力不足、学习目标不明,最终造成外语教学事倍功半。

而"外语＋"课程中所加的另一门学科与外语学科并非完全并列,不分主次,我们不能强求外语专业学生具备该门学科专业学生应具备的所有知识与能力。因此在设定"外语＋"课程时,应充分将专业教育与社会需求和岗位实践相结合,培养有实现路径的外语复合型人才。在"对日信息技术服务"这门"日语＋IT"课程中,学校应利用中国为日本最大外包基地这一优势,将教学重点放在对日服务上,做好互联网技术对日外包服务,互联网技术对日项目管理等。充分发挥社会实践教学的功能,促使学生在社会实践中将知识内化为个体经验。在这一过程中,注重学生的自主发展和社会参与,学生的科学精神、交流合作、责任担当和实践创新等核心素养自然而然得到有效培养。

两门学科具备各自课程培养目标的同时都应作为核心素养培育的载体,以核心素养为指标,真正做到"学科交叉,能力交融"。在能力素养上将"知识＋能力＋素质"融为一体。在价值理念上将国际、国家、社会、个人的价值有机结合,融为一体,要求学生具备一定的国际视野、家国情怀、社会公民意识,树立大学科、大专业、大知识等的教育观、学习观,能够正确处理好个人需求和社会需求之间的关系,自发形成学以致用、服务社会、造福人类的职业观和生活观。

2. "对日信息技术服务"课程中核心素养培养策略

核心素养不是直接由教师教出来的,而是在问题情境中借助问题解决的实践培育出来的。

课堂教学中应设定有助于自发产生思维与沟通互动的课题并设置情境。我们以"对日信息技术服务"课程中《外包概要》章节授课为例,探讨课堂设计中核心素养的培养策略。

2.1 引入与思考

日常生活中外包业务随处可见,小到学校食堂外包,大到跨国公司全球范围业务外包。从国内外外包实例导入进而启发学生思考:外包是在什么样的背景下发展起来的,为什么会在近年得到迅猛的发展? 而在全球化浪潮下现代企业将面临什么样的问题? 企业选择业务外包的动机是什么? 围绕论证性社会问题的探讨,培养学生批判性思维,以及积极参与社会问题研究的社会性意识。

2.2 讲授与讨论

首先由教师概括外包的产生、概念、分类及模式;接着举例具体介绍各个领域知名企业的外包业务内容和发展,举出各产业领域全球代表性公司的实例,充分讲解跨国公司采取外包策略的目的和流程;进而引出本章节授课的难点:外包中的重要形式商务流程外包(Business Process Outsourcing,BPO)。教师还会运用多媒体手段组织学生模拟外包岗位竞聘,让学生对这个行业的招聘要求、工作地点、薪资待遇等做初步了解,并分组进行探讨,应该具备什么样的能力才能胜任对日BPO岗位工作。在这一环节注重培养学生使用工具进行沟通互动的能力,包括使用语言符号及文本沟通互动的能力;使用知识与信息沟通互动的能力;使用技术沟通互动的能力。

2.3 整理与总结

学生对学习内容进行概述、整理,在教师帮助下将对日外包的发展历史、现状以及外包项目的具体实施要领等总结成思维导图。本环节注重培养学生的科学素养,把原本散乱的、碎片式的知识建构为通用的、综合的知识。

2.4 翻译与练习

该课程是日语和信息技术两门不同学科的融合,把日语作为工具来学习信息技术服务的相关知识,所以学校不仅采用了全日文教材,练习中也加入了翻译环节,要求学生对重要内容进行翻译,并汇总专业词汇翻译表,帮助学生将来迅速适应日文工作环境。除翻译练习外,教师还将组织学生进行专项练习,比如,"总结国际商业机器公司的对日外包业务""软件外包的一般流程是怎么样的""如果你是企业老板,你会将公司哪项业务外包"等。培养学生具备问题发现、研究、设计的高阶思维能力。

2.5 实践与评价

本课程实践教学组织以社会实践活动为主,直接进入对日信息技术服务市场,由企业一线人员担任指导教师,组队进行实践活动,通过信息技术手段完成日方企业委托的各项外包工作,包括项目管理、用户服务、物资采购、软件运维等,并由企业各部门主管人员对学生实践活动进行评价。在项目管理实践活动中,学生按照项目管理流程,督促项目各方按照进度开展工作,并将信息及时反馈到相关部门。其主要工作内容包括制作营业目标书、台账登记、项目进展统计等。采购实践活动主要是通过互联网技术手段协助日本公司采购事务和消耗用品,主要业务内容包括商品信息登录、供货商信息登录、报价表制作、代码申请以及通过邮件和电话与购买方、供货商进行沟通商谈。最终课程评定方式包括课程考试、出勤率、实践活动评价和实践报告等内容,其中实践活动评价和实践报告是考核的重要组成部分。学生通过参与社会实践活动,提升自己在异质集体进行合作、交际与经营的复杂沟通能力(包括构建与他者关系的能力;团队合作的能力;处理和解决冲突的能力),自律行动的能力(包括在复杂的大环境中行动与决策的能力;设计与实施人生规划、个人计划的能力;伸张自己的权益、边界与需求的能力),并最终形成生存能力与职业技能。

3. 总结

新文科从价值理念、能力、素质等方面对人才培养提出了更高的要求。外语学科专业人才培养以立德树人为核心任务,培养"会语言、通国家、精领域"的社会主义外语人才,其中"会语言"指具备深厚的人文素养、较强的跨文化沟通能力和复语能力;"通国家"即具有家国情怀和国际视野,具有国别区域知识的立体化建构与运用能力;"精领域"即精通跨专业领域知识,具备全球胜任力和参与全球治理的能力。"外语"＋课程作为新文科背景下外语专业建设中的一个重要方向,要明确回答"培养什么人,怎么培养人,为谁培养人"这一重大教育目的与功能问题。知识与技能发挥着核心素养培养的载体功能;而核心素养的养成又促进知识与技能的落实。两者互为手段和目的,缺一不可。在以"对日信息技术服务"课程为代表的"日语＋IT"课程中,我们将课程中的核心素养指标归纳如下:

语言能力:具备熟练的日语"听说读写译"能力,能胜任日方企业或对日企业中的商务谈判和商务文书联络;自觉积累、整理互联网技术相关专门词汇,准确理解对日信息技术服务外包相关的日文文本内容。

信息技术服务能力:能熟练运用信息技术手段完成对日服务外包和对日项目管理各个环节工作。

跨文化能力：理解中日两国文化尤其是企业文化的异同，具备国际化视野，具备在异质群体中协作沟通、解决复杂问题和适应不可预测情境的高级能力和人性能力。

思维能力：具有创新性思维和批判性思维，时刻自省，合理质疑，客观公正地观察和评价复杂国际社会和商业社会中发生的事件。

实践能力：充分意识和发挥跨学科课程优势，有意图、有计划、有系统地参与社会实践活动，实现自主发展和社会参与。

参考文献

[1] 崔允漷,邵朝友.试论核心素养的课程意义[J].全球教育展望,2017,46(10):24-33.

[2] 于丰园,胡惠闵.国内核心素养研究现状与趋势的可视化分析[J].上海教育科研,2018(1):47-52.

[3] 彭寿清,张增田.从学科知识到核心素养:教科书编写理念的时代转换[J].教育研究,2016,37(12):106-111.

[4] 石鸥.核心素养的课程与教学价值[J].华东师范大学学报(教育科学版),2016,34(1):9-11.

[5] 郭英剑.对当下英语专业建设的几点思考[J].外国语言文学,2019,36(3):241-249.

[6] 周杰,林伟川.地方院校新文科专业建设的掣肘及路径[J].教育评论,2019(8):60-65.

[7] 姜智彬,王会花.新文科背景下中国外语人才培养的战略创新——基于上海外国语大学的实践探索[J].外语电化教学,2019(5):3-6.

Strategies for Cultivating Core Literacy in "Foreign Language +" Course
—Taking "Information Technology Service Courses to Japan" as an Example

【Abstract】Currently, the logical starting point of curriculum development in China is from subject content to core literacy. In the context of new liberal arts, the development of the "Foreign Language +" curriculum needs to be based on core literacy to complete interdisciplinary integration. Different subjects need to achieve their curriculum objectives, but also as the carrier of cultivating core literacy, to build a cultivation system for the overall core literacy of students. Taking "the information technology service course to Japan" as an example, this paper is to clarify the connotation and cultivation strategies of core literacy in the "Foreign Language +" course.

【Key words】Core literacy; "Foreign language +"; Interdisciplinary; Training strategy

基于学习迁移理论的翻译本科专业口笔译一体化教学研究

四川外国语大学成都学院翻译学院　　晋丹① 　江杰②

【摘要】现代翻译技术的发展以及视听翻译等多模态交流方式,打破了传统的口笔译二分定义。而翻译实践对于翻译产品产出速度的要求日趋严格,机器参与度也日益活跃,这使得笔译更加趋向限时甚至即时翻译,笔译和口译这两种工作模式更加接近。这一趋势对翻译本科教学有着重大的启示。本文旨在探索口笔译一体化教学的模式,并在学习迁移理论的指导下,进行初步教学设计,并进行案例展示。

【关键词】多模态翻译;一体化教学;学习迁移

1.引言

随着翻译技术日新月异,跨越不同媒介、模态、符号的翻译形式不断出现,比如笔译、视译、同声传译、交替传译、跟读、视听翻译等,使得翻译实践更具复杂性和多样性。传统的笔译和口译两种工作模式,界限不再泾渭分明,而是成为一个有机的整体。为了顺应这种发展趋势,翻译教学也需要与时俱进,于是本文提出口笔译一体化教学新思路与新课题。

本文以学习迁移理论为依据,结合一线教师教学经验对口笔译一体化教学进行设计,通过培养学生的学习迁移能力,提高学生在口、笔译技能训练过程中的互相借鉴能力,全面提高学生综合翻译技能,适应多模态翻译形式的工作场景需求。

---

① 作者简介:晋丹,女,四川外国语大学成都学院副教授,文学硕士,研究方向为口笔译教学与评估。
② 作者简介:江杰,男,四川外国语大学成都学院副教授,博士在读,研究方向为笔译教学及机器翻译辅助。

2.理论基础与文献综述

2.1 学习迁移

早期的教育心理学学者将"迁移"定义为先前学习的知识与技能对新知识和技能的学习与获得的影响。当代流行的观点认为"迁移"是一种学习对另一种学习的影响。

在不同的标准下,迁移可以划分出不同形式,常见分类为正迁移和负迁移。所谓正迁移是指一种学习对另一种学习的促进作用,而负迁移则是指一种学习对另一种学习的阻碍作用。既然迁移是一种重要的学习能力,发生迁移的条件是什么? 迁移的效果如何直接影响学习的进程与效率? 在口译、笔译一体化教学课题下,本文将学生的迁移能力解构为以下几点:

①发现及归纳口译、笔译技能习得规律;

②总结两者异同;

③在多模态翻译实践中能跨界运用技能;

④提升信息分析整合、语言转换、产出控制等能力。

因此,在一体化教学设计中,教师应该结合教学内容,以学生为中心,站在学生的角度,设计真实且富有价值的教学活动,让学生能够展开正迁移,从而诱导学生进行自主探究。

2.2 文献综述

本文在知网(CNKI)对含有"口笔译一体化教学""口笔译融合""学习迁移"的文献进行全文检索,结果见表1。

表1 文献检索汇总

文献数量 检索项	检查词	口笔译一体化教学	口笔译融合	学习迁移
篇名	期刊	3	0	1.91 万
	论文	0	0	881
主题	期刊	3	4	4 926
	论文	0	1	1 215
全文	期刊	155	8	5.59 万
	论文	43	0	1.03 万

通过对已有文献进行仔细对比发现,完全匹配本文研究的文献为北京外国语大学的张威、王克非共同撰写的《口笔译一体化教学模式的实验探索》,以及大连外国语大学的邹德艳、刘芷岑撰写的《跨界融合视角下的口笔译再思考》。前者的研究重点为笔译训练对口译学习的作用,后者则是对翻译认知活动,如笔译、视译、同声传译、交替传译、跟读、视听翻译进行界面及跨界分析。而基于学习迁移理论的相关口笔译教学设计及实践研究尚属空白。

3. 口笔译一体化教学设计

美国蒙特瑞国际研究学院笔译暨口译研究所教授霍利·米克尔森(Holly Mikkelson)研究发现,不同翻译形式的传统训练既体现各自的技能习得规律,又殊途同归,存在着较大的迁移性。

而由于现代翻译技术的发展,以及多模态交流方式趋向对翻译产品产出速度的要求越来越高,机器参与度也日渐活跃,这使得笔译更加趋向限时甚至即时翻译,笔译和口译更加接近。对笔译译文的评价标准已从单纯的笔译标准,如文体对等、信息完整、表达精确等过渡到偏重口译评价标准,如信息充分、反应及时、语速流畅等。

本文认为这种评价标准的变化,对翻译教学产生了新的启示,即除了增加翻译技术类课程外,在传统翻译教学中,同一教学材料可以安排不同的翻译形式,在让学生掌握各自技能习得规律的同时,又能够进行相互融合和借鉴。

在此启发下,本文尝试对口笔译一体化教学进行初步设计,设计内容见表2。

表2　口笔译一体化教学设计

分类	描述
教学对象	翻译本科高年级学生,至少已完成一学年交替传译和笔译课时,且成绩等级达到良好及以上。
教学目标	技能领域:强化口笔译各自技能习得规律,并融会贯通; 认知领域:提高分析和概括能力,促进自我评价(迁移能力的重要组成部分); 行业领域:熟悉多模态翻译形式,能将口笔译技能充分融合;
教学重点	引导学生在口笔译技能训练中进行融合与借鉴。
教学方式	技能练习:让学生对同一材料进行口译(交传,视译)及笔译练习; 认知练习:引导学生回顾翻译过程,归纳在不同翻译形式中采取的策略 迁移练习:协助学生打破界限,概括口笔译之间可以相互借鉴的技能或策略

4.口笔译一体化教学案例

为了更清晰地展现整个一体化教学理念与过程,本文分别从英译汉和汉译英两个方向,以 4 段技能练习为基础来进行讨论。

4.1 英译汉

材料来源:原文来自国际电信联盟(International Telecommunication Union,ITU)负责人,就国际信息通信年轻女性日(Girls in ICT day)发表的演讲节选。

例1

原文内容:

This day marks the commitment of ITU, our member states and all of our partners in the public and private sectors to empowering young girls around the world to develop digital skills and pursue careers enabled by technology.

学生交传转录文稿:

这一天标志着我们 ITU 的承诺,我们的成员国以及我们所有公共和私营领域的合作伙伴为全世界的年轻女性赋能,发展她们的数字技能以及从事技术方面的事业。口译过程回顾(教师可设计一些问题进行引导,协助学生进行归纳总结)。

①急于开口,由于 marks the commitment of ITU 已构成一个相对完整语义,就直接与后面的内容断开,进行即时翻译;

②后面的文本中基本语感与中文接近,直接采取顺句驱动策略。

学生笔译版文稿:(为提高课堂效率,也可采用视译)

这一天标志着国际电信联盟、我们的成员国以及我们在公共和私营部门的所有合作伙伴一直致力于增强全世界年轻女孩的能力,使她们能够发展数字技能并从事由技术驱动的职业。

笔译过程回顾:

①直接观察到 commitment of…to doing sth. 的核心结构,所以译文整合度比口译版高;

②直接查证了 ITU 的中文官方翻译;

③由于时间充分,可以理解到原文中的不定式表目的,所以措辞上增加了相应信息。

例2

原文文稿:

We need to work together through global cooperation and partnerships to unlock that potential and those fresh perspectives girls bring to the digital world.

学生交传转录文稿：

我们需要携手展开国际合作，释放她们的潜力，让她们给这个数字世界带来全新观点。

口译过程回顾：

①处理得比较粗糙，由于时间限制，无法瞬间细致区分 work together, global cooperation and partnership 之间细微的语义区别，所以按语义冗余进行了处理；

②unlock 的搭配与中文差异较大，unlock the potential and those fresh perspectives 无法照原文字面处理，所以只能模糊按语境翻译下来；

③fresh perspective girls bring to the digital world 后置限定由于省略 that，没有瞬间理解，所以漏译。

学生笔译版文稿：

我们需要通过全球合作和伙伴关系共同努力，释放年轻女性的潜力，解锁她们给这个数字世界带来的全新视角。

笔译过程回顾：

①通过查阅英英词典，确定 unlock 的引申语义为 set free or release 在第一个搭配中采用引申语义，而第二个搭配反而用字面翻译效果更好；

②翻译时间充分，在充分理解句型结构的基础上直接将原文的后置限定前置。

4.2 汉译英

材料来源：原文为《北京日报》就 2021 年武汉一高考生在考场用手机搜题这一事件对"高考公平"发表的社论的节选。

例 3

原文内容：

在今年的高考中，某高考生在考场内用手机搜题事件引爆舆论，目前涉事考生已被取消考试资格，各科成绩均按无效处理。

学生交传转录文稿：

In this year's college entrance examination, a candidate was found to use a mobile phone to search answers of the questions in the examination. This has triggered a heated debate among the public. At present, the candidate involved has been disqualified.

口译过程回顾：

①第一句的信息量太大，采用了一些"断连"技巧；

②对"引爆舆论"的处理没有把握好，由于平时知识储备不够，而且 triggere 已经开口，只能改译；

③"被取消考试资格"本来就是"各科成绩无效"，语义重复所以直接不翻译。

学生笔译版文稿：

In this year's college entrance examination, or the Gaokao, a candidate was disqualified for using her mobile phone to search answers for the test questions. This has triggered a public outcry.

笔译过程回顾：

①充分考虑英文语篇的叙事顺序和衔接性，对原文进行较大组织调整，整体是将结果性的内容前置；

②另外对"引爆舆论"有不同的处理。

例4

原文内容：

而第一时间举报作弊的"小猿搜题"，也被大家赞上了热搜，在这一过程中，平台明辨是非，处事果断，守护了高考公平与公正。

学生交传转录文稿：

The company behind the APP that reported cheating for the first time was highly praised. In this process, it discriminated right from wrong, acted decisively, and safeguarded the fairness and justice of the college entrance examination.

口译过程回顾：

①由于时间关系，没有办法仔细解释"小猿搜题"；

②"赞上了热搜"的译文有漏译，保住了"赞"，丢了"热搜"；

③第一个句子有头重脚轻之感；

④句间逻辑关系未能还原；

⑤四字格基本上按字面处理。

学生笔译版文稿：

①通过查阅一些平时文本，"热搜"一词最好的对应是 a trending hashtag；

②对"小猿搜题"增加了注释性翻译；

③充分了解了语篇逻辑顺序，将结论性信息提前，解释性信息置于结尾。

从以上例子中可以看出，在口笔译一体化教学模式中，对同一材料进行不同翻译形式的练习，并对译文质量进行回顾性评价，可以有效地提升学生对不同技能掌握水平，提高学生的归纳和概述能力。

但是仅做到这一点还不够,教师还需要对学生的学习迁移能力进行培养,协助学生探究口笔译技能之间可以相互借鉴的地方,以适应多模态的翻译形式。

比如在视听翻译(audiovisual translation)中,将字幕信息高效译出需要综合口笔译的各项技能,如使用传统口译模态的技巧和策略,尽量顺句驱动,更多采用可以接受的第一选择。而这种迁移能力的培养,需要对学生进行"口译性笔译"的刻意训练,方可提升翻译的整体表现。而反过来,笔译练习可提升学生在口译中表达、句法重构的能力,灵活组织调整的能力。

5. 结语

现代翻译技术的发展以及多模态交流方式趋向将对翻译的研究从口笔译的差异和隔离,转向强调两者的相似程度和殊途同归。视译、视听翻译等跨模态翻译实践模式,打破了传统的口笔译二分法。口笔译实践的跨界融合需要对翻译教学进行相应调整,对口笔译进行一体化教学,重点培养学生口笔译技能之间的迁移能力。

但是由于研究能力、研究条件等方面的限制,本文中提到的教学设计及教师介入方式存在一定的认知局限,期待更多同仁参与到该研究中,以丰富和完善口笔译一体化教学模式。

参考文献

[1] 汪凤炎,燕良轼.教育心理学新编:修订版[M].广州:暨南大学出版社,2007.

[2] 喻平.数学教学心理学[M].北京:北京师范大学出版社,2010.

[3] 张威,王克非.口笔译一体化教学模式的实验探索[J].外语与外语教学,2015(6):56-62.

[4] 邹德艳,刘芷岑.跨界融合视角下的口笔译再思考[J].外文研究,2020,8(4):68-74.

Integrated Teaching of Translation and Interpretation Based on the Transfer of Learning Theory

【Abstract】Diverse forms of communication empowered by technological advancement have led to the trend of multi-mode translation such as audio-visual translation, which has broken the traditional dichotomy between interpretation and translation. Recently, there is a higher demand on translation efficiency and greater involvement of computer-assisted translation or computer-aided translation (CAT) in the industry.

All have blurred lines between translation and interpreting. This trend has important implications for undergraduate translation teaching. Therefore, under the guidance of learning transfer theory, this paper aims to explore the integrated teaching mode of interpretation and translation by providing a draft of teaching plan together with some case studies.

【Key words】 multi-modal translation; integrated teaching; learning transfer

师生合作模式下拓展式教学法在综合英语课程中的应用思考

四川外国语大学成都学院翻译学院　　叶琳①

【摘要】作为英语专业低年级必修课程,综合英语旨在培养学生的英语综合应用能力,为学生进入高年级进专业化学习打好基础。本文以《现代大学英语〈精读〉》教材为分析材料,从教学内容、教学中心、教学场所三个方面分析、反思了传统教学模式不再适合综合英语教学的原因,提出综合英语课程在教学过程中需要强调师生合作,从教学内容、方式以及场所三方面施行拓展式教学,拓宽学生的知识面,提升学生的自主学习能力,从而培养满足社会需求的高素质人才。

【关键词】拓展式教学法;师生合作;综合英语

1. 引言

综合英语课程是英语专业低年级学生的必修课程之一。作为进入高年级前学习的基础课,综合英语课程强调围绕文本对课文进行精讲精练,其教学要点涵盖词汇、语法、写作、文学等多个方面,力图通过语言基础练习与篇章讲解分析训练学生在听说读写译方面的基础语言技能。

近年来,为了适应国家经济社会的发展趋势,以及应对日益突出的大学生就业质量问题等,各大高等院校都在积极采取详尽的措施进行改革和转型。在这种情况之下,综合英语课程教学方式亟须改革。在实际教学中,传统的只关注课文、习题以及备考,以教师作为课堂中心的教学模式已经过时,既无法提高如今"00后"学生学习的积极性和自主性,容易让学生产生厌学情绪,也无法培

---

① 作者简介:叶琳,女,四川外国语大学成都学院讲师,文学硕士,研究方向为英语教学、翻译理论及其实践。

养出满足当今社会需求的应用型人才。在此情况下，积极促进师生间的有效合作，将扩展式教学引入综合英语课程的实际教学中，将传统的"以教师为中心"教学模式改变为"师生双重重心"的师生合作模式，可以有效提高此课程的教学质量，有利于培养新时期社会需要的复合型外语人才。本文将以《现代大学英语〈精读〉》系列教材作为材料基础，在分析当下综合英语教学所面临困境的基础上，结合此系列教材的特点，对师生合作模式下拓展式教学法在实际教学中的具体应用提出意见与建议。

2. 教材分析与传统课堂教学模式反思

2.1 教材分析

目前，中国高等院校英语专业在低年级综合英语课程的教材选择上，大多选用了外研社出版的《现代大学英语〈精读〉》系列 1 到 4 册。此系列教材的特点在于教学文本内容丰富，课文主题与现实挂钩，极具多样性。一般而言每册教材由 16 个单元组成，每单元除了用于课堂教学的 text A 及用于进行延展阅读 text B，其后还附有足量的配套习题，习题要点大多和语言习得相关，便于学生对课文中涉及的语言语法进行练习。教材文本主题涉及教育、社会、文化、家庭、全球化等多个贴近现实的热点话题，文本篇幅和课文难度梯度合理，符合英语专业低年级学生语言能力发展的客观规律。

整体而言，《现代大学英语〈精读〉》系列教材在知识梳理、拓展以及巩固方面自成体系。同册教材前后单元之间在语言知识点上相互呼应，上一单元的要点内容能在下一单元有所体现和延展，不同册教材的不同单元之间在课文主题上相互联系，从不同角度逐渐加深论述的层次。例如，第一册第三单元 Message of the Land，第二册第三单元 The Rite of Spring，第三册第五单元 Silent Spring 和第四册第二单元 Spring Sowing 从不同的角度讨论了土地、传统价值观、生态和时代变迁之间的联系和意义。理论上，如果能够按照教材编写的单元顺序完成所有课文的教学，将有利于学生由浅入深的构建出较为完整的知识体系。然而，目前全国各大高校大多实行上下学期各 16 个教学周的模式，教学时间有限。因此，一般会根据实际教学计划每学期从同一册教材中选取 5 到 10 个单元进行课堂教学。这种方式符合综合英语课程对课文精讲精练的客观需要，但打乱了单元之间的内部联系，不能按照教材编写的预期思路对知识点进行巩固、延伸，对主题逐渐进行深入讨论。另外，此套教材所选取的课文虽立意深刻，但材料本身略显老旧，所以整体上对一些话题的探讨难免滞后，不够深入，因此，教师需要在教学中引导学生联系现实进行深入的思考。

这种情况下如果仍延续传统教学方式，即在有限教学时间内关注单一文本，教学效果将大打折扣。

2.2 传统课堂教学模式反思

进入信息化时代,全国各大高等院校基本实现"数字化教室"的全面覆盖,多媒体教学已成趋势。而传统的课堂教学往往以讲授型教学模式为主,过度依赖教材,过度依赖教师,教学场所局限于课堂,既跟不上当今信息技术的高速发展,不能满足"多媒体教学"的客观需要,也不能激发学生的主观能动性,不能培养学生的创造性思维能力。

首先,传统教学模式往往以教材作为单一的教学材料。教学内容局限于课文。教师将大部分时间用来进行词汇讲解、句型分析,缺乏对文本主题的探索,不能引导学生提出问题并进行自主思考。而这种教学方法也造成了课堂的枯燥无味,由于过度依赖文本,课堂教学内容常和参考书内容相差不大,因此学生不愿听、不愿学,学习积极性受到极大影响。另外,为了提高专业英语等级考试的通过率,一些教师过多地占用课堂时间进行备考,让学生完成大量的习题,这无形中让学生感到英语学习枯燥乏味,进而产生厌学情绪。

其次,课堂教学以教师为中心,学生过度依赖教师,没有学习主动性。本文认为,从教师层面而言,其主要有两个方面的原因。其一,教师对综合英语课程所要求的"精讲精练"原则把握不够准确。为了使课堂内容显得饱满,过度地对词汇、短语进行讲解,甚至将字典上查阅到的内容不加选择地呈现在课堂上,结果课堂内容表面上显得充实,但实际上和课文脱节。对此,学生会感到乏味易产生惰性,课前不预习,课后不复习,被动的接受老师讲授的内容。这种教学方式有悖于《高等学校英语专业英语教学大纲》中的教学目标,教师无法培养出大纲中所要求的具有扎实的基本功、宽广的知识面、一定的专业知识,以及较强的能力和较高的素质的英语专业人才。其二,忽略了学生的主观能动性。课堂上教师讲解的时间多,而学生缺少机会和时间进行独立思考及讨论交流。本文认为,不少教师延续了以往"填鸭式"的教学方法,不论是课文主题探索还是背景知识拓展,全都由教师一人完成。这种教学方式一方面让教学变成了教师的"单人演讲",另一方面未能让学生真正参与到学习的过程。由于缺乏信息收集以及讨论交流的环节,学生只是在被动的接受老师的观点,没有机会进行思考和表达,学习也没有积极性。

再次,传统模式下的教学场所局限于课堂,即教室,学生依赖于课堂教学,一离开课堂环境,就脱离学习的状态。同时,教师对学生学习情况的了解方式局限于作业批改以及课堂测试等。实际教学中,综合英语课程的课后作业、课堂测试一般以教材上所附的课后习题及配套习题中的单元测试为主,虽对课文知识点有所巩固,但对英语实际应用能力的培养不强。另外,只使用配套的单元测试对学生学习情况进行考察,在时间上比较滞后,不能让教师及时了解学生的实时学习情况,并对教学内容和方法进行调整。

3. 师生合作模式下拓展式教学法在综合英语课程中的应用途径思考

在综合英语课程中实施师生合作模式的拓展式教学,强调培养学生的主体意识,引导学生主动提出疑问,独立或合作分析解决疑问,主动的建构知识学习方法和学习模式。完整的教学过程可分为课前、课内以及课后三大环节,从教学内容,教学方式以及教学场所三大板块进行拓展式教学,每一板块都聚焦于通过师生合作实现教学相长。

3.1 教学内容拓展

要从以课文内容为中心转变为以课文为基础,整合教材知识点,补充课外教学资源,从内部和外部拓展教学内容。

对教师而言,其要在课前进行拓展式备课,对教材进行"二次开发"。一方面教师需要深入研究教材本身,熟悉同系列不同册教材以及同册教材不同单元的教学内容,研究出相关知识点之间的联系,有意识地引导学生对知识点进行整合和梳理,完成同系列教材内部的教学内容扩展。比如,短语 out of 在《现代大学英语〈精读〉》第二册第九单元 Unit 9 Confessions of a Miseducated Man(《一个错误教育受害者的自白》),第一册第五单元 Unit 5 The Nightingale and the Rose(《夜莺与玫瑰》)以及第二册第二单元 Unit 2 Say Yes(《回答"是"》)中均有出现,但使用方式不同,有"因为,由于","以某物作为原材料"以及"从……之中"等多种理解方式;另一方面教师要充分利用各类开放性的网络资源,比如 MOOC,将教材与其他教学资源进行整合,拓展教学材料,引导学生自主学习及思考。同时,教师还要根据教学内容和主题,有目的性地设计多样化的教学活动,通过学生的课堂表现和各类反馈意见,灵活调整后续教学内容和教学重点。

另外,综合英语作为一门综合性学科,其自身特质要求教师在把握课程重点的同时,有意识地加强综合英语课程与阅读、语音、写作、翻译等其他科目间的渗透,扩展教学内容的专业性,全方位地提高学生的综合英语素养能力。以《现代大学英语〈精读〉》第二册第五单元 Unit 5 Quick Fix Society 为例,文中"And we returned home refreshed, revitalized, and reeducated."一句涉及英语修辞学和英语语音学中的头韵现象。教学时,教师可以从修辞和语音两个方面对此知识点进行拓展,和学生讨论头韵的文本修辞功能以及音律结构特征,探讨如何在翻译过程中最大限度地保留源语中的各类修辞,从而将综合英语课程与修辞学课程以及语音课程联系到一起。

在整个过程中,教师要引导学生将在不同课堂学到的知识进行整合梳理,鼓励学生参与各类学习任务,主动表达自己的观点,和老师进行交流,培养学生归纳、总结和反思自己知识盲点和问题的习惯,提高学生的自主学习能力。

3.2 教学方式拓展

以教师为中心的教学模式要转化为基于学生需求的教学模式。换言之,教学设计、教学活动和方式都要围绕学生这一主体来开展。

课前,教师要明确教学重难点,对教学材料的主题和内容有深入的了解和研究,根据学生特点设计出针对性的课前任务,并对任务的完成情况进行总结和分析,进而确定课堂教学的内容和重点。

课中,教师在讲授内容的基础上,开展课堂活动,增加师生互动,进行课堂测试,将更多的时间留给学生,通过观察学生的实时表现和获取学生的反馈确定实时教学内容和重点,灵活调整课堂安排。

课后,教师通过小组协作延伸阅读等多种方式,督促学生自主学习,总结反思。

以《现代大学英语〈精读〉》第二册第二单元 Unit 2 Say Yes(《回答"是"》)为例。课文内容为一对夫妻对"如果妻子是黑人,丈夫是否仍会选择与其共度一生"的争论,重难点为以种族主义作为切入点对社会观念、婚姻、爱情以及个人认知等方面进行思考。学生课前任务为思考以下两个问题:1. Is the man in the story a good husband? 2. Why did the man consider his wife a stranger at the end of the story? 并将自己的回答在课前以文本形式提交给教师。这项课前任务的目的在于提前了解学生能否理解、掌握文章大意,并从多角度解读"丈夫"在文中的形象以及文章的主题。教师根据学生回答,调整教学重点和方式,在课中开展语言讲解、对人物形象进行分析、探讨主题等。在课后安排学生完成小组任务:作者个人经历和美国社会文化背景对文章主题的影响。学生通过查找各类资料,了解作者写作意图、种族主义的历史以及 60 年代西方民权运动,在此基础上深入理解文章主题,再回到课堂上以小组的形式进行讨论交流。这样,学生不仅从一开始就参与到研判教学重心的过程中,而且在课内有更强的参与感,在课后通过资料查找、小组协作、交流汇报进一步提升自主学习的能力。教师和学生在课前、课中、课后共同协作,教学相长,达到了较好的教学效果。

3.3 教学场所拓展

场地局限于教室的教学模式要转变为"线上+线下"混合型教学模式。教师将现代信息技术手段引入教学中,主动发掘利用"线上"场地,将其作为对有限课堂教学时间的补充。

课前,教师在网络平台上以问卷调查、课前测试等方式,了解学生的知识储备,设计课堂活动,调整对课文"精讲精练"的时间比例;课中,教师要充分利用有限的课堂时间完成更多的师生互动,加强学生与学生之间、学生与老师之间的交流,让学生通过讨论、思考和表达养成自主学习和思考的习惯;课后,教师要借助影像资料、线上课堂、优质网络教学资源和各类教学平台(如中国大学MOOC慕课平台),让学生进行自主学习,同时利用网络测试平台(如"雨课堂",企业微信"K吧"功能)对学生的知识掌握情况进行实时监控,进而调整后续教学内容。

4. 结语

信息化时代也是知识大爆发的时代,丰富的网络资源和各类优质教学平台为学生提供了更多的学习资源和学习渠道,教学方式的改革与创新已成必然。在综合英语教学中实行师生合作型拓展式教学,加强了师生之间的沟通与交流,提高了学生的学习参与度和学习积极性,培养了学生自主学习、自主思考以及表达的能力。但需要注意的是,师生合作型拓展式教学对教师和学生都有着较高的要求,强调双方要积极主动参与到整个教学过程当中,任何一方的缺席都会使教学效果大打折扣。对教师而言,这尤其是一个巨大的挑战,教师在"吃透"教材的同时,要对教学内容和教学方式进行纵向和横向拓展,利用互联网等信息化技术不断提高自己的教学能力,构建完善的师生互动教学反馈机制。只有这样,才能在真正意义上实现课堂教学中的教学相长。

参考文献

[1] 邹晋. 拓展教学法在高中历史教学中的应用研究[D]. 重庆:西南大学,2012.

[2] 张建珍,陈振斌,李美,等. 混合拓展课堂教学模式的探索与实践[J]. 海南大学学报(自然科学版),2018,36(1):94-99.

[3] 李力,张敬辉,周菊香.大数据时代高校数字教学资源整合策略[J]. 科技资讯,2015,13(11):164-165.

[4] 李煜凯. 高等教育创新人才培养的新思路[J]. 中国高等教育评估,2016(3):7-10.

[5] 刘献军. 论"以学生为中心"[J]. 高等教育研究,2012,33(8):1-6.

Application of Extended Teaching Approach with Emphasis on Teacher-Student Collaboration in Comprehensive English

【Abstract】 As a compulsory course for junior English majors, the course of comprehensive English aims to promote students' comprehensive ability of using English and lay a solid foundation for students' further studies in senior grades. With *Contemporary College English—Comprehensive Reading* as analysis material, this paper analyzes and reflects on the reasons why traditional teaching methods have become inapplicable to the teaching of comprehensive English, and proposes that teacher-student collaboration should be the focus in teaching and extended teaching approach should be applied from three respects, i. e., teaching content, teaching method and teaching place to broaden students' knowledge, promote their autonomous learning ability and meet the requirements of cultivating compound foreign language talents.

【**Key words**】extended teaching approach; teacher-student collaboration; comprehensive English

高级西班牙语课程开展英雄教育的三维向度①

四川外国语大学成都学院西欧语言学院　牟南瑛②

【摘要】随着全球化进一步推进,我国意识形态领域遭受空前的不良社会思潮冲击,因此在高校开展英雄教育十分必要。这是高校落实立德树人根本任务、课程思政建设升级与深化的重要体现;对增强学生的马克思主义信仰、培养学生的爱国主义情怀、锤炼学生的坚强奋斗的英雄品格具有直接作用。高级西班牙语课程开展英雄教育,应坚持正确的英雄观和正确政治导向,探索POA线上线下混合教学模式,加强教育研究,科学创新测评工作,彻底解决"教什么""怎么教""怎么考"三个维度的问题。

【关键词】课程思政;英雄观;英雄教育;高级西班牙语;POA

中国是一个有着悠久历史的文明古国,中华民族在五千多年的发展进程中创造了辉煌灿烂的文明。当前,随着中外交流的加深,一些错误思潮在一些人群甚至知识分子中蔓延,其中一个突出表现就是否定、抹黑中国历史,对历史采取"虚无主义"态度。他们在学术的幌子下,用一种特殊研究范式、史料片段、局部现象来诋毁中华文明。比如,近年来一些人对中华民族优秀代表人物进行颠覆性评价,企图从"英雄的崩塌"入手抽去民族精神的传承载体,消磨中华民族凝聚的民族自豪感与民族自信心。习近平总书记一直倡导英雄精神,他在讲话中多次提及"英雄"和"英雄精神";他踏寻英雄、缅怀英烈的足迹遍布祖国的大江南北;他曾在多个场合向英烈致敬,表达了自己对英雄的看法。这一系列的行为及讲话囊括了关于新时代英雄的世界观和方法论,集中展示了"新时代英雄

---

① 本文是四川省民办教育协会一般项目"社会主义核心价值观视域下民办高校西班牙语专业'课程思政'的探索与实践"的研究成果,项目编号:MBXH20YB253。

② 作者简介:牟南瑛,女,四川外国语大学成都学院讲师,教育学硕士,研究方向为西班牙语及西班牙语教学、外语测试、英雄教育。

文化"的核心内涵和时代特征,是构建和弘扬"新时代英雄文化"的思想纲领和行动指南。"中华民族是崇尚英雄、成就英雄、英雄辈出的民族,和平年代同样需要英雄情怀。"英雄精神就是我们的民族精神,它是激励我们实现中华民族伟大复兴的磅礴力量。

高级西班牙语课程开展英雄教育,核心是坚持习近平英雄观的价值引领,路径是 POA 线上线下混合式教学模式,以第二课堂和互联网应用为有效补充,形成协同效应,科学考核育人成效,形成教学反馈。

1. 习近平英雄观引领英雄教育价值导向

1.1 我国英雄教育现状及学术研究

对我国英雄教育现状、我国英雄文化相关研究以及习近平英雄观等深入研究,系统了解英雄及英雄文化,有助于明确英雄教育的具体内涵,明确英雄教育要"教什么"。

(1)我国英雄教育现状

英雄教育应当具有鲜明的政治指向性。改革开放以来,随着全球化和现代化进程的不断加快,各种异质文化和价值观念通过逐渐开放的交往环境涌入中国,中华民族英雄遭到刻意抹黑和诋毁,英雄文化面临杂音和挑战。作为集聚了专业研究者,具有学术话语权,影响着主流价值评价标准的高等学校,有责任迎难而上,全面开展英雄教育,将弱化民族和国家认同以及消解政治和文化认同的历史虚无主义、新自由主义、消费主义、民粹主义等思潮消灭在萌芽状态,还我国教育一片净土。

我国高校英雄教育虽有较大进步和发展,但仍存在一些问题:英雄及英雄主义概念模糊,有关英雄教育的学术研究不足;英雄教育流于表象,未能系统深入英雄及英雄主义的深刻内涵;英雄主义元素及专业知识的选择较为随意,教学内容零散,缺乏基础研究和系统构思,碎片化的知识植入不利于培养学生良好的认知行为,难以形成价值引导体系;英雄教育淡化学生的主体地位,灌输式输出教育方式明显;英雄教育教学目的不明确,主题不鲜明;英雄人物模式化,英雄教育思维固化;英雄事迹高大化,英雄教育脱离现实……缺乏对英雄教育效果的教育研究及检测评价。

(2)我国英雄文化相关的研究

"英雄"在不同历史文化背景下有不同的内涵,目前学界对"英雄""英雄文化"及其相关概念尚未有统一的界定。

中华民族的"英雄"概念真正生成于汉末三国时代。在先秦时期,"英""雄"都经历了由本义、引申义发展到多义并存的阶段,在被借指杰出人物这一引申意义上,二词用法相近,"雄"早于"英",尤强调勇武之意。将"英""雄"搭配铸为新词,最早当出现于西汉末期。东汉晚期出现桥玄等品评曹操为拨乱反正"英雄"的重要文化现象,至汉末三国时代,"英雄"一词被广泛使用。以关注拨乱反正"英雄"和创业君臣"英雄"为两大焦点,"英雄"一词被用来代表一种时代理想人格形象,成为整个社会层面普遍持续关注、反思的热点话题,并出现了最早专门记载"英雄"事迹的篇章——王粲《英雄记》,刘邵《人物志·英雄》也首次明确界定"英雄"概念:在人类中间,被赞颂为"英雄"者,必定在文武才能方面,都是卓越超群的人物。而在这些英雄里面,单纯拥有聪明智慧者可称为"英",而于胆量勇气上,明显非同凡响者称作"雄"。直至清末民初,西方思想逐渐传入中国,"英雄"一词内涵得以延伸,反抗封建统治、征战沙场的豪杰才俊,支持革命、挥斥方遒的仁人志士都被称作英雄,此时的"英雄"所指必须是具有"智""仁""勇"的人;到了现当代,英雄的内涵更加丰富,并且被打上了时代的烙印,有抗战时期的抗日英雄、现代"科教兴国"的科技英雄、抗击新冠肺炎疫情的"逆行者"和与特大洪涝灾害进行斗争的"先行者"等。

英雄文化是孕育英雄和英雄精神的土壤,是国家和民族奋发向上的精神源泉,英雄是英雄文化的本体依托和时代的精神坐标。英雄文化是以英雄人物为依托、以英雄价值观为核心的观念系统和价值系统,是关于英雄观念、英雄行为、英雄精神、英雄功绩、英雄评价、英雄传承的总和。英雄文化表现形式多样,既包括英雄人物的事迹、故事、传说、墓碑、遗迹以及相关传记、小说、诗歌、戏剧等文艺作品,也包括世人对英雄的传颂、敬慕、崇尚、学习、维护等情感和态度。

神话是人类智慧的结晶,是人类的文化遗存和文化源头,是英雄文化萌芽的主要温床;神话以及文学作品的主人公是神或者英雄,他们或多或少都带有作者甚至是整个人类理想化的色彩,他们的故事承载的是一个民族的梦想和追求,反映的是各民族丰富的文化内涵。中国神话中的英雄是"神性化"的人,他们不屈于命运,积极生活,如女娲炼石补天,燧人氏钻木取火等都展示了他们劳动的热情和征服自然的勇气和信心;他们敢于斗争,勇于牺牲,具有极浓的厚生爱民意识,其行为往往不是为了私欲,而是为了集体、民族利益,像神农尝百草、大禹治水、仓颉造字等,这无不体现中华民族博大坚韧、勇于创新、自强不息、舍己为人的大无畏精神。西方神话中的英雄则是"人性化"的神,他们拥有超越凡人的智慧和力量,但同时拥有人的喜怒哀乐、欲望好恶。古希腊的诸神淋漓尽致地表现了爱恨、贪怒、欲望、嫉妒等人类的情感,他们俊美非凡,出身高贵,他们追求自由和人性解放,推崇个人的中心地位,恣意尽情地表达着自己的真情实感,他们是一群具有超自然能力的有血有肉的人。宙斯强大却又花心好色,天后赫拉貌美如花但同时拥有极强的嫉妒心和报复心,这充分展现出古希腊人民崇尚自由,强调个人主义,以个人意志为中心的性格特征。

1.2　习近平英雄观引领英雄教育价值导向

习近平成长于浓厚的红色革命氛围中,对岳飞、焦裕禄以及杨靖宇、左权等英雄人物一直怀有深刻的崇敬之意,这便是他的英雄情怀。这种英雄情怀一直鞭策着他,使他始终不忘对英雄的敬意,并始终怀有一颗为国奉献、为人民服务的忠心。在工作实践中,他始终以英雄情怀全心全意为人民服务、为祖国效力。党的十八大以来,习近平总书记着眼于中华民族伟大复兴,植根于中华优秀传统文化,赓续、发展马克思主义英雄观,概括英雄鲜明品格,阐释英雄精神内涵,阐述英雄及英雄精神的价值,阐明对待英雄及英雄精神的应有取向,对英雄及英雄精神作了重要论述,形成了深刻的英雄观。

"英雄品格"即习近平总书记提出的"爱国、奉献、奋斗"的精神信仰以及"忠诚、执着、朴实"的精神品格。这是对英雄最准确、最突出、最重要共性品格的高度概括,是中华民族精神内核的集中体现,也是社会主义核心价值体系的重要体现。"英雄精神"集中表现为以爱国主义为核心的民族精神。"利于国者爱之,害于国者恶之。"爱国精神是民族精神的脊梁。在颁发"中国人民抗日战争胜利70周年"纪念章仪式上,习近平总书记讲到,在抗战英雄身上,充分展现了天下兴亡、匹夫有责的爱国情怀。以身许国、精忠报国是抗战英雄最鲜明的品质。英雄,是一个时代的精神坐标,是一个社会的价值引领。英雄精神是一个民族的宝贵精神财富,是我们实现伟大梦想、推进伟大事业的强大精神资源和力量。近代以来,中华民族饱受外族欺凌,生死存亡之际,无数仁人志士挺身而出,英勇奋斗,他们是真正的民族英雄。习近平总书记曾提及,天下艰难际,时势造英雄。一个有希望的民族不能没有英雄,一个有前途的国家不能没有先锋。一切民族英雄,都是中华民族的脊梁,他们的事迹和精神都是激励我们前行的强大力量。英雄是一个国家光辉历史的记忆,对待英雄的态度,就是对待历史的态度。"崇尚英雄、捍卫英雄、学习英雄、关爱英雄"是全社会对待英雄的应有取向。

英雄来自人民,没有人民就没有英雄。人民是历史的创造者,人民才是真正的英雄。2018年9月30日,习近平总书记在会见四川航空"中国民航英雄机组"全体成员时强调,伟大出自平凡,英雄来自人民。把每一项平凡工作做好就是不平凡。新时代中国特色社会主义伟大事业需要千千万万个英雄群体、英雄人物。学习英雄事迹,弘扬英雄精神,就是要把非凡英雄精神体现在平凡工作岗位上,体现在对人民生命安全高度负责的责任意识上。厚植英雄情怀、让英雄精神融入民族血脉,激发全体人民敬仰英雄、捍卫英雄、关爱英雄,引领全体人民学习英雄、争做英雄,有助于我们养成正确的历史观,激发我们的奋斗精神,提高社会文明程度,推进中华民族伟大复兴进程,实现"两个一百年"奋斗目标。

2."高级西班牙语"课程开展英雄教育路径探析

"高级西班牙语"是西班牙语专业学生高年级阶段的专业必修课程,一般开设两个学期(大三学年),每周6学时。使用的教材是《现代西班牙语 学生用书4》,其内容主要包含课文、词汇、语法以及课后练习题。教师通过讲解课文和与之搭配的词汇、语法和练习题,教授学生相应的语法知识和语言文化知识,强化听、说、读、写、译等基本语言技能;学习运用多种语言研究工具和研究方法,培养学生对语言的敏感度和实际运用能力;了解并掌握文学、政治、科普等多种体裁的西班牙语写作方法,增强口、笔语表达的连贯性和正确性;了解并掌握西班牙语语言应用知识、西班牙语国家的文学知识以及其他社会文化知识,为学生专业知识的学习打下坚实的基础;拓展学生的思维,培养学生的思辨与创新能力、批判性思维能力与跨文化交际能力。

课程进度快、课程容量大、任务繁重是高级西班牙语这门课程最典型的特点。要在有限的时间里,高效率地完成教学任务,并且把英雄教育融入语言知识教育,解决"怎么教"的问题,需以教材为载体,渗透融入习近平英雄观;以第二课堂为依托,学习实践习近平英雄观;以互联网为媒介,传播宣扬习近平英雄观。

2.1 深入教材,融入习近平英雄观

(1)习近平英雄观进教材

高级西班牙语教材主要涉及西班牙及拉丁美洲国家的经典文学作品选读、历史地理、文化民俗、神话传奇以及现当代科技生活等相关主题,内容涉猎范围广,时空跨度大。所有课文内容虽表现出巨大的东西方文化差异,不同特点的价值导向,但均涉及人类活动,体现的都是人类伟大智慧的结晶,展现的是世界人民对英雄的向往和追求。为避免英雄教育的表面化,教学内容选择的随意性及碎片化植入,缺少中国文化相关内容的介绍,片面地将英雄教育等同于国家大政方针的"传声筒"等问题,学校正式确立以习近平英雄观为研究中心,探索其形成原因、学习其深刻内涵、归纳其理论品格,分析其理论价值和实践意义;以课文为载体,对东西方英雄及英雄文化展开研究,尝试界定不同历史时期的英雄概念,全方位开展习近平英雄观教育,培养学生铭记英雄、崇尚英雄、捍卫英雄、学习英雄、关爱英雄、争做英雄的英雄价值取向,鼓励学生不懈努力,将来在平凡的岗位上坚守、奋斗,立志成为时代先锋,为社会主义建设添砖加瓦。

(2)POA指导线上线下混合式教学

产出导向法主张以学习为中心,提倡"学用一体,以评为学,以评促学",在教学过程中以"产出任务"为驱动,让学生主动意识到自身的不足,激发其学习的积极性和产出的意愿。POA教学流程大致分为"驱动""促成"和"评价"三个阶段。每个阶段都以教师为主导、学生为中心开展。其将英雄教育分解成无数子任务,有机融入高级西班牙语教学中,能够以输出为驱动,激发学生的学习欲望和学习热情,从而取得更好的教学效果。

本文以《现代西班牙语 学生用书4》第三课 Prometeo 为例,展示"POA + 习近平英雄观"的高级西班牙语英雄教育实践案例。

教学目标:①产出任务:用本课新学习的词汇和句型结构续写普罗米修斯的故事,需要有明确的主题思想,注意理解东西方文化的差异,文体不限,篇幅为 200～250 个词;②语言目标:掌握主题目标词、内容目标词;掌握句型结构 sea… sea;no solo… sino que…;no otra cosa sino /que…(más… que);③交际目标:能够使用新学词汇和句型结构讲述英雄的故事;描述东西方文化中神话英雄的异同,并根据自己的理解给予英雄合适的结局;通过续写英雄的故事表达自己的英雄观;④跨文化能力:能通过教师的引导或者自己搜集的材料理解东西方神话的差异,进一步探究其原因;⑤育人目标:深入学习习近平总书记对英雄品格的阐述,提炼普罗米修斯身上展现出的英雄品质,结合中国特色社会主义发展现状,思考作为一名合格大学生或者一名平凡的工人,如何为我国繁荣发展贡献自己的力量。

教学设计与过程:以产出导向法搭建脚手架,开展线上线下混合式教学。通过三个子任务递进式推进最终产出目标。(图1)

图1 基于 POA 的教学流程和步骤

教学反思:依托企业微信发布教学视频和开展线上测试,学生根据教师搭建的脚手架完成线上线下的多元任务,实现有效产出,通过公众号及抖音展示部分优秀成果,激发了学生的表现欲望和学习的热情；线上测试结果能帮助教师快速掌握学生课前预习的问题，打卡考勤及留言评论等数据可以较好监控学生自学状况，在促成活动中，能做到有的放矢，提高课堂利用率；"产出导向法"聚焦产出目标，坚持"学用一体"，学生学习目标更加明确，进行选择性学习，提高了学习效率；进行中外英雄文化对比学习方能续写符合逻辑的英雄归处，跨文化能力得到进一步提升，育人目标效果显著。

2.2　第二课堂学习实践习近平英雄观

目前高校第二课堂的界定，从以往单纯的学生校园文化活动，扩展到创新创业、文体艺术、志愿服务、社会实践、团学组织工作等，不但为学生的成长成才提供了丰富的载体，而且发展成为学生第一课堂的重要外延，有效补充和强化了第一课堂育人成果，成为高校立德树人根本任务的重要一环。

本文探讨的是高级西班牙语课程团队主办或协办的相关课外活动：口笔译大赛、模拟面试大赛等专业性公开赛事活动。其主要通过比赛前的集中培训、比赛赛制的公平公正以及通力合作精神，从行为上引导学生树立正确的竞技英雄观，同时通过对比赛内容的精心筛选，有意识地融入理想信念、家国情怀、道德品质和法治精神等内容，给予学生非强制性的规范作用和多维度的感染作用，培养其爱国情操、科学精神，提升其人文素养和职业素养。外语类专业学生不管是学习生活中还是以后的职业生涯中，最快也最容易接触国外的思想，意志稍有不坚定，便容易落入敌人的圈套，更需加强爱国主义教育以及职业素养的培养。高级西班牙语团队教师分工合作，全程参与第二课堂活动，以电子档案袋动态跟踪记录学生的表现，适时给予其专业指导，同时更加关注学生的思想动态，强化教师对学生的日常人文关怀，防止其消极情绪导致的思想问题。以情动人、以行带人、以智教人、以德育人，这种来源于日常生活的真心诚意及以身作则往往更能打动学生的内心，达到意料之外的效果。

2.3　互联网传播宣扬习近平英雄观

高级西班牙语课程在企业微信发布教学视频开展线上线下混合式教学，通过云班课提交作业，公众号及抖音展示优秀产出成果。一方面，融入英雄教育的教学视频突破了课堂教学的"时空"限制，不但将英雄教育拓展到大学生学习生活的每时每刻，更将英雄教育延伸至大学教室之外的图书馆、自修室、宿舍、家庭等其他场所，有效通过"互联网＋"实现"三全育人"。另一方面，公众号和抖音除了展示优秀成果，还发布西班牙语语言文化知识，也在特殊时间段面向学生征文，例如"520"以"爱"之名征文比赛，学生踊跃投稿，绝大多数学生表达了其对奋战在新冠肺炎疫情一线的医护人员表示感恩和敬意。以上网络平台的运营和投入使用不仅促成师生间的交流和学习，同时也作为英雄教育成效检测的重要参考依据,更是让学生由被动学生转变为主动传播英雄思想的主体。

3. 科学测评习近平英雄观育人成效

互联网时代利用教育大数据建立健全学生思想政治教育效果评价机制具有重大意义,能有效解决"怎么考"的问题。高级西班牙语英雄教育实效评价体系主要包括三个维度:第一课堂形成性评价、第二课堂成绩联动以及社会舆情监测。

第一课堂形成性评价是利用移动设备,建立每个学生的电子档案袋,由教师控制后台。评价的主体包括 POA 即时和延时评价、课堂出勤、课堂表现、课堂评估、期中期末考试等,考察的内容除学业成绩外,更加注重英雄教育成效的评定;同时,利用智慧校园收集如线上视频学习的出勤及时长、考试成绩及奖惩情况等教育大数据。

第二课堂成绩联动主要包括对口笔译大赛,模拟面试大赛和公众号征文活动等专业性赛事活动的评定。由于成绩量化困难,则以主观评价为主,评价由专业课教师和辅导员共同完成,班委成员提供"证据"参与评价过程。评价结果记录在学生的电子档案袋内。

最后可利用舆情监测系统,及时发现并记录大学生在网络生活中的动向,特别是在公众号、抖音、QQ、微信、企业微信、贴吧、论坛等网络媒体的言论行为,将其作为客观评价的依据之一。另外一方面,通过企业微信不定时发放网络匿名问卷,了解学生最新的思想动态,搜集学生对英雄教育的意见和建议。三管齐下,以电子档案袋为管理媒介,综合主观和客观评价数据,构建高级西班牙语课程英雄教育质量评价体系。

4. 结语

立德树人是高等教育的根本任务,培养又红又专的社会主义建设者和接班人是所有高校教师的政治使命。高级西班牙语基于"产出导向法",于语言知识教育中深度融入习近平英雄观,全面开展英雄教育,帮助我们更深入地领会社会主义核心价值观的深刻内涵,激励我们为实现"两个一百年"奋斗目标以及中华民族的伟大复兴继续奋斗!

参考文献

[1] 项仲平. 我国高等教育的重要时代使命[N]. 人民日报,2016-09-12.

[2] 韩云波,叶翔宇. 论新时代英雄文化研究的五个面向[J]. 重庆社会科学,2020(10):122-140.

[3] 徐莉.《小人物大英雄》对高校学生英雄主义教育的启示[J]. 宿州教育学院学报,2018,21(6):38-40.

[4] 刘志伟. 中国古典"英雄"概念的起源[J]. 中州学刊,2020(2):184-188.

[5] 颜雯. 英雄"祛魅化"背景下的青少年价值观教育研究[D]. 金华:浙江师范大学,2012.

[6] 张明仓. 英雄文化的反思与重构[J]. 南京政治学院学报,2016,32(5):32-36.

[7] 游为伟. 习近平英雄情怀研究[D]. 广州:广东外语外贸大学,2019.

[8] 曹宣明. 习近平关于英雄及英雄精神重要论述探析[J]. 思想教育研究,2019(12):8-12.

[9] 习近平. 在颁发"中国人民抗日战争胜利70周年"纪念章仪式上的讲话[N]. 人民日报,2015-09-03.

[10] 张丽. 习近平会见四川航空"中国民航英雄机组"全体成员[N]. 包头日报,2018-10-01.

[11] 章鸣,王舒,王宝. 高校第二课堂课程思政实施的必要性和可行性初探[J]. 中国共青团,2020(17):70-71.

Three-Dimensional Dimension of Hero Education
in Advanced Spanish Courses

【Abstract】 Globalization is advancing further, and our ideological field has been hit by unprecedented bad thoughts. It is necessary to carry out hero education in colleges and universities. This is an important manifestation of colleges' implementation of the fundamental task of fostering people and the upgrading and deepening of curriculum ideological and political construction. It has a direct effect on strengthening students' belief in Marxism, cultivating patriotism, and tempering the character of a strong and fighting hero. Advanced Spanish courses carry out hero education, adhere to the correct political orientation of the hero view, explore POA online and offline hybrid teaching models, strengthen educational research, scientifically innovative evaluation work, and thoroughly solve "what to teach" "how to teach" and "how to test" three-dimensional problem.

【Key words】 curriculum ideology and politics; view of heroes; hero education; advanced Spanish; POA

"课程思政"视域下日语高级写作能力的培养路径研究

四川外国语大学成都学院亚非语言学院　刘畅[①]

【摘要】在"课程思政"理念的指导下,日语高级写作能力的培养除了知识目标的设定,更着重于人文教育、国情教育和跨文化交际等目标的达成。教学设计遵循产出导向法(Production-oriented Approach,POA)理论,教学素材选择以日语与人文、国情、文化等内容相融合为原则,教学评价采用过程性评价、结果性评价、学生的自我评价和互相评价的多维度评价模式,评价内容主要包括语言评价结合分数或等级评价,通过教学实践与研究创新探索了日语高级写作课程的育人新路径。

【关键词】课程思政;日语高级写作;人文教育;国情教育;跨文化交际

1. 序言

2020 年 5 月,教育部颁布的《高等学校课程思政建设指导纲要》中指出:"落实立德树人根本任务,必须将价值塑造、知识传授和能力培养三者融为一体、不可割裂。全面推进课程思政建设,就是要寓价值观引导于知识传授和能力培养之中,帮助学生塑造正确的世界观、人生观、价值观,这是人才培养的应有之义,更是必备内容。"随着课程思政理念的深入贯彻,我们越发认识到,在高校教育中各个学科、各个专业、各个课程都应具备相应的育人功能。同时对高校教师的素质和能力提出了更高要求。作为日语专业教师,首先应明确自身的育人角色定位,改变以往只注重知识讲授、忽视育人功能的认知偏差,应充分认识到自己是课程教学中思想教育的传播者角色,将立德树人的教育

---

① 作者简介:刘畅,女,四川外国语大学成都学院副教授,日语语言文学硕士,研究方向为日语语言文学、日语教学研究。

根本贯穿于教学过程始终，通过专业知识的传授指导学生形成正确的世界观、人生观和价值观，引导学生塑造健全的人格。

2. "日语高级写作"课程思政建设的整体路径

"日语高级写作"作为一门以产出为导向的课程，具备课程思政建设的优质条件。学生经过初级日语写作阶段的学习，已经具备相当的日语运用能力，为高段日语写作能力的提升奠定了良好的基础。将思政教育元素渗透到课程中来，需要教师拓宽知识视野，具备跨学科的思维能力，善于发现课程内容与思政教育的合理结合点，并运用恰当的教学方法将思政教育有机融入专业课程教学，突出写作教学目标中的育人导向。

以往的日语高级写作教学目标侧重于语言输入和写作实践，缺乏有效的教学互动，教学内容过多强调语言运用，教学评价偏重语言使用偏误，从而使写作课堂价值引导不够，教师的教学设计方法单一固化，不能指引学生深入思考社会和现实问题，学生的批判性思维能力较弱。将思想政治元素融入教学可以说是给"日语高级写作"课程注入了可行有效的强心剂，促进了写作课程在教学目标、教学内容和教学方法等方面的教学创新。

①从教学目标上看，课程设计不再以单一的专业知识目标为基准，而是采用专业知识与人文教育、国情教育、跨文化交际能力等思想意识层面的教育目标相融合的方式。

②教学内容上，其以《普通高等学校本科专业类教学质量国家标准》和《普通高等学校本科外国语言文学类专业教学指南》的精神要义为原则，选用优质的教材作为教学核心，并选取文化、历史以及时效性强的社会现实内容整合改编为专题训练内容，运用现代教育信息技术手段与时俱进地补充相关教材资源。选材结合时事政治，以现实问题为导向，并与主干教材内容互补，让学生在多模态的环境下以生动活泼的形式吸取多元文化知识，增强人文素养。

③教学方法上，其主要采用产出导向法，该方法尤其适用于中高级外语学生，其教学模式既强调产出过程，又强调产出结果，产出导向法提倡"学用一体说"，主张课堂教学活动与语言运用紧密相连，"学"和"用"融为一体。日语高级写作满足了模式对学生日语水平的中高级要求，也符合产出导向课堂模式实施条件。课堂实操中运用产出导向法流程有助于写作教学课程思政元素的融入和内化。

3.日语高级写作能力培养的实践路径

3.1 专业知识目标的实践路径

"日语高级写作"课程的专业知识目标设定为高段日语写作能力达成和完成课程毕业论文。高段写作能力目标将教学重心从偏重日语表达方面的偏误纠正,转移到关注学生的语言逻辑思维、文章文化内涵的表达上等,主要能力检测标准为通过日语专业八级考试(写作部分);毕业论文目标主要考查学生整理专业知识的能力,以及提高发现问题、分析问题、解决问题的能力,培养学生多角度思考问题的思辨能力。要想达成专业知识目标,如何选用教材和资料是关键。无论是"过分依赖教材",还是"完全抛开教材"都有明显缺陷,均不利于提高外语课堂教学效率。

"日语高级写作"遵循以教材为主干,资料为分支的辐射型结构。教材选用主要针对毕业论文的学术目标,采用高等教育出版社出版的《日语论文写作——方法与实践》,此书对学术论文的选题、资料收集、写作技巧等有详解的讲解,通过对诸多实际案例的分析,启发学生发现研究对象,养成深度剖析问题的学术研究思维。此外,选用辅助日文原版书籍『レポート・論文を書くための日本語文法』,培养学生用日语语言理解文化现象的能力。同时,运用知网等学术论文平台鉴赏学术论文,了解日语研究的前沿动态。

与毕业论文学术目标相比,高段日语写作能力目标主要以资料整合内容为主,选取日文版《人民中国》等时效性强的杂志作为拓展资料。《人民中国》把对外宣传作为重要任务,为了让日本读者准确理解多元一体的中华文化,近年来其运用漫画等形式创新性地介绍中国各少数民族的文化,同时充分运用历史人文元素,把中国深厚的文化内涵推介给日本读者,其中中华文化的精神介绍是《人民中国》的重点。《人民中国》传播中国文化和内涵的特质契合了日语写作课程思政建设的资源需要。其中关于时事经济、社会民主、文化观光、知识专栏等内容包括了课程思政方面的知识精华,为"日语高级写作"教学实践提供了优质的日语原文素材。

3.2 人文教育目标的实践路径

大学的人文教育目标以往主要靠通识课程得以实现,其他学科专业课程主要是完成以知识为主的科学素养目标,这样的目标设定已不能完全满足社会发展对人才的需要,人文素养的缺失已成为现代文明发展进步的障碍。社会对人的人文素养要求逐渐凸显,人文素养的提升必须实现科学素养与人文素养的有机结合。

日语作为外语学科,其教学内容承载着语言背后的家国文化和人文价值观念。日语作为语言载体,其重要作用之一是传播文化,而"日语高级写作课程"具备较强的人文目标实现功能,强调通过日语写作的教学形式培养学生对人的价值的正确认知,将社会主义核心价值观教育融入课堂,激发学生弘扬中华优秀传统文化的使命感和责任感。以中国特色的文化体系为依托,使学生树立民族文化自信是该课程教学的延伸目标。

人文素养在日语写作实践中会映射出多维度的文化现象,包括历史、文学、哲学、艺术等方面的人文基础知识,以及人的理想、道德、审美趣味、心理素质、创新能力、批判性思维等人文修养。通过写作实践,教师引导学生发表对文化现象的自主性意见,使学生拓展人文知识视野,提升人文修养。以下为具体的案例实操过程。

本案例的写作主题设定为对新冠肺炎疫情期间出现的在线课程热潮,以及其对"后疫情时期"的影响,题目为『オンライン授業についての考え』。本课教学目标是通过学生对在线课程的切身体会以及资料收集,运用辩证的思维逻辑,深入分析在线课程的优缺点和影响,并提出建设性意见。

课程实施遵循产出导向法的理论体系,第一环节是教学假设,通过小组任务完成三个课外准备环节,小组初步讨论(输出驱动)→资料查询(输入促成)→资料整理(选择性学习)。初步讨论中,学生主要是凭借自身的在线课程经验自由发表意见,将自己对在线课程的认知进行初步输出,这个过程可以使学生认识到自己的认知的片面性,接下来是通过资料查询完成大量信息输入的促成过程,但这些资料信息是零散的,需通过选择性学习来辨别整理出有效信息,以应对下一环节的课堂发表。

第二环节是课堂教学流程,其实按照产出导向法的驱动、促成、评价三个阶段展开。首先,驱动阶段中教师需导入在线课程主题的背景和现状,重点是给出问题提示,以激发学生的产出欲望;然后由各小组结合教学假设环节的选择性学习内容,对教师出示的问题进行再讨论,针对性地进行总结,此过程中教师应对学生的选择性学习成果给予效果评价;再由教师说明写作目标和任务完成要点。其次,促成阶段中,学生根据对"在线课程"相关输入内容的整理,进行文章逻辑结构的构架,形成思维导图,此阶段中教师应引导学生完善输入资料,充分发挥教师的"脚手架"功能,直到学生完成产出任务。最后,在评价阶段,教师的评阅批改要呈现出对产出成果的个性化评价,避免只是打分标注问题点的方式,给出语言评价和修改意见才能促使学生对产出成果的再加工。课上总结本课的目标达成情况以及存在的问题,与学生共同鉴赏优秀的产出作品,鼓励学生做各自的成果反思和修改,促成知识的内化。

通过对比此案例与以往的写作任务教学法,可以看出其更多的人文素养教学优势。首先,写作主题的设定体现了人文性、现实性,主题能够激发学生思考和小组讨论的兴趣。其次,通过小组讨论和信息输入,学生对"在线课程"的思考不再局限于自身的体验,而是能够深入到社会和国家层面,提出诸如以下的观点,"在线课程"是特殊时期国家政策保证的体现,如何保证偏远地区学生的学习状况,如何对"后疫情时期"的在线课程进行有效管控,如何有效地利用网络信息资源等。这些思考都使学生在写作实践中潜移默化地提升了自主思考意识和批判性思维能力。

3.3 国情教育目标的实践路径

国情教育是爱国主义教育的重要一环,高校教育致力于培养能够承担民族复兴重任的优秀人才,理应熟知党和国家方针政策、了解我国国情。脱离了国情教育,人文教育目标就偏离了正确的轨道。外语教学中的国情教育更能在外语学习、异文化教学的过程中增强学生的民族自尊心,激发学生的社会责任感。

在"日语高级写作"课程中,我们将话题的广度扩展到人们普遍关注的社会问题、国内外的形势、国家的新政策,建立学生的日常生活与话题的关联性,学生才能主动进入话题中,能动地思考问题、理解问题,同时达到深度理解国情的学习目标。

以下案例以《人民中国》2021 年 6 月刊中时事内容『習主席、「感染症克服し人類運命共同体へまい進」呼びかけ』为素材,写作训练题目为『人類運命共同体理念についてどう理解するか』,将此主题设定为开放式主题,留给学生足够的发挥余地,让学生自主选择角度进行写作。学生想要完成这样的主题任务,必须做好充足的准备,对"人类命运共同体"内涵进行透彻地理解。通过素材学习,学生可以理解到此理念涉及诸多层面的内涵,包括国际政治经济合作、人与自然的协调发展、以人为本原则,地球环境对策、共同抗击新冠病毒对策等。除此以外,学生在素材学习中掌握了相关日语词汇和语言表达方式,为之后的写作实践做好了语言知识储备。本案例仍然按照产出导向法的流程,首先让学生完成教学假设环节,课堂流程上以"微演讲"的方式让学生呈现选择性学习成果,这个过程能够显示学生的思维广度。课堂实践中学生总结出以下内容,中国和世界自古以来的经济文化往来;"疫情时期"的世界合作;中华文明的包容性;"一带一路"倡议;绿色环保对策;等等,学生呈现的微演讲中包含了历史、文化、社会、国情、世界等方面的延伸内容,学生之间的互相学习也为写作任务补充了更多灵感。从产出任务完成效果来看,文章内容更为充实,更具思想性,通过这样的写作训练,学生更深入地理解了我国国策国情,达到了良好的国情教育效果。

3.4 跨文化交际目标的实践路径

以"立德树人"的教育根本任务为基准,根据国家要求,培养具有全球视野、能够熟练运用日语、具备跨文化交际能力的专业人才是日语学科的人才培养目标。

从历史上来看,中日两国从文字、饮食、服饰到节日、民俗、宗教等都有着深远的联系,但中日两国在很多方面也存在着差异性。作为日语专业的学生,其运用比较性思维剖析中日文化差异,有助于提升自身跨文化交际能力。

"日语高级写作"课程中,首先由教师设定大主题范围,然后由学生组成课题小组在大主题范围内选择感兴趣的中日对比主题,通过资料查询和整理分析形成意见框架,并在课堂上由小组成员分任务发表观点,小组成员之间对同一主题内容可以互相补充观点。最后各小组通过互相提问解答进行意见交流。以大主题"中日节日对比"为例,A组主题为"中日七夕节的对比",B组主题为"中日端午节的对比",A、B两组分别阐述了中日七夕和端午节的由来、历史演变、节日习俗等内容,在互相提问环节,学生讨论了当代社会文化中中日两国人民对两个节日的感性认知对情况,并分析了产生发展变化和差异的原因。通过课堂的讨论活动,学生最终以团队写作的方式完成产出成果,通过文化对比形式的写作训练,学生掌握了对比写作技巧,加深了其对中日两国文化社会的理解,有助于提升其跨文化交际能力。

在以上"日语高级写作"的教学实践中,我们主张发展多样化的课堂教学模式,在这种教学模式下,每个学生都有一套自己对信息世界的解读,教学不再是教师知识独白、传递信息的过程,而是创造情境,让学生以自己的理解方式去解释信息,师生共同参与知识创生的过程。学生转变以往单一的、被动的学习方式,这充分调动了学生学习的主体意识,发挥学生的能动性和小组合作优势。合作学习促进了学生间知识资源共享和知识信息交换,有助于学生正确评估自身能力,提升学习自信心,从而促进了学生自主学习能力的发展,实现学生创新意识和思辨能力的提升。

4. 日语高级写作能力的创新评价

以往的写作评价主要是以单纯的结果性评价为主,教师勾画出学生写作成果中的优秀语句和问题,并评定分数或等级。这样的评价方式过于片面,无法全面评定学生整体能力,无助于学生的成长和发展。结合课程思政的教学目标,"日语高级写作"的评价手段应包含过程性评价、结果性评价、学生的自我评价以及互相评价等方式,评价内容应遵循语言评价与分数或等级评价结合的模式。

首先,课堂教学中教师对学生的意见发表、观点陈述进行恰当点评是教师脚手架功能的重要体现,肯定学生的学习欲望和课前准备成果,指出学生的不足,引导其思考方向,带领学生完成学习目标。其次,根据学生个体学习能力的差异,对学生的最终写作成果给予个性化的语言评价,具体点明优缺点以及改进意见等,结果性评价不能单纯以语言运用能力为判定标准,应考虑其成果的思想性、逻辑合理性和认知深度等方面,最终的分数或等级评定目的并非评定学生之间的优劣,而是监控学生的学习并激发学生的学习动机。再次,学生的自我评价重在培养其问题意识,锻炼其独立思考的能力,正确认识自我,发现自身潜能,互相评价有助于彼此更客观地进行自我评价。以上评价体系重视多维度的个性评价,评价目标在于客观反映学生学习能力,给予其学习方向的指引。

5. 结语

将课程思政元素融入"日语高级写作"培养目标,是日语教学改革的战略要求,这体现了中国特色的育人教育特点,教学目标设定除了以往的知识目标,更注重人文目标、国情目标和跨文化交际目标设定。教学设计采用产出导向法理论,将课内教学与课外指导紧密连接,素材选择遵循了日语原文与时事政治、文化等内容高度融合的原则,契合了课程思政教学理念,本文通过实践证明了其在育人功能方面的可行性和有效性。

参考文献

[1] 蓝洁."课程思政"背景下基于产出导向法的大学英语课程设计例析[J].阴山学刊,2021,34(4):100-106.

[2] 文秋芳.构建"产出导向法"的理论体系[J].外语教学与研究,2015:547-548.

[3] 文秋芳."产出导向法"教学材料使用与评价理论框架[J].中国外语教育,2017(2):18-19.

[4] 王众一.《人民中国》对日文化外宣的创新探索[J].对外传播,2019(10):8-10.

[5] 钟启泉.课程的逻辑[M].上海:华东师范大学出版社,2008.

Cultivation of Advanced Japanese Writing Ability from the Perspective of the Ideological and Political Theories Teaching in Courses

【Abstract】Based on the concept of Ideological and Political Theories teaching in Courses, in addition to knowledge goal, the cultivation of advanced Japanese writing ability attaches more importance on the humanistic education, national education and intercultural communication and other goals. Teaching design follows Production-oriented approach (POA) Theory. The selection of teaching materials should be based on the integration of Japanese with humanities, national conditions and culture. Teaching evaluation adopts the multi-dimensional evaluation mode, mainly includes process evaluation, result evaluation, students' self-evaluation and mutual evaluation. Evaluation content mainly includes language evaluation combined with score or grade evaluation. Through teaching practice and research, this paper explores a new way of educating people in Advanced Japanese Writing Course.

【Key words】Ideological and Political Theories Teaching in Courses; Advanced Japanese Writing; humanistic education; national education; intercultural communication

计算机辅助外语写作
增强"产出导向法"在大学英语写作课堂的应用效果

四川外国语大学成都学院英语学院　　陈首为[①]

【摘要】自文秋芳"产出导向法"(Production-oriented Approach, POA)提出以来,越来越多的英语教师将其应用于英语教学,取得了不错的效果,也暴露出一些理论存在的缺陷和不足,这些反馈促使该理论不断发展完善,进而反过来提高英语教学质量。"产出导向法"侧重以"产出"激励学习,以"输入"提高学习效果,以"促成"引领学习流程,以"评价"检验学习成果,且评价结果可作为下一步"输入"的内容。在实施这套教学方案时,如果不借助以计算机辅助外语写作系统(如批改网、Peerceptiv 和 Grammarly 等)为主要工具的现代教育技术,某些环节的效果可能大打折扣,例如,高效的同伴互评(Peer Review)将无法实现。本文针对英语写作课程应用"产出导向法"过程中,使用在线写作评阅系统让"产出导向法"产生更强的应用效果进行探讨。

【关键词】"产出导向法";在线评阅系统;机器评阅;师生共评;同伴互评

1. 研究缘由

产出导向法是由文秋芳构建的外语课堂教学理论。产出导向法强调用"产出"(Production)驱动学习,用"输入"(Input)促成学习,并用"评价"(Assessing)检验学习效果,从而构建"输出→输入→输出"的教学流程。在这套教学方案的实际应用中,本文认为主要存在以下问题:①在写作课堂的"驱动"环节,学生需尝试性地完成产出任务,从而产生学习压力和动力。但在此阶段,如果没有

---

①　作者简介:陈首为,男,副教授,文学硕士,研究方向为翻译理论与实践、英语教学法、英美文学、英美文化。

教师的提前介入,学生单靠自身能力较难"认识到自己语言能力的不足"(文秋芳 2015),也无法做到"带着疑问进课堂";②在"促成"阶段,往往要求学生从范文以及同伴的作文中寻找内容和语言知识,进行选择性学习,进行深度加工、练习和记忆,因为选择性学习更能优化学习效果。但教师单凭有限的时间,从众多的学生习作中挑选出有用的学习材料,是不太现实的;③在"评价"或"反馈"阶段,产出导向法要求学生完成高频次的产出任务,而单凭教师的力量难以保证反馈充分且及时。而如果学生只有产出而不能获得及时有效的反馈,学生的产出质量也难以保证(杨晓琼,戴运财)。因此产出导向法"必须设计新的评价形式,以应对教学负担繁重而评价不充分的困难,对产出结果的评价应发挥多主体的主观能动性,运用多种评价方式,实现优势互补。"(文秋芳 2016)

上述三个阶段存在的缺陷,本文结合学校开展的在线写作评阅系统评测,在所教的三个大二年级英语专业写作班上使用若干款在线写作评阅系统,对产出导向法在大学英语写作课堂的应用进行了探索,现将思路、方法和流程大致如下。

2.计算机辅助外语写作系统综述

目前,应用于高校英语写作教学的计算机辅助外语写作(Computer Assisted Foreign Language Writing,以下简称"CAFLW")分为两类:第一类是基于数据库、人工智能和大数据的计算机自动评阅系统,如外研社的英语写作教学与评阅系统 iWrite,高等教育出版社的 iSmart 和批改网等,以及国外的在线语法纠正和校对工具 Grammarly 和 Ginger 等;第二类是计算机辅助同伴互评系统,如英语写作同伴在线互评系统 Peerceptiv 和 Calibrated Peer Review 等。目前据统计,批改网和 iWrite 的使用频率最高,而 Grammarly 的使用频率受限于其免费版的功能不足。同伴互评系统使用率偏低,因为不管是教师还是学生,目前更依赖的还是教师评阅。而产出导向法倡导的"师生合作评价"(Teacher-Student Collaborative Assessment,以下简称"TSCA")则对此类系统的使用提出了更高的要求。

3.产出导向法"输出驱动"环节

传统的"任务导向性"教学理论流程为:输入→输出,而产出导向法则要求学生从一开始就输出,因为输出被认为是学生学习的动力以及学习的最终目标。学生在大学英语写作课前先尝试性输出尽可能贴近真实应用场景(包括考试场景)的写作任务,这样其既能意识到课程的实用价值,又能认识到自身写作能力的欠缺,从而获得更大的学习动力。(文秋芳 2015)。产出导向法要求"输出驱动"包含三个环节:①教师展示任务;②学生产出;③教师阐述教学目标和任务要求。其中,在教师展示任务环节,教师可借助 iSmart 和 iWrite 系统提供的丰富的课程资源为学生提供产出所需的知识储备。例如,iSmart 的 My Course 提供了大量的由专家学者制作的各类写作课程的课件,教师也可自己创建课件并发布在 My Course 板块;iWrite 的"资源管理"板块包含了大量外研社制作的写作课程资源,相比 iSmart 的资源,更简洁、更有针对性,但也更零散。

示例:教师在教授《英语写作手册》Part Four-I-3:Transition 这一节时,可布置如下课前产出任务:给一段故意去掉衔接语的议论文段落,要求学生在适当的地方补充衔接语,从而让学生掌握常用衔接词的用法,以及加深对英文段落写作中 coherence(连贯)这一原则的运用。教师将这一任务在课前发布在 iWrite 平台,学生可先自行完成该任务,然后去"资源管理"下载序号为 17 的资料"高分作文惯用衔接语",自学后再检查之前完成的任务并做必要修改。原稿和对照稿会保存在系统中,供教师上课点评或学生总结学习成果。

此外,依靠 CAFLW 的机器评阅功能,学生可提前获得作文在词汇、语法上的修改反馈,这能帮助学生认识到自身能力在哪些方面有欠缺,也是帮助学生"认识到自身学业能力的欠缺,从而获得更大的学习动力"的目标。(文秋芳 2015)

这一环节使用 iWrite 系统既方便了教师展示任务和阐述任务要求,又有利于学生从权威资料中获取有效信息的能力,做到了"带着问题进课堂",还为随后的课堂教学提供了分析素材。

4. 产出导向法"输入促成"环节

产出导向法"输入促成"包含三个环节:教师描述产出任务;②学生选择性"输入";③学生利用"输入"进行产出。后两个环节需要教师给予指导和提供检查反馈。就写作课而言,学生在"输入促成"阶段,需要在内容、语言和话语结构(Discourse Structure)这三个层面开展选择性学习。当前的写作教学中,在进行学生选择性学习这一环节时面临的问题是,学生不太清楚哪些内容为有效内容,教师知道哪些内容为学生选择性学习时应该掌握的内容,但限于时间精力,无法提供更普适性和针对性的建议。

借助 CAFLW 的机器评阅功能,结合课堂上的教师示范,学生能更方便地从范文或他人习作中挑选出适合自己的语言形式和话语结构,即要阐述某个话题,需要掌握哪些单词、短语甚至语法知识,从而完成作文修改或续写这种迁移性写作任务。

示例:教师课前布置议论文写作"My View on Online Learning",指定 12 名学生提前完成"产出"任务并提交到批改网上。批改网通过其庞大的主要由中国英语学生作文构成的语料库以及自然语言处理技术,分析学生提交的作文和标准语料库之间的差距(杨晓琼 戴运财),找出作文在标点、大小写、单词、短语、搭配、句型和语法等方面出现的错误,标注出作文中学生使用的精彩短语、精彩句型,并给出推荐表达,提供词汇拓展和辨析等延伸服务。教师可通过批改网高级版提供的"群批"和"诊断"功能收集归纳学生的典型错误,供学生课堂修改或续写"输入"的常用单词、短语和句型,以及学生课后拓展的同义词辨析和精彩短语句型推荐。这种建立在大数据和人工智能基础上的自动归纳总结,能为学生进行选择性语言输入提供很好的素材。例如,12篇作文中"方法"一词被高频使用,但半数以上学生在这个词的使用上出现了错误,因此系统给出了同义词辨析拓展,包括manner,method,way,mode,fashion,means,approach等表示"方法,方式"的词并给出相应释义。教师可点击下方"典型错误"按钮将其加入"典型错误"语料库。再例如,系统提示,12篇作文中几乎都出现了"冠词缺失"这一错误,如在"seven-year-old daughter"以及"food market"等短语前缺少冠词;再如,"对……高度重视"这一表达术语是议论文的高频表达,但大多数学生的表达比较单一,批改网给出了"近义词表达学习"建议,这提升了学生的写作表达能力。

总之,CAFLW的机器评阅功能能对学生作文的典型错误进行归纳,并给出优质学习素材建议,减轻了教师为学生挑选选择性语言输入素材的负担,有利于学生进行更精准的学习素材选择,有利于产出导向法"输入促成"环节"选择性输入"的实施。

5. 产出导向法"评价"环节

"评价"环节是产出导向法教学流程中至关重要的一个环节,学生如果只有产出而无法获得有效反馈,不仅会逐渐丧失产出动力,也无法确保产出质量(杨晓琼,戴运财)。根据Ferris和Roberts的研究,学生从教师标注、描述和纠正错误获得的间接反馈中获益最大。陈晓湘和李会娜的研究表明,教师的书面反馈有助于提高学生的写作质量,且反馈须关注语言正确性和内容正确性两个方面。传统教学模式下,教师教学精力有限,这导致对学生产出的评价不够充分和准确,且学生本身对其产出成果的评价缺乏主观性,因此借助CAFLW对学生产出进行混合式评价能实现各类评价模式的优势互补。目前被广泛使用的评价反馈模式包括"学生自评""同伴互评"和"教师评价"和"机器评阅"等。文秋芳提出的TSCA贯彻了产出导向法教学理念,是上述评价模式的有益补充。下面,本文分别就CAFLW在上述评价反馈模式,特别是"同伴互评"和TSCA这两种评价反馈模式中的应用展开探讨。

5.1 CAFLW在"机器评阅"中的应用

产出导向法的前两个流程,即"产出"和"促成"流程,均用CAFLW作为辅助,而在"评价"环节,CAFLW的"机器评阅"功能将扮演至关重要的作用,因为大部分学生的作文批改将主要由CAFLW

实现,因此相关在线作文评阅系统的功能准确度和完整度就显得至关重要。表 1 为几款主流
CAFLW 系统"机器评阅"及相关功能对比情况。

表 1　几款主流 CAFLW 系统"机器评阅"及相关功能的对比

	iWrite	iSmart	批改网	Grammarly（高级版）
使用环境	电脑客户端、移动端	电脑客户端、移动端	电脑客户端、移动端	电脑客户端、移动端、Chrome 插件
关键技术	Coh-Metrix 自然语言处理技术、维基百科英语语料库、中国学生英语联想词库。	斯坦福大学研发的机器评阅系统	基于 192 个维度的语义分析	基于 AI 的规范句法（prescriptive grammar）评阅系统
主要评阅维度	技术规范、词汇、语法	技术规范、词汇、语法	技术规范、词汇、语法、语言拓展知识	技术规范、词汇、语法、语气、文体、风格
特色功能	续写、同伴匿名互评	SPOC 翻转课堂混合式教学系统、在线写作测验	中式英语语料库、写作竞赛	自定义写作建议、Style Checker、查重

根据这样的对比和实际使用情况,可以得出下列初步结论:

①iWrite,iSmart 和批改网主要用于处理常规的词汇语法错误,在这方面 Grammarly 免费版的优势并不明显。

②如果学生想要得到关于作文的语气(悬疑、担忧、鼓励、乐观、中性等)和整体风格(读者类型、正式与非正式文体、话题领域等)的修改意见,特别是大多数学生可能不太擅长的话题领域,如法律、金融、商务等,使用 Grammarly 能得到更专业的反馈,这一点其他的系统基本上是不够专业和完善的。

③如果学生想要在避免"中式英语"方面得到帮助,批改网是最佳选择,因为系统对其拥有的海量中国学生作文语料库和国外本族语语料库进行语料库对比能做到识别相当数量的"中式英语"。

5.2　CAFLW 在"同伴互评"中的应用

"同伴互评"指发生在作文修改阶段的活动,在这一活动中,学生结对或是结成小组,阅读同伴的作文,提出问题并对作文给出相应的评语或建议"(Richards C. J. & Schmidt R.)。研究表明,同伴互评能培养学生高级写作思维的形成以及弥补教师反馈不足的问题,所以越来越多的写作课堂引入同伴互评这一流程。借助 CAFLW,同伴互评能为产出导向法的"评价"环节引入更多的评价视

角。普遍用于同伴互评的 CAFLW 系统为 Peerceptiv,采用"信效度计算公式"这一关键技术实现匿名提交作业和匿名同伴互评两大功能。对美国大学学科写作群体做的多项研究调查表明,即使那些无法产出高质量作文的学生也可能成为较高质量的评价者(徐锦芬 朱茜)。

Peerceptiv 主要提供四个维度的反馈,分别为"中心突出""内容充实""表达连贯"和"语言准确"。研究表明,使用 Peerceptiv 完成同伴互评的学生,相比使用 iWrite 或 Grammarly 进行机器自动评阅的学生,进行的针对作文内容的修改比针对作文语言的修改更多。这表明:①Peerceptiv 能弥补其他 CAFLW 系统语言修改充足而内容修改不充足甚至无力的缺陷;②大多数学生认为,至少在中级或以下写作水平阶段,内容修改比语言修改更能显著提高作文质量,且基于 Peerceptiv 的同伴互评能提供更丰富的反馈,反馈内容和学生自主评阅得出的反馈最为接近。

5.3　CAFLW 在 TSCA 中的应用

TSCA 是机器评阅、学生自评、教师评阅和同伴互评的有益补充,发生在产出导向法最后一个阶段,即"评价"阶段。单维度的评价效果不如多维度评价效果显著,且学生和机器评价不如教师评价,单纯的教师评价又因教师教学负担重而不充分、不准确,因此能实现优势互补的 TSCA 应运而生,能实现"学""评"结合,这也与产出导向法将"产出"和"输入"结合贯穿全教学过程的思路相一致。

杨晓琼、戴运财研究表明,以机器评阅为辅助手段的 TSCA 模式"有效提高了学生的总体写作水平,调动了学生的写作积极性,提升了学生的自我效能感"。TSCA 主要发生在课上和课后这两个阶段,因为课前的学生产出任务更多的是起到引导和激励作用,常常只采用机器评阅这一单一模式即可。

能应用 CAFLW 的 TSCA 流程集中在 TSCA 课后活动阶段。在这个阶段,学生的主要任务是根据课堂上老师的讲解或自己的选择性学习进行同伴互评,以及将根据互评意见修改的作文提交到 CAFLW 系统,进行机器评阅;教师的主要任务是抽查部分作文互评和机器评阅结果,总结出现的问题,并将修改后的优秀作文或典型问题作文通过 CAFLW 系统发布给全体或部分学生。根据上文的论述,在这个阶段,学生和老师都可借助 CAFLW 完成相关工作。

使用 CAFLW 的 TSCA 至少有两大优势:

①教师评阅和机器评阅优势互补。教师评阅耗时长、效率低、无法借助已有数据库避免重复劳动,一般情况下仅有错误分析而无知识拓展,学生收获片面且有限;机器评阅在语言层面分析上有其独特优势,但在涉及非语言的文本层面几乎乏善可陈。例如,在实现词汇句型多样化,促成语言简洁性,纠正不当因果关系,修改不贴近话题的例证等方面没有什么优势。

②借助基于大数据、语料库和 AI 的 CAFLW,教师可根据评阅结果生成优秀作文或典型错误数

据库,对后续课堂教学和教学科研等有很大的帮助。

例如,在 TSCA 阶段,使用 iWrite 2.0 系统,可在词汇统计、词汇难度、句子分析和可读性这几个方面进行统计,生成批量统计数据。这些数据既能应用于学生作文反馈,又可应用于教师改善教学和开展相关科研活动(谢丽)。

表 2 为各类产出导向法"评价"方式应用 CAFLW 的对比。

表 2　各类 POA"评价"方式应用 CAFLW 的对比

"评价"维度	适用的 CAFLW 系统	POA"评价"模式
基础语言层面:基本拼写、拼音、标点正确度;词汇语法的正确度……	iWrit, iSmart, Gram-marly, 批改网等提供"机器评阅"功能的系统	学生自评、教师评阅、同伴互评、机器评阅、TSCA
高阶语言层面:词汇和句型多样性、词汇感情色彩、篇章语气、写作风格、中式英语……	Grammarly	教师评阅、TSCA
基础内容层面:段落一致性、连贯性和句间过渡……	iWrite, 批改网	学生自评、教师评阅、同伴互评、TSCA
高阶内容层面:切题、论据质量、创新性、说服力……	暂无	教师评阅、TSCA

6. 总结

在产出导向法的"产出""促成"和"评价"三个环节应用以机器评阅和同伴互评为主的计算机辅助外语写作系统,能够为大学英语写作教学提供极大便利和增强教学效果,主要体现在以下三点:①减轻教师负担和因教师自身水平问题出现的作文评阅不足问题;②缩短学生完成写作任务到获得反馈之间的时间,加强学习反馈给学生学习行为带来的"正强化";③通过系统收集作文素材和典型问题,归纳为基于"产出导向法"的教学改革和相关科研活动提供依据和指导,为学生的写作能力的进一步提高提供大数据帮助,反过来这也有助于 CAFLW 系统的改进,特别是语料库的丰富。

因此,本文建议大学英语写作教师在实施产出导向法方案时,主动使用各类型 CAFLW 系统为教学助力。例如,在"产出驱动"阶段,让学生借助 iWrite,批改网和 Grammarly 免费版了解自身产出能力的缺陷,并进行初步"输入",教师总结典型错误供课堂师生共同评价使用;在"输入促成"阶段,学生结合教师评价和批改网的拓展学习资料,进行"选择性"学习,输入相关语言知识点,为"产出"

进一步作铺垫;在"评价"阶段,学生借助教师指导下的机器评阅反馈、Peerceptiv 的同伴互评系统以及 Grammarly 的高阶评阅功能,完成学生自评、同伴互评和师生合作评价,继而实现产出导向法"输出-输入-输出"闭环。

参考文献

[1] FERRIS D. & ROBERTS B. Error feedback in L2 writing classes: How explicit does it need to be [J]. Journal of Second Language Writing ,2001,10(3):161-184.

[2] TOPPING K. J. Peer Assessment[J]. Theory into Practice, 2009,48(1):20-27.

[3] 陈晓湘,李会娜.教师书面修正性反馈对学生英语写作的影响[J].外语教学与研究,2009,41(5):351-358.

[4] 文秋芳.构建"产出导向法"理论体系[J].外语教学与研究,2015,47(4):547-558.

[5] 文秋芳."师生合作评价":"产出导向法"创设的新评价形式 [J]. Foreign Language World,2016(5):37-43.

[6] 谢丽.iWrite 2.0 英语写作教学与评阅系统与大学英语课堂教学融合研究[J].考试与评价(大学英语教研版),2020(2):119-122.

[7] 徐锦芬,朱茜.基于 Peerceptiv 互评系统的英语在线同伴互评研究[J].外语电化教学,2019(2):10-16.

[8] 杨晓琼,戴运财.基于批改网的大学英语自主写作教学模式实践研究[J].外语电化教学, 2015(2):17-23.

Application of Computer Assisted Foreign Language Writing System to POA-based College English Writing Teaching

【Abstract】Since Wen Qiufang's "Production-oriented Approach" was put forward, more and more English teachers have applied it to English writing teaching, which has achieved good results and exposed some theoretical deficiencies. These positive and negative feedbacks have enriched and perfected the POA theory, and improved the quality of English writing teaching. The POA-based teaching process stimulates students' learning enthusiasm through "output", improves learning and teaching effect through "input", guides the learning and teaching process through "facilitation", and evaluates learning and teaching results through "evaluation". During the above processes, if teachers do not use Computer Assisted Foreign Language Writing (CAFLW) systems (such as iWrite, Peerceptiv and Grammarly) as the auxiliary teaching tool, the teaching effect may be greatly reduced, for example, effective and efficient peer review may not be realized. This paper discusses the application of some of the CAFLW systems to POA-based college English writing so as to enable the POA teaching philosophy to have stronger application effect.

【Key words】POA; CAFLW; machine assessment; peer assessment; teacher-student collaborative assessment

翻转课堂教学模式在应用型民办高校英语专业阅读教学中的应用

四川外国语大学成都学院英语学院　　陆莉①

【摘要】阅读是英语专业学生获取大量语言材料和知识的重要途径。然而,英语阅读课程却主要是培养学生的阅读能力和阅读习惯,这需要学生进行大量的英语阅读。目前,应用型民办高校的英语专业阅读教学存在教学方法陈旧、教学模式单一、知识内容狭窄等问题,本文以此为切入点,引入翻转课堂教学模式,对英语专业阅读教学进行改革。本文通过分析翻转课堂引入应用型民办高校英语专业阅读课程的必要性,英语专业阅读翻转课堂教学模式设计及教学实例,阐述了翻转课堂教学模式在应用型民办高校英语专业阅读教学中的可行性。

【关键词】应用型民办高校;翻转课堂;英语阅读教学

1.引言

英语阅读是学生体悟他国文化、获取知识和智慧的直接方式,它不但使人明智、教人思辨,而且助人内省和提高个人素养。英语阅读教学则旨在培养学生的语言阅读习惯、提高学生的阅读能力和综合运用知识的能力。2016 年以来,英语专业四级考试的阅读部分增加了阅读简答题,该部分主要测试学生对英语阅读文章的整体把握能力和判断能力,达到回答不超过 10 个单词的答题要求,要求学生有对细节的理解和归纳能力。三篇阅读文章的题材仍以社会、科技、文化、经济、日常知识和人物传记为主,体裁多为记叙文、描写文、议论文、说明文、广告、说明书或图表等。然而目前民办高

---

①　作者简介:陆莉,女,四川外国语大学成都学院副教授,教育学硕士,研究方向为英语教育。

校英语专业学生主要存在词汇量小、阅读量不足、阅读速度较慢、理解和归纳能力欠缺等问题,再加之目前英语专业阅读教学存在教学方法陈旧、教学模式单一和内容狭窄等问题。因而,民办高校英语专业阅读教学改革和实践迫在眉睫。本文把翻转课堂应用于民办高校英语专业阅读教学中,颠覆传统的教育模式和教学方法,将知识传授过程放在课前,知识内化过程放在课中,从而实现教学过程的翻转。以期提高英语专业阅读教学水平,培养具备较强英语交际能力的复合型人才。

2. 翻转课堂教学模式概述

2012 年,翻转课堂概念首次引入中国,到现在已经有九年时间。翻转课堂(Flipped Classroom or Inverted Classroom),也可译为"颠倒课堂",是指重新调整课堂内外的时间,将学习的决定权从教师转移给学生。在这种教学模式下,学生能够主动在课堂内的宝贵时间,专注于相关项目的学习,共同研究解决本地化或全球化的挑战以及其他现实世界面临的问题,从而获得更深层次的理解。教师不再占用课堂的时间讲授相关信息,这些信息需要学生在课前通过自主学习获得,他们可以看视频讲座、听播客、阅读电子书、在网络上与别的同学讨论,在课前任何时候去查阅需要的信息。这样教师能有更多的时间与每个学生直接交流。课后,学生自主规划学习内容、安排学习节奏,按照自己的风格和方式呈现知识,教师采用讲授法和协作法满足学生的需要,使得他们进行个性化学习,其目的是让学生通过实践获得"真实"的学习。翻转课堂模式与混合式学习、探究性学习、其他教学方法和工具在含义上有所重叠,其都是为了让学习更加灵活、主动,让学生的参与度更强。互联网时代,学生通过互联网学习丰富的在线课程,不一定需要到学校接受教师讲课。互联网尤其是移动互联网催生了"翻转课堂式"教学模式。"翻转课堂式"是对基于印刷术的传统课堂教学结构与教学流程的彻底颠覆,由此引发教师角色、课程模式、管理模式等方面的一系列变革。

在传统的阅读教学上,教师在课堂上讲,然后布置作业,学生课后练习,导致了很多学生课堂参与度不高、阅读量偏小以及阅读兴趣缺乏等问题。本文在英语专业阅读课上引入翻转课堂教学模式,更加关注学生学习的自主性,给予学生极大的学习自由。学生在自主学习时可以反复观看教学视频,对于难点知识可做好笔记,在课堂上集中探讨或教师在线对其进行答疑。此过程中,学生可以相互交流、探讨和分析,共同解决难题,实现知识的内化和巩固,成为课堂的主人,变被动学习为主动探究。

3. 基于翻转课堂教学模式的应用型民办高校英语专业阅读教学设计与教学实例分析

近年来,国内外学者一直致力于翻转课堂教学模式的探究和拓展。就国内而言,南京大学的张金磊等人在 Robert Talbert 提出的模型的基础上构建出适合国内教学的翻转课堂教学模型,如图1所示。

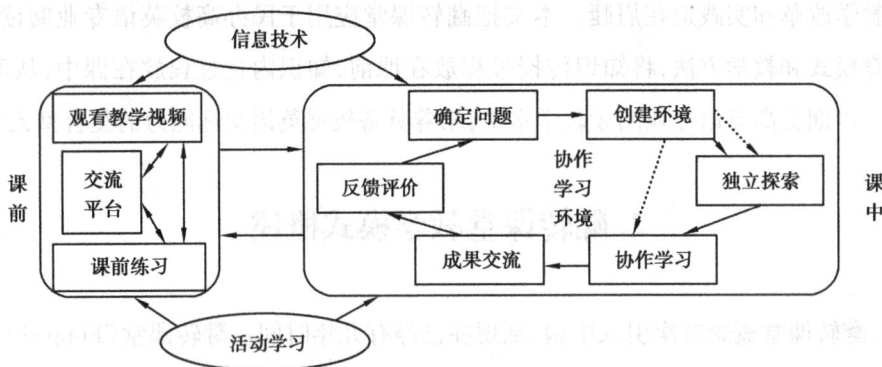

图1 翻转课堂教学模型

此模型由课前和课中两部分组成。学生课前自主学习包括学生自主观看教学视频、在平台上交流和课前练习;课中交流学习则主要是针对问题进行探讨、交流和评价等。其中网络信息资源和交流学习为翻转课堂教学创设了有利条件,从而保证了良好的教学效果的呈现。基于该理论基础,本文以上海外语教育出版社出版的《泛读教程4》中的 Unit 6 Holocaust 为例,探讨如何运用翻转课堂教学模式来设计教学任务。Unit 6 主要讲解了纳粹分子屠杀犹太人的相关背景、实施阶段以及影响。

3.1 课前准备工作

教师课前积极备课,认真钻研教材、教参,学习好教学大纲,确定教学目标和教学重难点,严格按照翻转课堂教学模式的流程制作微课,录制教学视频并通过企业微信转发到学生的班级群。课前视频包括两个部分,第一部分是屠杀犹太人的背景、根源,以及电影 The Pianist 中犹太人被纳粹分子杀害的视频片段,通过影片中直观的影像和人物对白,学生能够直观、清晰地了解犹太人在第二次世界大战期间的遭遇,以及他们渴望生命但无法掌控自己命运的无奈。该部分内容以第二次世界大战为背景,加深了学生对相关时期历史的了解,有助于学生更快地融入本单元的话题中,从而提高学生的阅读兴趣。第二部分包括 Section A Word pretest、Reading comprehension and questions。学生在了解了纳粹分子屠杀犹太人的背景和根源后独自完成 Word pretest,然后在预习并完成文章后面的 Reading comprehension,之后观看视频看详细解析。与此同时,为了整体把握文章的细节和提高学生的归纳和理解能力,本文还设计了难易适中的问题。

(1) Why did Hitler hate Jews and intended to exterminate all of them?

(2) What was the main principle of the Nazi Party's political programme?

(3) Only he who is a folk-comrade can be a citizen. Only he who is of German blood regardless of his

Church can be a folk-comrade. No Jew, therefore, can be a folk comrade. What can you infer from these sentences?

(4) In paragraph 2, what does "gospel" mean?

(5) What did "'legal'means"mean in paragraph 5?

(6) How are the 2 phases of the Nazi attack on the Jews?

(7) What is the essence of the "Final Solution"?

(8) How did the Nazis guard the secrecy of the slaughter?

(9) What's the reason of the Nazis 'slaughter on Jews?

(10) What's the meaning of Hitler's political last will and testament?

以上问题的答案概括了文章的主要内容,且问题具有针对性和适宜性,同时考虑了不同层次的学生的需求。这不但使学生有了学习的主动权,而且学生的学习时间弹性更大以及学习资料更为丰富,学生更乐意积极主动投入课堂学习中。对于第一个问题,多数学生不了解希特勒屠杀犹太人的真正缘由,因此教师在视频里讲解了希特勒的成长经历、当时的时代背景以及犹太人的生活状况,同时介绍了西方文化自古存在着一种排犹太人情绪,犹太人被说成是出卖耶稣的人、投机商人、不洁的人。除此之外,在欧洲,以当时德国的反犹太人情绪最为严重。德意志民族和犹太民族都有很强的民族自豪感和使命感,犹太人自称"上帝的选民",历史上,德意志国王奥托一世建立的"神圣罗马帝国"(962—1806 年),自此德意志民族领导了欧洲数世纪。在普遍信仰基督、反犹太人的大环境下,德意志的统治者认为自己肩负着领导欧洲各君主国,一致反对犹太教的任务。这种社会化的宗教感情,逐渐衍化成一种普遍厌恶犹太人的社会心态,从中世纪到近代,一直在德意志民族蔓延。学生能够从这些信息中归纳希特勒屠杀犹太人的根源,这同时加深了学生对希特勒和犹太人的了解、对希特勒屠杀犹太人的惨无人道的行为的反思,以及启发学生远离偏见和歧视,珍惜和平;对于第十个问题,多数学生不能理解希特勒是如何说服其他人相信犹太人是整个世界的敌人,我们应该联合起来反对共同的敌人,文章中,作者并没有明确指出,因而作者设计该任务的目的主要是,强化对文章主旨的理解和拓宽学生的知识面,让学生深层了解纳粹分子屠杀犹太人的罪行,是"德国虚伪的政治家为其侵略战争对民众进行系统的政治愚弄和教化的结果"。由此看来,课前任务的圆满完成是课堂教学顺利开展的前提和基础,师生双方都应高度重视。

3.2 课堂教学工作

传统课堂中,教师的角色基本上是讲授者与作业批改者,主要任务是上课和批改作业。在翻转课堂中,教师担负了多重角色,由课前的策划者、设计者与组织者,到课中的倾听者、评价者、纠正者和补充者(讲授者),再到课后的帮助者。在教师的指导下,学生将参与合作学习、小组讨论和师生讨论等教学活动。在此期间,学生学习的热情和兴趣得到了很大的提升,同时教师对学生的讨论和问题给予必要的指导,向学生提出适宜的学习策略。学生通过课前自学、观看讲解视频对所学知识进行巩固和纠错,最后上台总结和展示,这不仅让学生在课堂上有了学习自主权、反思和发表自己意见的机会,同时学生能及时调整自己的学习策略,及时反馈学习效果,达到事半功倍。例如,在第一个问题中,学生在观看了教师的讲解后可能给出以下答案:1. Because Jews hurt Hitler. 2. Because Hitler didn't want Jews to stay in Germany. 在第三个问题中,学生可能给出以下答案:1. Jews cannot be a folk-comrade. 2. Jews have no German blood.

从学生的答案可以看出,学生在预习课文、归纳信息和理解句子时是有差异的,多数学生能理解作者想要表达的意思,但却不知道该如何对其归纳。学生在讨论时如果能得到及时的指导,他们的理解会更加到位,教师也可以通过学生的展示了解学生对知识的掌握情况,及时发现问题和纠正问题,从而实现课堂效益最大化。学完这篇文章,学生需反思以下问题:1. What do you think are the causes of anti-Semitism? 2. What do you think about the exploitation of Jewish Suffering? 3. What lesson should humanity learn from the Holocaust? 这些问题可以培养学生的发散性思维,同时学生可以充分利用已知信息与他人表达和交流自己的观点,从而取长补短,共同进步。

3.3 效果评价

效果评价包括两个部分:客观评价—阅读和主观评价—引入评价量表。客观评价主要是评价学生是否能在规定的时间完成文章后面阅读理解题,教师需要统计学生的答题正确率。此部分主要检测学生对细节信息的查找、概括、归纳和推理等,同时检测学生对文章的整体把握和阅读技巧的使用情况。主观评价表包括五个评价项目:阅读兴趣、阅读能力、表达能力、探究能力和合作能力。学生根据这五个项目自测能否在课前和课中保持阅读兴趣、能否整体把握文章的篇章结构和大意、能否针对"大屠杀"这一话题进行有效的表达和深入探讨,以及能否有效的完成小组合作学习。该量表主要关注学生在学习过程中对翻转课堂效果的回应,能为学生的学习效果和翻转课堂教学效果提供有效的评价。

3.4 课后延伸学习

除了课前的认真预习和学习,课中的互动学习,教师还应要求学生加强课后的自主延伸学习,以促进翻转课堂教学效益最大化。众所周知,英语师范专业和英语学前教育专业毕业生大多从事幼儿园或中小学英语教师职业,他们的英语水平直接关系到所教学生的水平,因此,学校应专注培养优秀的毕业生。然而,英语专业阅读能力是学生必备的综合能力之一,也是英语专业学生其他语言能力发展的基础。有效的阅读不但可以提高学生的阅读能力,而且有益于学生的专业素养和人文素养。因此,学生既要吸收课外知识,又要应用课堂所学知识。以 Unit 6 Holocaust 而言,教师给学生提供了课后阅读材料 Modernity and the Holocaust(现代性与大屠杀),以及视频《南京大屠杀》,其目的是鼓励学生将课堂内所学知识在课后进行巩固,拓宽学生的知识面和扩大其词汇量,从而提高学生的英语阅读能力。

4. 结语

作为一种新生教学模式,翻转课堂颠覆了传统的"教师课上讲,学生课后练"的教学模式,这是英语专业阅读教学观念和方式的变革,不但激发了学生学习英语的兴趣,而且提高了学生的自主学习能力和英语阅读水平。但在英语专业阅读教学实践中仍存在以下问题:①翻转课堂教学模式对学生的自主学习能力要求较高,自律性较差的学生很难完成教师布置的任务,因而其课堂参与度较低。以本文的课堂教学实践为例,部分学生(大约10%)在完成了自学任务后,就在课堂上玩手机或做其他与课堂无关的事情,教师提醒后其仍然如此。②学生课堂上的知识展示的水平直接影响课堂教学效果。不同小组学生的英语水平和学习态度不同,有些小组在做报告时,由于准备充分,讲解详细,其他学生就认真聆听,反之其他学生则做与课堂无关的事。③由于时间和精力有限,教师不能制作高质量视频,这在一定程度上影响了翻转课堂教学的开展。在以后的教学实践中,教师应积极主动地调整自己的定位,改变传统的角色,还课堂于学生,充分调动学生的主观能动性和参与性,同时给予学生适当的学习方法和策略指导,帮助学生适应翻转课堂教学,占据课堂主导地位。同时,教师应不断提高自身的专业素养,紧跟时代改革步伐,努力学习先进的教学理念和教学方法,争做优秀的英语专业教师。除此之外,学生应不断提高自主学习的意识和合作的意识,以及不断拓宽和丰富自己的知识面,更好地适应翻转课堂教学。

参考文献

高虹. 地方型师范院校专业英语阅读课程的翻转课堂教学探究[J]. 才智,2018(25):114-115.

Application of Flipped Classroom Teaching Model in Reading Courses of English Majors in Applied Private Colleges

【**Abstract**】Reading is an important way for English language learners to acquire a large amount of language materials and information knowledge. However, English reading courses are mainly to cultivate students' reading ability and good reading habits, which requires students to read a lot. At present, professional English reading teaching in applied private colleges has problems such as outdated teaching methods, single teaching mode, and narrow knowledge content. The author takes this as an opportunity to introduce a flipped classroom teaching mode to reform reading teaching of English majors. By analyzing the necessity of introducing the flipped classroom into reading courses of English majors in applied private college and the design and teaching examples of the flipped classroom teaching model for English majors, the author explained the feasibility of flipped classroom teaching mode of reading course for English majors in the applied private college.

【Key words】 Applied Private Colleges; flipped classroom; English reading teaching

英语专业短语搭配教学方法刍议

四川外国语大学成都学院英语学院　宋莹[①]

【摘要】短语搭配是英语语言学习中的一大版块和难点,当前的主流教学方法还是以"发现—记忆"的模式为基础,缺乏对短语搭配的深层次分析,这导致学生对其理解不够透彻,学习效果大打折扣。本文指出,基于拆解分析、观察分析和语境分析的短语搭配教学,有助于学生深层次地掌握常见短语搭配,在不同语境中做出正确的判断和灵活的运用,从而提升学习效果。

【关键词】短语搭配;教学方法;分析;拆解;观察;语境

1. 引言

任何一种语言的学习都离不开词汇,因此各类外语的教学都是从词汇入手。以英语专业为例,各门基础专业课的教学几乎少不了词汇学习和听写等教学活动。不少院校为了帮助学生有效备考英语专业四级、八级考试,会帮助学生订购各种过级词汇书籍,并定期开展词汇测试来帮助学生提升词汇量。这种做法的出发点是好的,但众多研究已表明,孤立地记忆词汇无助于词汇记忆及运用,且忽略了词汇的黏合性,即词汇从来不会单独出现,一定是存在于一定的语境中,而最基础的语境就是短语搭配。因此,为帮助学生有效学习词汇,辨析相近词汇差异,短语搭配教学不可忽略。此外,短语搭配是英语专业四级考试中的常考项目,因此,探讨其有效教学方法具备现实意义。

---

① 作者简介:宋莹,女,四川外国语大学成都学院副教授,文学硕士,研究方向为翻译理论与实践。

2. 短语搭配的特征——随意性（arbitrariness）和不确定性（unpredictability）

不少英语专业课堂的教学并不重视短语搭配教学，认为短语搭配都是习惯性的、固定的，没有分析的意义。的确，不少语言学家都持有类似的观点，认为短语搭配是随意的反复出现的词汇组合（a collocation is an arbitrary recurrent word combination），或者认为短语搭配的随意性在于其在句法和语义方面的不确定性（A collocation is arbitrary because it cannot be predicted by syntactic or semantic rules）。以 strong 和 powerful 为例，二者虽为近义词，但在表达浓茶时我们向来说 strong tea；表达动力十足的汽车时，我们只会用 powerful 来修饰 car，而很少有人说 strong car。这一切似乎是约定俗成的，没有什么原因可循。因此，学界普遍认为，只有当短语搭配被看作一个整体或者独立的个体时，才能被掌握得更好或更方便掌握，而不是将搭配的各元素的含义叠加来学习（each collocation is best or most conveniently learnt as an integral whole or independent entity, rather than by the process of piecing together their component parts）。

3. 短语搭配的教学现状

基于短语搭配的这种随意性或不确定性，在日常教学中，大多数教师认为不应该对短语搭配进行拆解分析，而仅仅采用"发现—记忆"（noticing-memorization）的模式进行教学，例如，要求学生在一段话中识别或标注短语搭配，朗读标注短语的文章，用合适的词汇补充完整短语，配对正确的短语，对短语进行英汉互译等。总之，该类教学模式似乎只要求学生对短语整体自行记忆，而对短语为什么要这么进行搭配不做解释，这样一来，学生则学不会概括自己学的东西。众所周知，如果学习材料本身缺乏意义联系，或者学生不了解材料的意义，不理解其间的内在联系，单靠反复背诵达到机械记忆，其效果差，费时多，效率低，遗忘快。有效的外语学习应采用意义记忆方法，即在对事物理解的基础上，依据事物的内在联系，运用有关知识经验进行的记忆。正是因为这种对短语搭配拆解分析的缺失，很多英语专业学生只能进行机械的记忆式学习，最终只能是事倍功半。

4. 短语搭配教学方法

一般来说，教师可以在日常教学中采用拆解分析法、观察分析法和语境分析法来帮助学生理解和掌握短语搭配的内涵。

4.1　拆解分析法

事实上,对任何一个常规短语搭配进行仔细分析就会发现,短语搭配并不是一些人认为的那样随意和不确定。以前文提及的 strong tea 和 powerful car 为例,前者是浓茶,strong 指的是"味重的",如果用 powerful 来和 tea 进行搭配的话,那么表达的含义则与前者有所差别,powerful tea 指的是某些具有疗效的花草茶,这是因为,虽然 strong 和 powerful 是近义词,但二者的词义并不完全重合,后者在这里含有"有强烈作用的,效力大的"的含义。如果教师在教学中只告诉学生 strong tea 是习惯性搭配,那么学生可能永远不会知道 powerful tea 的含义。同样,如果教师只告诉学生"动力十足的小汽车"用 powerful car 来表达的话,那么学生永远不会知道 strong 和 car 也可以搭配,指足够坚固的小汽车。再比如,strong wind 和 heavy rain,很多学生对这两个词汇的含义耳熟能详,但不能真正说出这样搭配的缘由。如果对短语中单词进行分析的话,就会发现,雨滴是由水构成的,自然就会有重量,所以当雨很大时,其重量也更为明显,因此 heavy rain 用来指大雨。相反,风本身是没有重量的,但具有力度,因此强有力的大风用 strong wind 来表述。如果教师在教学中能从词义出发,学生不仅能学得更有兴趣,其理解也能更加透彻,不用靠死记硬背来学习英语词汇。

4.2　观察分析法

当然,还有一些短语搭配含有相同的成分,如不同的动词能衔接相同的名词,那么这样的短语搭配应如何进行辨析和记忆呢? 这时就需要教师带领学生对这类搭配进行观察分析,发现和总结搭配成型的缘由。现以 take a trip/make a trip/have a trip/do a trip 为例进行阐释。在英语专业四级备考中,学生可能会遇到这样一道单选题:

President Biden _____ a trip to the Capitol Hill to meet with Senate Republicans and try to change some minds.

A. took　　　　　B. made　　　　　C. had　　　　　D. did

相信大多数学生会纠结,会把选择范围缩小至 A 和 B,毕竟 take a trip 和 make a trip 是最常见的。但这两个短语到底有什么区别呢? 既然含有相同的宾语 a trip,那么教师不妨收集一些含有这两个动词的短语,从中发现它们的语义和使用特征。表 1 为 take 和 make 常见的搭配。

表 1　take 和 make 常见搭配

Take	Make
Take a break	Make a decision
Take a look	Make an effort
Take a shower	Make a commitment

续表

Take	Make
Take a photo	Make an excuse
Take a walk	Make a friend
Take a seat	Make a contribution
Take a nap	Make progress

　　教师可以让学生观察表中的搭配,并讨论哪一纵行的短语表达的含义需要更多的计划、付出和努力。学生不难发现右边这一纵行包含 make 的短语需要做出更多的努力,由此可以引导学生得出结论,make 这一动词更关乎主动地去创造事物,而 take 表达的动作似乎更加日常和普通,因此,take a trip 更多的是表达为放松而开展的旅行,而 make a trip 多表达带有某种目的或为完成某项任务而进行的行程,如 make a business trip。该题题干表达的意思是美国总统拜登去国会山是为了说服议会中的一些共和党人,是带着一定的目的去的,是需要做出努力才能扭转这些人的观点的。因此,此题最合适的选项应该是 B. made a trip。当然,为了透彻分析此题,教师应对选项 C 和 D 做出分析,同样,教师可以列举一系列相关词汇,如表2。

表2　have 和 do 常见搭配

Have	Do
Have an accident	Do exercises
Have a fight	Do harm
Have a dream	Do laundry
Have a feeling	Do drugs
Have a good time	Do homework
Have a break	Do an experiment
Have a headache	Do one's hair

　　我们通过观察不难发现,have 搭配的短语都有经历某事的含义,即 have 一词可以用 experience 替代,如 experience an accident/a fight/a feeling/a fight;而 do 搭配的短语基本描述的是日常活动或者完成一定的工作任务。因此,have a trip 几乎等同于 experience a trip,但需要注意的是,在实际使用中,该短语更多地用于表达祝愿,如 have a good/wonderful/nice trip。而 do a trip 在实际使用中含有完成的意思,因此基本用在过去式中,如 We just did a trip to Japan.

　　通过观察发现短语的语义和使用规律,学生会更有成就感和收获感,并且会在观察操作中形成更加深刻的记忆,学习会更加有效。

4.3 语境分析法

虽然拆解分析和观察分析法能帮助学生理解并掌握常见短语搭配,但语言是灵活的,并不是任何时候一些常见搭配都适用于一些语境。比如,表达做某事的权利时,大多数学生的第一反应为固定搭配 the right to something/to do something,因此,针对下面这道题,学生大多会毫不犹豫选择 right 一词。

题 1:The Constitution says Congress has the _____ to declare war.

    A. authority   B. right   C. power

题 2:As soon as Israel is attacked by forces in Palestine, it has the _____ to declare war on Palestine.

    A. authority   B. right   C. power

题 1 的正确答案为 authority 或 power,而非 right,因为根据语境,宪法规定国会具有的宣战能力是一种权威、权力,而非道义上享有的一种权利。而题 2 应选择 right 是因为以色列被巴勒斯坦攻打这一事实给了以色列一种正当的权利或者理由去回击。从这两题的正确选项中可以看出,right 一词多指道义、伦理上的一种权利,而 authority 和 power 更多的是指某种权威、身份赋予的职权。由此可见,通过语境分析短语,还有助于学生辨析掌握近义词。

再如,提到社会责任一词,很多学生的第一反应是 social responsibility 一词,但独特的语境可能需要不同的词语来和 social 搭配。如下题:

题 3:There is one and only one social _____ of business—to use its resources and engage in activities designed to increase its profits so long as it stays within the rules of the game, which is to say, engage in open and free competition without deception and fraud.

    A. duty   B. obligation   C. responsibility

此题正确选项应为 obligation,因为题干明确指出企业在扩大利益的同时不应涉及欺诈,欺诈一词已涉及法律问题,因此这不仅仅是一种 responsibility,而应该是语气更强的含有受到法律规范的 obligation。

从上述分析中可以看出,掌握和牢记常见搭配固然重要,但作为英语专业学生,还应具备根据语境灵活分析、搭配短语的能力。这是教师在教学中需要重视的一个环节。

5.结语

短语搭配在英语专业的学习中占据较大比重,但鉴于以往教学缺乏对短语搭配内涵的挖掘,短语搭配成为不少英语专业学生记忆的负担,学生在对短语搭配掌握不透彻的情况下也无法在专业过级考试中做出正确判断。因此,对短语成分进行拆解分析,引导学生在观察的基础上归纳总结短语选词缘由,帮助学生通过分析语境来判断短语词汇的选用,将有效提升学生对常见短语搭配的理解。学生在理解的基础上再进行记忆,才能真正将其内化为自己的知识,学习才会获得事半功倍的效果。

参考文献

［1］SMADJA F. &MCKEOWN K. Using collocations for language generation［J］. *Computational Intelligence*,1991,7 (4):229-239.

［2］DILIN L. Description and instruction of lexis and grammar: Research studies and teaching practices guided by contemporary linguistic theories［M］. Shanghai: Shanghai Foreign Language Education Press, 2017.

A Brief Analysis of the Approaches to Teaching Collocations for English Majors

【Abstract】 Collocation is a major chunk and difficult point in English study, yet the mainstream teaching method is still the noticing-memorization type, lacking in deep analysis, so that it's impossible for students to have a thorough understanding of collocations, which inevitably affects their learning efficiency. This paper points out that teaching methods, based on the analysis of the semantic features of the components, the observation of general rules of choosing certain components, and the analysis of specific contexts, will help students truly grasp collocations and use them correctly and flexibly, so as to enhance students' learning efficiency.

【Key words】 collocation; teaching method; analysis; breakdown; observation; context

基于 iWrite 平台数据浅论对比分析假说与专科英语写作教学
——以四川外国语大学成都学院专科学生为例

四川外国语大学成都学院应用英语学院　何益[①]

【摘要】本文以第二语言教学中的对比分析假说作为切入点,先陈述了"语法困难等级"和"强假说"和"弱假说"理论。并以此为基础,以"iWrite 英语写作教学与评阅系统"提供的"错误类型统计"为参考,分析了英语专科生在大二年级第二学期某次写作任务中的错误类型及数量,并就"语言对比"对专业英语写作课程教学设计提出了几点总结和启示,旨在通过大数据提升英语写作课程的教学效果。

【关键词】对比分析假说;专科;英语写作;iWrite

1. 对比分析假说

20 世纪中期,应用语言学领域流行将两种语言进行比较,这就产生了大家熟知的对比分析假说 Contrastive Analysis Hypothesis(CAH),这与当时盛行的行为主义和结构主义不无关系。CAH 认为第二语言学习的最大障碍在于第一语言系统对第二语言学习的干扰(interference)。因此,将两种语言进行科学的、结构主义的分析,我们可以预见学生在学习第二语言时遇到的困难。

罗伯特·拉多(Robert Lado)在《跨文化语言学》序言里写道:"本书的写作乃基于此假设:通过系统地将母语及母语文化同被学习的语言和文化进行对比,我们可以预见和描写那些给学生带来困难的语言形式和那些不容易产生困难的形式"。对学生而言,其学习那些与母语类似的语言要素会比较简单;学习不相同的语言要素则更难。

---

①　作者简介:何益,男,四川外国语大学成都学院副教授,文学硕士,主要研究方向为语言教学、英语写作。

克里福德·布拉图（Clifford Prator）进而将掌握目的语语法的困难等级划分为六个（表1）

表1　语法的困难等级名称及描述

等级	名称	困难描述
第一级 （Level 0）	迁移 Transfer	母语和目的语之间没有不同之处，学生可以简单地将母语知识正迁移到目的语中
第二级 （Level 1）	合并 Coalescence	母语中的两个语法项目在目的语里合成了一项
第三级 （Level 2）	差异不足 Underdifferentiation	母语里的一个项目，在目的语里不存在
第四级 （Level 3）	再解释 Reinterpretation	母语里的语法项目在目的语里有了新的形式或作用
第五级 （Level 4）	超差异 Overdifferentiation	需要学习一个几乎与母语不相同的语法项目
第六级 （Level 5）	分裂 Split	母语里的一个项目在目的语里分化成了两个或者更多，需要学生加以区别

后来，罗纳德·沃德霍（Ronald Wardhaugh）把这种通过比较分析预测难点的做法叫作 CAH 的"强假说"，他还提出了一种"弱假说"理论——CAH 的确可以帮助教师和语言学家们运用已有语言知识，对第二语言学习中观察到的困难或错误进行解释。

奥勒和齐亚侯赛尼（T. W. Oller & S. M. Ziahosseiny）又在 CAH 的"强弱假说"之间找到了一片中间区域——那些母语和目的语之间，或者目的语内部之间最细微的语音、语序和意义差别才是学生学习最困难的部分。

我国通过语言之间的比较来促进第二语言学习屡见不鲜。例如，田洁认为在具有一定文化基础的成人英语教学中，运用英汉比较法教学会对教学对象大有裨益。杨文江也赞同在教学中引导学生主动将本族语和英语进行比较学习，要比单纯地讲语法条文生动，并且有利于学生英汉两种语言的同步提高。

2. 来自一位汉语作为第二语言的学生的例子

某次在听一位国外人类学家的中文讲座时，台下的听众基本上能理解这位人类学家的意思，但是这位人类学家（同时在学习汉语）要么将英文单词的不同词义不顾语境地套在汉语句子中，要么将英语句型"负迁移"到了汉语中。就像有些时候我们自己说英语一样,多少会让英语为母语的人觉得有些别扭、不太地道——这就是我们常说的"中介语(interlanguage)"。如果得不到及时纠正,中介语往往会被"石化(fossilized)"。我们细分析一下这位人类学家的一些表述:

(1)"……待很长时间在少数民族地区"

这显然是英文语法结构的"生搬硬套"。汉语里如果动词同时要和状语、补语在一起,那么状语应该提到动词前:在少数民族地区待了很长时间(说话者想要表达的是过去的状态)。对应语法困难等级中的第四级"再解释"。

(2)"无论如何是人类学家,还是……"

这里的逻辑关系显然是英语里的"whether…or…",其对应汉语的"无论……还是……";而"无论如何"强调的是"不管怎样"的含义。

(3)"我们雇佣(employ)的理论""我以后(later)再跟你们讲讲"

"employ(使用,采用;雇用)"和"later(稍后;后来)"在汉语里对应多个词义,即语法困难等级中的第六级"分裂",因而在汉语的不同语境需要使用不同的词义,而不是笼统地将"雇用"或"后来"套到所有的情况里。

3. 基于 iWrite 的作文错误类型统计

本文是基于写作课程授课对象为应用英语学院大二年级的英语专科学生,其整体的语言运用能力(能运用所学的词汇及语法准确、清晰、顺畅地表达自己所想)中等,甚至中等偏下。以本学期写作课程布置的一篇英语专业四级作文写作题型——"私立教育的优劣"为例,通过外语教学与研究"iWrite 英语写作教学与评阅系统"提供的 6 个教学班的后台"错误类型统计"大数据,表 2 呈现了近 200 位大二专科生作文写作中出现的常见错误类型。

表2　iWrite 平台反馈的错误数总量排名前 5 个类别及个

班级 (人数)	错误类型数量前 5 类名词(个数)				
	第1类	第2类	第3类	第4类	第5类
中小学英语教学 1 班 (33)	名词的数错误 (147)	限定词冗余 (77)	其他错误 (68)	拼写错误 (49)	主谓一致错误 (45)
中小学英语教学 2 班 (32)	名词的数错误 (204)	限定词冗余 (69)	其他错误 (62)	主谓一致错误 (59)	拼写错误 (54)
中小学英语教学 3 班 (32)	名词的数错误 (194)	其他错误 (65)	主谓一致错误 (47)	限定词冗余 (47)	大小写错误 (30)

续表

班级	错误类型数量前5类名词(个数)				
(人数)	第1类	第2类	第3类	第4类	第5类
中小学英语教学4班 (33)	名词的数错误 (145)	其他错误 (63)	限定词冗余 (57)	主谓一致错误 (53)	流水句 (43)
学前英语教育2班 (32)	名词的数错误 (254)	其他错误 (97)	拼写错误 (78)	动词错用 (75)	主谓一致错误 (73)
学前英语教育3班 (32)	名词的数错误 (193)	拼写错误 (73)	其他错误 (90)	限定词冗余 (68)	主谓一致错误 (55)

通过分析以上数据,我们发现:

第一,"名词的数错误(即名词单复数)"6个教学班中该类错误均排错误总量第一位,且数量基本达到第二类错误的2倍,甚至3倍。汉语缺少严格意义上的形态变化,"形态标志在印欧语中是非常丰富的,如名词有性、数、格的变化……现代汉语不依赖这种严格意义上的形态变化来表示语法关系和语法意义。"按照对比分析假说来看,"名词的数错误"属于"第五级超差异",学生在学习英语过程中,需要"从无到有"理解并熟练运用"名词的数"这一概念。

第二,限定词冗余(即定冠词和不定冠词的使用)和主谓一致错误也是排名靠前的错误类型,这印证了外语学生,尤其是英语专科学生,受到"超差异"错误类型影响较大。

第三,诸如"拼写错误""大小写错误"和"流水句"错误类型的出现则反映了一些较为基础的外语学习偏误在英语专科学生群体中的"顽固性"和"普遍性"。

4. 对专科英语写作教学的新思考

(1)课程联动,自主运用

第二语言学习中很多目的语知识点都是前文"困难等级"里谈到的第3～5级的情况,比如英语里的16种时态、虚拟语气就是汉语里没有的,也是英语专业学生最头疼的。因此,不是通过单一的语言比较就能够直接促进语言教学。

本文发现,在写作教学中,学生对于这些头疼的语法项目,要么"避而远之"——从来不在写作中去尝试,要么是错误频出。因此,我们的语法课、口语课和写作课教学不能完全独立进行。大一学生若没有写作课程,教授语法课的教师在教学设计中就要融入适当的写作训练和翻译训练,口语教师可以和语法课老师共同备课了解学生的学习进度,通过实际的操练来完成对语法知识的掌握和巩固。语法课常规的选择题考查模式过于应试,虽然能帮助教师和学生快速地判断知识的掌握情况,但其局限性颇为明显——学生不是自主地、积极地在运用语法知识进行表达。

(2)充分预测,高效反馈

很多人在用英语说话或写作的时候,往往会通过汉语的"中介"(即先构思汉语,再用英文去翻译)来完成,这在英语专科学生中尤为明显。一方面因为英语语言基础能力较差,另一方面跟他们摆脱不了第一语言系统影响有关。作为成年人,大学生第二语言学习与幼儿的第一语言学习最大的不同在于,前者已经拥有一套建立在第一语言上的、成熟的认知系统,因而他们的第二语言学习不可避免地受到母语的影响。所以,若我们过度地将目的与同母语进行比较,在某种程度上会加深第一语言对学习第二语言的干扰,过犹不及。

写作教师可以借助对比分析"弱假说"来分析学生常见的一些偏误类型,对其进行归类统计,并且让学生自己意识到在语言学习过程中受到母语影响的程度。其次,教师不妨充分利用 iWrite 平台来引导学生根据反馈自主完成写作修改。当然,机器评阅现阶段还不够智能。因此,写作的结构和思路等方面的修改还需要通过同伴互评和教师评阅来协同完成。

(3)英语思维,巧设练习

语言之间的比较可能是多层面的。刘桂英、戴学勤就认为"在外语教学中,学生学习中外语言需要重点掌握的三个特点:中外语言的语音差别,词汇和语法差别以及语用差别"。如果从交际法教学角度看,"外语交际能力可划分为词汇能力、语法能力、话语能力、应变能力和社会语言能力的话",那么外语教学应加强后三项能力的培养。英语教学,包括英语写作在内,常常提倡培养学生"用英语去思维"的能力和习惯,渐渐摆脱汉语的影响,培养学生对英语的感知能力。鼓励学生对英语掌握达到一种"无需过多思考的、能脱口而出的知识运用(unanalyzed and automatic knowledge)"程度,学会真正用英语去思考,在英语语境中主动获取信息。

在英语写作课堂教学设计中,教师不妨通过更多的"仿写训练"和"摘要写作"来训练学生的英语思维。因为仿写和摘要练习都是基于一定的目的语文本进行的,不需要学生自己创作。因此,通过对目的语文本的分析、解读和探讨,经过加工、重组和整合等一系列难度不高的语言运用步骤,学生能够直面目的语文本和语境,强化用目的语思考的能力。

参考文献

[1] 田洁. 试析英汉比较教学法在成人院校应用的可行性[J]. 天津商务职业学院学报学,1999(3):33-34.

[2] 杨文江. 略谈英汉比较语法教学[J]. 宝鸡文理学院学报(社会科学版),1995,15(4):101-103.

[3] 周芸,邓瑶,周春林. 现代汉语导论[M]. 北京:北京大学出版社,2011.

[4] 刘桂英,戴学勤. 比较语言学与外语教学[J]. 齐齐哈尔大学学报,1996(3):54-55.

Contrastive Analysis Hypothesis and Teaching English Writing to Junior College Students in CISISU
—A Study Based on iWrite Data

【Abstract】 Based on Contrastive Analysis Hypothesis (CAH) in second language teaching and learning, this paper illustrates grammatical hierarchy in categories of difficulty, as well as the strong and weak versions of CAH, and analyses the categories of mistakes and their amounts gathered on iWrite in one of the essay writing assignments for sophomore junior college students in Chengdu Institute of Sichuan International Studies University. It ends with conclusions that may help teachers design English writing courses for better teaching outcomes.

【Key words】 Contrastive Analysis Hypothesis; junior college; English wiring; iWrite

交际教学法在英语视听说课程教学中的应用

四川外国语大学成都学院应用英语学院　吴雪芳[①]

【摘要】交际教学法对英语教学产生了深远影响,对课堂教学具有实际的指导意义,因此教学实践中如何科学地应用交际法值得教师深入学习和探索。本文通过英语视听说课程教学的实践分析,探讨了合理应用交际教学法应注意的问题和可行途径。

【关键词】交际教学法;英语视听说课程;应用

1. 交际教学法简介

交际教学法,也称交际法,产生于20世纪70年代初的欧洲经济共同体初建时,由于其成员国之间贸易往来日趋频繁,但语言隔阂对其交流构成了重大障碍,这样的社会需求促成了以满足现实交际需要为出发点的新型外语教学法的产生。交际教学法,有的称为功能法(functional approach),有的称为意念法(notional approach),有的称为功能—意念法(functional-notional approach),20世纪70年代中期以来,越来越多的人将其称为交际法或交流法(communicative approach)。

交际教学法主要是受到社会语言学理论的深刻影响。在社会语言学看来,语言是一种社会现象的存在,以社会交际为最本质的功能。简言之,交际教学法就是在教学中将培养学生的语言交际能力作为首要任务的外语教学法。交际教学法主张学生是课堂活动的主体,教师教学的过程本身就是实施交际的过程。教师应该选择真实的语言材料,采用多样化的教学手段为学生创造接近真实交际环境的课堂,培养学生的语言运用能力。

[①]　作者简介:吴雪芳,女,四川外国语大学成都学院副教授,文学硕士,研究方向为英语教学。

2. 交际教学法在英语视听说课程教学中的应用

2.1 英语视听说课程教学目标

在高校英语专业开设的课程中，英语听力课程主要是以听力训练为主，重输入、轻输出，重技能、轻应用，重测试、轻实践，未能兼顾语言知识学习与交际能力培养。随着我国英语教学实践的深入，以及教学理论研究的不断加强，尤其是在社会语言学和交际教学法的影响下，英语听力课程的教学目标逐步向有效提升学生英语综合应用能力、培养学生跨文化交际能力转变。同时教学实践的发展和教学理论研究的深入，促使了教材的推陈出新，一系列以促进学生英语交际能力为主的教材相继出版，如外研社出版的文秋芳老师主编的《新标准大学英语-视听说教程》、广东外语外贸大学英语教学团队编写的外研社出版的《新交际英语-听力教程》。在学生培养目标转变、教学理论研究深入，以及教材日益科学化的协同作用下，英语视听说课程的开设更加注重学生由听到说、由输入到输出的语言应用能力的培养。

2.2 英语视听说课程中的"听"与"说"

听是人们言语交际活动中一种主要形式。视听说课程中的视听，应该被视为一种交际行为，是积极主动地利用源语言中的语音、语调、词汇、语法、句法、语篇、修辞、语境、社会文化背景、说话人肢体语言等一系列因素，对语言进行加工，获取信息、理解说话人意图的过程。

说是人表达自己思想和传递意图的重要交际手段和交际活动。视听说课程中的说旨在通过教师教学活动的设计，鼓励学生通过积极主动的思考和分析，用已有的语言知识将所听到的信息转化为自己的思想，并通过口语表达出来，或者通过与教师或其他学生进行思想的交流而进行的主动输出。

交际教学法强调学生是课堂教学活动的主体，教师是课堂教学的引导者、教学活动的设计者。在视听说课程教学中，教师要通过设计各类教学活动，将视、听的过程由学生被动的听音频或者看视频，转变为主动调动自己的语言知识、生活经验、文化背景等因素，对信息进行处理、分析和重构，从而理解音频或视频信息，并能将其应用到实际交际中。英语视听说课程中的听和说既是学习的内容，也是学习的手段，是对交际能力的培养，也是进行交际的必要条件。

2.3 英语视听说课程的教学过程即交际过程

交际是指在语言情境中进行听说读写交际活动的策略和寻找一切能表达自己思想的策略。例如,用已知会用的词语替换未知不会用的词语转述、重组等策略。传统的听力课堂教学主要是教师为主导,通过传统的教学方式如翻译法(听录音然后分析讲解文本)、听说法(即模仿、跟读、重复音频)帮助学生感知和理解语言材料。交际教学法主张尽可能为学生创设真实的交际情境,整个课堂教学的过程就是交际过程本身,这要求教师在设置练习的过程中能将教材中涉及的内容与学生的生活,尤其是毕业后工作中实际使用英语的场景联系起来。

我们以《新标准大学英语视听说教程2》的第二单元 Mixed Feelings 的 Inside view 部分为例,教师可以在带领学生观看完教学视频后,为学生创设一个"毕业后出国留学,想家的时候跟外国好友分享自己的感受"的场景,比起创设一个"出国留学想家时给家人打电话"的场景,前者更符合实际,更能体现交际的真实性。交际教学法注重对已有语言知识的转化,教学过程中教师还需要通过不断的提问、引导,鼓励学生在课堂互动中用自己已有的英语语言知识表达自己的思想,比起传统的让学生单纯练习某一个句型,前者更能培养学生的交际能力。视听说课程的教学过程就是一个听与说互相融合的过程,听是说的基础,说是听的提高,整个教学过程就是一个真实的语言交际过程。交际教学法提倡的教学过程即交际过程对激发学生学习兴趣,发挥学生主观能动性,促进师生之间情感交流有良好的推动作用,能使学生更加积极活跃地投入到课堂互动中。同时由于交际教学法不主张急于对学生口语表达中的语法错误进行纠正,而是以是否能流畅表达自己的思想为评价标准,所以其在一定程度上对提升学生对学习语言的自信心具有较好的促进作用。

3. 交际教学法在英语视听说课程教学应用中的困境与展望

3.1 交际教学法应与传统教学法相融通

教师在英语视听说课程中实施交际教学法,常遇到的困难是教师精心创设的交际场景,学生无法顺利听懂并流畅地表达自己的想法,而教师引导和鼓励学生的过程是整个交际活动的主要部分,这导致教学进度滞后,教学任务无法完成。究其原因,其主要是学生语言知识的匮乏,如词汇、语音、语法等方面基础不扎实,表现为词汇量比较有限、会用的单词不会读、语音错误等影响其听力理解、语法错误较多,进而导致交际过程不顺畅。在这点上,束定芳教授在总结我国著名的外语教育家李观仪先生的观点时指出,关于语言输入,必须要有较高的质和较大的量,以增加学生的感性认识,很难想象在语言输入较少的情况下,学生能够开展自由发挥的交际活动。传统教学法注重对学生词汇、语音、语法等语言知识和听说读写等语言技能的培养,交际教学法注重对学生语言应用能力的培养,两者互相融合更符合目前英语视听说课程教学的实际。交际教学法可以与传统教学法取长补短,形成课堂教学的合力,实现李观仪先生主张的"使外语课堂既为学生提供一定的真实交际环境以锻炼学生的交际能力,又不忽视对学生语言发展同样重要的词汇、语法等语言能力的培养,使其打下坚实的语言基础"。

3.2 真实视听说环境的创设需要兼顾情感

根据 Krashen 的"情感过滤假说",情感因素对语言输入具有过滤作用,其制约学生接受所输入内容的数量和质量。在英语视听说课程教学过程中,根据交际教学法,教师应当尽力为学生创设真实的交际场景;与此同时,教师要减少学生的"情感过滤器"对语言输入的抑制作用;教师还应当在创设真实交际场景的过程中,力求大部分学生对此交际场景感兴趣,使得学生主观上想要去学,有强烈的学习意愿。因此,教师必须对学生的学习需求和学习兴趣进行充分的调研和了解,以学生为主体,开展灵活多样的课堂活动,培养学生的学习兴趣,这样才能真正实现交际教学法所提倡的提升学生语言应用能力的目标。

3.3 交际过程对教师素养要求更高

李观仪先生指出,我国英语教学是在非英语环境中进行的,这是英语学习一个非常不利的因素,培养学生的交际能力应该避免这一不利因素,为学生尽力创设真实性、交际性语言环境。英语交际教学法也强调教学过程即交际过程。在以听说为主的英语视听说课程教学过程中,教师就是贯穿交际活动始终的指导者和活动策划者、真实交际环境的创设者,而这对教师自身的业务能力和素养有着很高的要求。教师要有扎实的语言基本功,如地道的语音语调、全面的语法知识,丰富的词汇量、良好听说能力,尤其是流畅的口语表达能力,与此同时要有良好的语言学素养、娴熟的教法运用等。要想更好地在英语视听说课程中实施和应用交际教学法,教师自身需要有终身学习的意识,不断精进自己的语言基本功,同时教学单位需要有意识地对教师进行系统全面的培训,以提高教师队伍的整体质量,提高英语视听说课程教师队伍的整体水平,促进交际教学法在英语视听说课堂上更好地实施。

4. 结语

英语教学的本质可以说是利用外语进行教学的跨文化交际行为,交际教学法倡导的培养学生交际能力的核心思想与外语教学的根本目的高度契合。因此,在英语视听说课程教学中贯彻和实施交际教学法对培养学生的语言应用能力,提高学生英语综合水平以及提升学生跨文化交际能力有非常重要的意义。但交际教学法重语言运用能力,轻语言知识和语言技能培养的问题,给其在教学实践中的具体应用带来一些困难。要充分发挥交际教学法的先进性,还需要适当融入传统的教学法,这样才能相得益彰。交际教学法自 20 世纪 70 年代引进我国至今,对我国外语教学产生了深远影响,虽然交际教学法面临诸多困难,但人们并未简单摒弃它,而是在不断探索克服这些困难的途径。交际教学法应用到英语视听说课程的教学中需要考虑学生学习兴趣、学生实际学习需要、各地学情、各校教师水平和语言素养等多方面因素。任何先进的教学方法都应以实践为依托,力求因材施教,这样才能更好更合理地将其运用到我们的教学中。

参考文献

[1] 韩峰.英语教学及其教学模式研究[M].北京:中国纺织出版社,2019.

[2] 胡文仲.胡文仲学术研究文集[M].上海:上海外语教育出版社,2017.

[3] 束定芳.外语教学应在传统教学法与交际教学法之间寻求融合——李观仪先生的外语教学观及外语教学实践主张[J].外语界,2019(2):16-23.

[4] 辛斌.交际教学法:问题与思考[J].外语教学与研究,1995(3):49-55.

[5] 张伊娜.交际教学法问题之思考[J].外语与外语教学,2006(4):21-23.

[6] 朱彦,束定芳.任务型语言教学中的教师信念和教师主导话语研究[J].现代外语,2017,40(1):125-136.

Application of the Communicative Approach in the English Viewing, Listening and Speaking Course

【Abstract】 The Communicative Approach has a far-reaching impact on English teaching as well as practical significance for classroom teaching. How to implement the communicative approach scientifically in teaching, however, is still worthy of teachers' in-depth study and exploration. Based on the practical teaching in the English Viewing, Listening and Speaking Course, this thesis explores the problems and feasible ways during the application of the communicative approach.

【Key words】 the Communicative Approach; English Viewing, Listening and Speaking Course; application

基于高校国际合作办学项目的英语课程建设

四川外国语大学成都学院应用英语学院　吴一敏①

【摘要】随着我国"一带一路"政策的深化,越来越多的大学生选择出国深造,而国内大学国际合作办学项目的数量也因此日渐增长。本文从课程内容、教学模式、教材使用以及评价体系的建立四方面出发,旨在探索一套更切合国际合作办学项目实际的英语课程建设方案。

【关键词】国际合作;英语;课程建设

1. 国际合作项目中英语课程的现状

自 1986 年"南京大学-约翰霍普金斯大学中美文化研究中心"成立,我国高校各项对外合作交流项目的规模逐渐扩大。随着全球化进程的加快以及我国"一带一路"等政策的提出,到国外深造的中国学生不断增加,这带动了高校国际合作项目的蓬勃发展。目前我国高校的国际合作办学项目基本采取了"1 +2""1 +3""2 +2"或"2 +3"等形式,即学生在国内大学学习 1~2 年时间,之后赴国外大学学习 2~3 年以取得国外大学的学位。

因为参加该项目的学生会在国内高校学习一定时间后前往国外高校学习,因此针对该项目的学生,国内各大高校在课程设置上会有意识地加重英语课程的比重。高校开设的这些英语课程大致分为两类。第一类英语课程的设置注重学生通过相关英语等级考试,牢牢围绕雅思、托福等考试的需求开展课堂教学。在国际合作办学项目中,国外高校普遍对学生有一定的英语水平要求,而这

---

① 作者简介:吴一敏,女,四川外国语大学成都学院副教授,理学硕士,研究方向为应用语言学与跨文化交际。

些要求主要是雅思或托福的具体分数要求。为了满足合作大学的这一语言要求，部分高校会直接将国内的英语课程开设为雅思、托福的专项训练课程。这些英语课程以雅思、托福等考试的题目练习为主，重点培训学生的应试技能，以期在短时间内提高学生的相应测试成绩。而第二类的英语课程则不会完全以雅思、托福等语言考试为核心。采取这一方式的高校在开设英语课程时往往以培养学生的一般性英语技能为主，辅以雅思、托福等考试的技能培训。因此，在这类英语课程中，课程的设置更为复杂，往往会覆盖听、说、读、写、译各方面的专项培训课程。采取这一方式的高校往往选取一般性的普通大学英语教材作为主要授课材料，并添加雅思、托福的相关材料进行教学。学校开设的英语课程数量往往较多，学生的学业压力较大。

显而易见的是，上述两类英语课程的设置均存在或多或少的问题。究竟什么样的英语课程设置才能更好地满足学生出国后的实际语言要求，这是历年来学者们一直关注的问题。通过比较中外高校教学的差异，本文认为合理的课程内容、良好的教学模式、恰当的教材选用以及科学的评估方式应当是构建符合中外合作办学项目实际的英语课程不可或缺的部分。

2. 合理的课程内容

对于即将出国学习的学生来说，英语课程对于他们英语水平的提高至关重要。而英语课程内容的设置会在很大程度上影响学生英语水平提升的效率。科学的英语课程内容设置往往事半功倍。参与中外合作办学项目的教师，可以从实际出发，结合项目的实际情况，对英语课程的内容设置做出一定调整。

在中外合作办学项目中，英语课程内容的设置一定要从学生出国学习的首要需求出发，即应当重视对学生听说读写这四方面的基本功的训练。首先，国外纯英文的学习环境对于学生的听说能力会有更高的要求。如果学生无法在学习中获得优秀的听说能力，则可能在将来的留学生活中遇到较大的障碍和困难。所以教师在听力和口语的课程中，需要设置更多的练习场景让学生进行模拟练习。值得注意的是，国内大学的英语听力课程的素材大多采用标准的英音或美音录制，但学生在出国后会接触不同口音的英语。因此，教师在选取素材时应当注重多样化的口音（如印度口音英语、巴西口音英语、日本口音英语等）素材，以锻炼学生对不同口音英语的接受度。此外，受传统教学模式的影响，中国学生在英语学习中更容易出现哑巴英语的情况，而这对于即将出国的学生来说是万万不可的。因此在中外合作办学项目的英语课程中，口语课程的占比应适当加大。教师还应设计更多更有趣且互动性更强的教学活动来激励学生参与到口语的交流中来，以此锻炼学生的口头表达能力。

其次，在阅读和写作方面，课程内容需要做出一定调整。在国外大学学习期间，学生需要花费大量时间进行文献阅读和论文写作,而这一点是与中国大学的学习存在较大差异。因此,为了让学生在国外大学学习期间避免因为文献阅读和论文书写问题而产生学业上的困难,学校中外合作办学项目中的英语阅读和写作课程,需在传统的阅读和写作技能的培训基础上,加入与国外大学接轨的文献阅读技巧和论文写作技能板块。

3. 良好的教学模式

不可否认的是中外高校的教学模式存在较大的差异,而这些差异也正是导致学生出国学习表现不佳的原因之一。中国大学的英语课程主要是以教师为中心的传统教学模式开展各项教学活动的。这样的课堂会略显沉闷,学生总习惯于以被动的方式来接收英语知识。然而大多数国外大学的课堂教学是以学生为主体展开的。在这样的教学模式下教师更像一个引导学生自主学习、主动思考并不断创新的辅助者,而不是一个纯粹的知识传授者。课堂教学环节多是以小组辩论、小组展示、学术讨论等方式进行的。大多数中国留学生刚开始在国外学习会很难适应自主学习和主动思考的教学方式,因此高校中外合作办学项目的英语课程教学中,教师们应当充分了解国内外教学差异,将自身课堂的授课方式与国外高校对接,让学生在国内学习阶段更好地养成自主学习与思考的习惯,以便他们在国外学习期间更好、更快地适应国外大学的教学模式与节奏。

为了做到这一点,高校中外合作办学项目的教师需不断提高自身的教学水平和能力。首先,教师们可以充分利用中外合作办学项目自身的项目优势,如与外方教师开展教学研讨会议。在这些会议中,国内教师可以尽可能多地去了解国外高校在教学模式上与国内高校存在的差异,并逐一了解国外高校教师的上课思路、备课方式以及教学活动设计理念等。之后,国内教师可将了解到的内容进行一定筛选,结合国内高校实际情况与参与项目的学生的实际英语水平,有选择地将国外教学方式引入国内的英语课堂。其次,教师可以利用各种在线网络平台,例如 Coursera,教师与学生可以观看国外著名高校的公开课,教师在观看的过程中学习国外的教学方法,学生在观看的过程中慢慢了解国外的教学模式。最后,高校可以在一定程度上给予高校中外合作办学项目的教师一定的支持。例如,国内高校可以定期将参与项目的教师们送往其他大学交流学习。在这样的学习过程中,教师们可以更加直观感受中外大学教学方式的差异,体验国外大学的课堂氛围及教学活动,从而改进自身的教学方式,使之与国外大学的教学模式接轨。

4. 恰当的英语教材

除了教学模式的差异,中外高校使用的英语教材也存在明显不同。国内高校中外合作办学项目中,因为高校的目的是让学生尽快达到国外高校给出的语言要求,因此,在教材的选择上大部分高校以雅思或托福考试相关教材为主。而当涉及一般英语知识的教授时,许多高校则会采用普通的大学英语教材作为中外合作办学项目教学的英语教材。这样做虽然可以较好提升学生的应试能力,也可以系统地向学生教授英语基础知识,但这些教材容易让学生对所学英语知识产生片面化甚至模块化印象。这样的教材选择还可能让一些学生过度关注教材中的单词和语法,而忽略了英语知识整体的运用。而国外大学的英语课程中多数情况下不存在标准化教材这种说法的。国外大学的教师会根据每周课程的不同目标设定该周的教学内容,并制作相应的课件。这些课件就是授课的主体教材。此外,国外的教师会根据学生的不同水平给出定量的参考书籍让学生课外阅读。因此,国内的英语教师在授课时应当充分意识到这一差异,从实际出发,根据学生的真实水平和实际需求选取符合实际和实用性的教材。例如,国内教师可以借鉴国外教师的教学方法,以课件作为每次课程的教材。

国内高校中外合作办学项目中英语教材的选用应充分考虑跨文化交际因素。比起国内普通大学的学生,参与中外合作办学项目的学生学习英语的目的就是在出国学习时更好地交流。因此,培养他们的跨文化交际能力尤为重要。如果没有这些相关知识,哪怕英语基础再好,学生也可能在国外高校学习时无法表达自己的真实想法。所以在选择英语教材时,教师应充分考虑跨文化交际因素,选择包含更多跨文化交际元素的英语教材,将其作为主体材料,并挑选一些介绍目标国家风土人情和中国民俗文化的英语读物作为参考阅读书目,以此拓宽学生跨文化交际方面的知识面。

5. 科学的评估体系

在中国,大学课程主要都采用传统的一次性评估方式——期末考试——对学生的学习情况进行测评。这种评估机制一定程度上可以刺激学生现阶段的学习热情,但其测试结果可能仅仅反映学生的应试能力。对于中外合作办学项目而言,其首要目标是让学生通过一定时间的学习提升英语交际能力和学术交流能力。为了实现这一目标,一个持续性的、科学合理的评估体系才能更好地反映学生各阶段的学习情况,并不断激励学生学习相关英语知识。

在实际操作中教师可以制订"1 + N"的评估体系。其中"1"为一次期末考试,旨在总体评估学生一学期的学习情况。但这里的期末考试并不仅仅局限于传统的试卷测试上。教师可以以本学期教授的内容为出发点,构建更加全面、综合的测评方式。例如,教授英语阅读课程的教师可以与英语写作教师合作,在期末评估时要求学生阅读指定的学术论文,并运用本学期所学的各种阅读技能和写作技巧,写出相关的文献综述。当然传统形式的试卷测试方式仍然可用,但采用这一方式时教师应更好地筛选试题,尽量避免死板、书本化的试题。此外教师应避免考题照抄书本知识相关知识点的情况,因为以这种方式考查学生水平并不能反映他们的真实学习情况。

而"1 + N"中的"N"则指,教师可根据自身教学进度及教学目标,在本学期设置多次小测试或课堂任务,并将这些测试或任务的评分纳入学生最终的期末成绩。例如,在英语阅读课程中,教师可以在学期初明确本学期授课的单元,要求学生分组完成指定或自选单元内容的相关背景及阅读技能的研究和学习,然后在课程进行到相关单元时由负责小组进行相应的课堂展示,并接受其他同学的提问。这一小组学习项目及课堂展示的分数,会由自评、他评和教师评价共同构成,并最终成为学生英语阅读科目期末成绩的重要组成部分。

采取这种灵活动态的评估方式,一方面有助于帮助教师激发学生的自主学习热情,实时监控学生的学习状态,并了解学生当前阶段的学习中存在的问题。另一方面,教师可以根据这些不断更新的测试或任务分数调整和完善自身的教学方式和教学手段,从而帮助学生更好地进行英语学习。

参考文献

[1] 陈国良.基于需求分析的国际合作办学英语课程设置[J].海外英语,2018(8):1-2.

[2] 王轶,郎碧琪.国际交流与合作项目中大学英语课程体系的构建[J].长春工业大学学报(高教研究版),2015(1):43-45.

[3] 邢理平.国际合作办学项目下中外英语教学比较研究[J].教学与管理(理论版),2007(6):60-61.

English Curriculum Construction in International Cooperation Projects of Chinese Universities

【Abstract】As the intensification of the "Belt and Road Initiative" policy, more and more university students seek opportunities to go abroad for further study. As a result, the number of international cooperation projects in Chinese universities increases dramatically. This essay tries to find out one practical approach for the curriculum construction of the English courses in these cooperation projects, in terms of course content, teaching method, teaching material and evaluation system.

【Key words】international cooperation; English; curriculum construction

第四部分
高教论坛

转型发展背景下独立学院应用型专职师资队伍建设

四川外国语大学成都学院人事处　　赵虹[①]

四川外国语大学成都学院英语学院　　李卫东[②]

【摘要】国内独立学院转型已进入攻坚阶段,向应用型高校转型能否成功很大程度取决于应用型师资队伍的建设,目前大部分独立学院普遍存在专职教师缺口大、应用型师资队伍建设不足的问题。因此,通过健全各种制度措施,在保障稳定的专职教师队伍基础上,构建多途径应用型师资培养模式,形成应用型专职师资队伍建设长效机制,可为独立学院转型发展提供坚实的基础。

【关键词】转型发展;独立学院;应用型师资队伍;长效机制

教育部于2008年4月颁布的《独立学院设置与管理办法》规定,独立学院要逐步与母体学校分离,符合条件的要转设为独立建制的普通本科学校,是独立学院适应经济发展以及提升自身发展的必然选择。2014年5月,国务院印发的《关于加快发展现代职业教育的决定》明确指出,独立学院转设为独立设置高等学校时,鼓励其定位为应用技术类型高等学校。2015年11月,教育部等三部门印发了《关于引导部分地方普通本科高校向应用型转变的指导意见》,更是鼓励地方高校向应用型转变。

经过近20年的发展,独立学院在办学规模、办学层次、社会影响等方面取得了长足发展,但随着高等教育改革的不断深入,转型为普通应用型高校对独立学院应用型人才培养目标的实现提出了更高要求:能够面向地方、区域经济发展要求,输送需求对口、综合素质高的毕业生。要达到这一要求,学院离不开拥有较高知识理论水平和较强实践技能的应用型专职师资队伍,而要建设这样的师

---

① 作者简介:赵虹,女,四川外国语大学成都学院党委教师工作部部长、人事处处长,副研究员,研究方向为民办高等教育。

② 作者简介:李卫东,男,四川外国语大学成都学院讲师,文学学士,研究方向为英语教学法。

资队伍，首先要健全各种相关制度，然后在保障稳定的专职教师的基础上，形成多途径的应用型教师培养模式，以满足独立学院实现成功转型的需要。

1. 应用型教师的内涵

目前国内学者对应用型教师队伍没有一个明确的界定。鉴于国内学者在讨论独立学院向应用型本科院校转型时，在师资队伍建设上多以"双师型"教师队伍建设为探讨重心，所以本文认为应将对应用型教师的界定放在"双师型"教师队伍建设的语境下进行。

1998 年我国提出"双师型"师资队伍建设要求以来，国内学者陆续发表文章对其进行了激烈讨论。如今，人们对于这一概念有了较为深入的认识，但对于"双师型"教师这一问题，无论是理论界还是实务中均没有一个相对统一的定义。对于此问题，学界的说法主要包括以下几种：有学者认为"双师型"教师既要拥有教师资格证同时要拥有职业技能证，即所谓的"双证"，但这仅从表面界定了"双师型"教师的标准，对教师的实际技能没有做出要求，很难说这样的教师一定具备实践教学能力。另一部分学者注重教师的实际能力，他们认为，"双师型"教师是教师与技师的"结合体"，他们不仅要具有教师的职业素质和能力，更要有技师（或行业专业人员）的职业素质和职业技能。还有一些学者认为"双师型"教师既需要持"双证"，而且无论是教师的素质、能力，还是技师的素质、能力都必不可少，即"双证＋双能"型，这种模式对教师的要求具体而严格。

综合以上观点，独立学院的应用型教师同时是具有职业资格和职业能力的教师，他们不仅具备专业的理论知识，还具备实践能力，在教学中能够紧跟时代步伐，理论联系实际，将自己的教学与学生未来职业发展的实际相结合，并通过这种教学模式实现独立学院培养应用型人才的目标。

2. 当前独立学院师资建设存在的突出问题

目前，独立学院的师资队伍在年龄、职称、数量结构和应用型教师占比上存在不合理之处。从年龄结构上看，其没有形成合理的老、中、青梯队：中年教师少，老年和青年教师多，老教师精力有限，青年教师缺乏教学经验给教学质量带来不小影响；从职称结构来看，具有高级职称的教师比例偏低，中级及以下职称教师居多；更为突出的问题是专职教师缺口大、应用型教师比例低。

2.1 专职教师缺口大

1999 年以来，独立学院师资队伍建设可概括为早期（1999—2003 年）、发展期（2003—2008 年）和转设期（2008 年至今）三个阶段，总体呈动态变化特征，主要表现在专职教师、母体高校委派教师、兼职教师的比例及其发挥主体性作用的不同。虽然经过一定时期的发展,部分独立学院基本形成了以专职教师为主体的教师队伍,但专职教师数量明显不足仍然是独立学院师资队伍建设存在的问题,这种结构的不合理成了独立学院内涵建设的瓶颈,这不仅影响其在政策允许下能否顺利转型,更重要的是影响其办学水平。

2.2 应用型教师比例低

绝大部分独立学院应用型教师较少,造成这一问题的主要原因有:一是独立学院教师队伍在年龄结构上普遍存在"两头大,中间小"的情况:老年教师和青年教师多,老教师虽有丰富教学经验,但在知识结构特别是实践经验和技能方面无法做到完全"与时俱进",而青年教师不仅教学经验不足,实践经验更为缺乏,实践教学能力较弱;二是绝大部分母体高校委派教师和兼职教师是研究型高校的教师,理论性较强,实践经验不足;三是应用型教师与普通专业教师在待遇上没有太大区别,这就使得其他教师向应用型教师转变的动力不足。

2.3 应用型教师培养缺乏长效机制

应用型教师培养机制存在的问题是随着独立学院转型逐渐出现的。首先,由于其自身的办学特点,独立学院无论是在时间还是在经费上对应用型教师的培训、培养力度都不够。一方面,由于教学任务紧张,不能长期派出教师到企业进行实践学习,不少教师缺乏实际工作经验,致使这些教师的实践教学能力及素质无法得到进一步提高;另一方面,受自身能力不足,国家财政支持力度相对薄弱的影响,学院对教师培养的经费投入明显不足,制约了教师向应用型教师的转型。其次,由于对应用型教师培养的时间和经费投入不够,缺乏顶层设计,应用型教师的培养途径相对单一、零散,学院没有形成有效的应用型教师培养模式。

3. 转型背景下应用型专职师资队伍建设

3.1 健全人才引进和管理机制,稳定专职教师队伍

(1)转变人才引进观念,建立开放性人才引进机制

开放性就是要开阔视野,打破陈规。一是打破长期以来对母体学校的依赖,尽量少聘或不聘母体学校教师,与此同时,尽量少聘来自其他高校的兼职教师,从而保证专职教师在整个师资队伍中的主体性;二是利用独立学院自身的优势,打破行业局限,不仅从高校引进人才,还要顺应转型发

展,采取多样化的聘用办法,吸纳和引进社会上有实践经验、业务能力强的人才,充实专职教师队伍。

（2）完善师资管理机制,打造良好环境留住人才

与公办高校相较的"先天不足"的独立学院,要留住人才非常不易。因此,学院要通过不断完善自身的师资管理机制,为教师们创造良好的工作环境和生活环境。工作环境方面,要不断加强各类基础教学设施建设,同时尽可能支持教师的学历提升、职称评定等,让教师有一个轻松愉悦的工作氛围;生活环境方面,要尽可能通过大力筹措资金或寻求政府帮助的办法解决教师们的住房问题,同时借助各种渠道切实解决教师子女的教育等现实问题,为教师们创造一个没有后顾之忧的舒适环境,为专职教师队伍的稳定发展提供有力保障。

3.2 构建多途径应用型师资培养模式

独立学院有了稳定的专职教师队伍,只是应用型专职师资建设走出的第一步。随着转型发展的深入,独立学院对应用型教师的需求势必扩大,这就需要学校各级、各部门通力合作,在借鉴传统的"双师型"师资建设的基础上,拓宽思路,构建多途径的应用型教师培养模式,以满足独立学院在转型发展下对应用型师资建设的要求。

（1）校企合作培养

一是"走出去",有计划地选派部分教师到企业"挂职锻炼",学习行业前沿知识技术,同时积累实践经验和技能,提升他们的实践教学能力。二是"请进来",即聘请企业中具有出色教学能力的优秀技术人才进校园、进课堂,对相关专业的教师进行行业知识、技能及实践经验的传授,促进他们的实践教学能力的提高。三是在校企共建的各种实训基地,学校委派的实训教师通过现场的指导实践逐步成长为应用型教师。

（2）学校自身培养

一是以老带新,践行"师徒式"的培养模式。由教学和实践经验丰富的专职教师向青年教师悉心传授行业经验、技能,并指导其实践教学,使其成长为应用型教师。二是依托学校举办的公司或企业,通过各种具体生产项目的实施,让教师全程参与,教师在这一过程中不断积累实践经验,成长为应用型教师。三是结合某些专业自身的特点,充分利用学校现有资源,通过教师指导学生的校内实践培养其成长为应用型教师。以某独立学院的"对外汉语教育"专业为例,该专业从大二开始,就对校内的外籍留学生进行汉语教学,教师全程指导,因此,实践经验和实践教学能力不断得到提升,成长为应用型教师。

（3）职业技能取证

建立完善教师职业技能资格制度,除校企合作和学校自身培养外,独立学院应鼓励专业教师积

极参加国家师资培养基地的培训,或通过自学、高校进修、出国研修等方式考取相应专业中级以上专业技术职称和职业资格、技能等级等证书。

(4)加强应用型专业及课程建设,构建应用型师资团队

为适应转型发展的需要,独立学院要加强应用型专业及课程的建设,应用型专业和课程的建设对教师提出了更高要求。只有专业理论知识,没有实践经验和技能的教师是无法胜任相应的教学工作的,这无疑会促进教师自觉向应用型教师转变,围绕应用型专业及课程建设,相应的应用型教师团队也会成长起来。

3.3 应用型师资培养的长效机制

(1)建立灵活的应用型教师认定机制,促进教师积极向应用型教师转变

依照通行的"双师型"教师资格认定标准,结合独立学院转型发展的实际,适当放宽条件,制定相应的应用型教师的认定标准。除了"双认证"外,独立学院可以按教师发展的实际情况对教师进行认定。如只拥有教师资格证,从事相关专业实践教学三年以上,并且有相关行业从业经历半年以上,教学成绩突出的专业教师,可认定其为应用型教师;只拥有职业资格证书,从事相关专业教学工作一年以上且教学成绩突出的社会引进人才,也可以认定其为应用型教师。

(2)建立应用型教师绩效评价机制,保障教师队伍的质量

社会经济是不断向前发展的,社会对应用型人才的要求也在随社会经济的发展而变化,只有建立合理的应用型教师绩效评价机制,才能保证教师"与时俱进",不断提高自身的专业素养和实践教学水平,进而培养出适应社会发展的应用型人才,这是独立学院转型发展的关键所在。应用型教师绩效评价可以从教学、科研和服务社会三个方面进行综合评价,定期开展,对于届期评价不合格的教师给出相应的处理意见,直至取消其应用型教师任职资格。

(3)建立激励机制,保障应用型师资队伍的长期稳定

独立学院一方面应加大对师资建设的资金投入,适当增加师资引进、师资培养、科研资助、学术活动资金。另一方面要提高教师福利待遇,在职称评定、职务晋升、福利待遇和奖金分配上向应用型教师进行政策性倾斜,从而为建立一支长期稳定的应用型师资队伍提供有力保障。

综上所述,独立学院应用型师资队伍建设是一项长期、动态的系统工程,其要求独立学院在转型发展的过程中,结合国家和区域地方经济发展状况,不断探索完善培养途径,形成应用型师资队伍建设的长效机制,提升办学水平与人才培养质量,满足学生需求,更好地服务地方、服务社会,顺利完成向应用型大学转型。

参考文献

[1] 台珊.独立学院转型发展中的师资队伍建设研究[D].长春:吉林大学,2015

［2］向礁. 转型期独立学院师资队伍建设研究——以云南省 A 学院为例［D］. 昆明：云南大学，2015.

［3］王廷，赵群. 独立学院战略转型期的师资队伍建设初探［J］. 中国成人教育，2011（5）：51-54.

［4］金国华，金鑫. 独立学院转型期师资队伍建设的探讨［J］. 高等教育研究，2012（5）：75-78.

［5］胡益龙，李晚芳. 转型背景下本科学院"双师型"教师队伍建设研究［J］. 湖南人文科技学院学报，2017，34（2）：113-118

［6］杨芳芳. 创建应用技术型大学背景下师资队伍建设探究［J］. 中国市场，2015（22）：154-155.

［7］陈香萍，傅鸿源，林寒，等. 独立学院师资队伍建设研究与实践［J］. 当代教育实践与教学研究（电子版），2015（5）：113,123.

Construction of Teaching Staff Group of Full-time Application-oriented Teachers in Independent Colleges under the Background of Transformation and Development

【Abstract】 The transformation of independent colleges has entered a critical stage. The success of the transformation to application-oriented universities depends largely on the construction of application-oriented teachers' group. At present, on the one hand, most independent colleges are generally in great demand of full-time teachers; on the other hand, they are insufficient in the construction of a teaching staff of application-oriented teachers. By improving various systems and measures, building a multi-channel model for application-oriented teahers'training on the basis of ensuring a stable full-time faculty team, and forming a long-term mechanism for the construction of a full-time application-oriented teaching staff, can provide a solid foundation for the transformation and development of independent colleges.

【Key words】 transformation and development; independent college; teaching staff of application-oriented teachers; long-term mechanism

国内高校继续教育模式转型与实施策略分析①

四川外国语大学成都学院继续教育培训学院　何军②

【摘要】在新时代的继续教育背景下,继续教育的各项功能和内容都发生了一定改变,为了能提供更加优质的融合继续教育,国内高校需要将继续教育原先传统的单一教学功能转变为多样的教学功能。国内高校需要更好地对继续教育的学生进行引导和帮助,促进继续教育学生的健康发展。基于此,本文首先分析了我国高校继续教育事业的发展现状,随后分析了高校继续教育转型的优势,最后分析了高校继续教育发展的策略,为相关研究提供参考。

【关键词】高校;继续教育;战略转型

1.引言

除了本科教育外,高校所开设的继续教育也成了培养高素质综合型人才的一大路径,不具有本科学历的成年人可以利用这一路径来接受高等级教育,从而拓宽自身的知识面,使得自身具有更高的素质。当前世界各个国家都十分重视高校创办的继续教育培训,而我国的继续教育培训也受到了教育领域和国家部门的关注。从我国现阶段的高校继续教育开展情况来看,继续教育并不能较好地贴合我国的国情,也不能按照社会的发展需要来提供相对应的人才,因此高校需要采取有效的

① 本人文是四川省民办教育协会一般项目"以就业为导向的民办高校继续教育发展策略分析"的研究成果,项目编号:MBXH21YB173。
② 作者简介:何军,男,四川外国语大学成都学院继续教育培训学院副院长、助理研究员,研究方向为高等继续教育、职业教育校企合作、教育培训和计算机应用。

手段来推动继续教育的转型升级。

2. 我国高校继续教育事业的发展现状分析

2.1 管理机制不科学

在开展继续教育管理工作时,高校通常都会将继续教育与普通高等继续教育混为一谈,先划分继续教育管理工作的种类,再按照继续教育管理工作的流程给各个职位上的工作者安排对应的工作任务。继续教育管理工作人员的关注点都在教学质量方面,所以并没有足够的精力将学院内教师和学生反馈的问题一一解决,进而割裂了管理和继续教育工作之间的关系,使得继续教育管理工作的效果无法达到新时代继续教育提出的新要求,最终教学质量不符合理想标准。高校想要提升继续教育管理工作的质量,就必须将自身的特色融入其中,然而就现阶段的情况来看,很多高校并未就这一点采取相应的措施,管理者只会将教学质量作为继续教育管理工作效果的评估依据,这导致教学流程不能集中进行,也会影响到继续教育管理工作的进程和质量。

2.2 规划体系不全面

目前,继续教育机构虽然与全日制高校进行了密切合作,但未能深入挖掘出全日制高校的品牌价值,无法形成良好的品牌机制,这对于继续教育机构打造令人信服的继续教育品牌极为不利。此外,继续教育机构没有清晰的办学规划,办学形式与成人高考的模式高度相似,没有对课程设置、教育方法、考核机制等方面进行科学地设计规划。大部分继续教育机构后续的教学支持和教学管理质量较差,其会为了眼前利益以夸张、虚假的宣传方式吸纳学员,这些都不利于我国高校继续教育事业的长远发展。

3. 高校继续教育转型的优势分析

3.1 师资优势

高校的教师队伍已形成完整的体系,教师队伍具有较高的资质,其中不乏具有丰富阅历与继续教育工作经验的教师,尤其是在优势学科中存在着很多具有优秀科研创新能力的教师。与此同时,很多高校的教师在国内都享有极高的荣誉和知名度。

3.2 学科优势

很多高校都具有悠久的办学历史,所以其内部所创设的学科也经历了漫长的发展,且具有多样化的类型,每一种学科的特色不一,很多学科都在相关领域以及国内继续教育领域打开了知名度。

3.3 质量优势

高校的办学工作是基于法律政策的,并且具有丰富的继续教育管理经验,这为继续教育的开展质量提供了保障。同时,因为高校的办学制度一般为全日制办学,因此高校会根据自身的办学宗旨来规划继续教育,并且设置具有自身特色的教学内容,在创新继续教育手段时即使会融入新的教学手段,也不会脱离高校自身特色。

3.4 品牌优势

国内高校是为国家供应高素质人才的基地,也是培养综合创新型人才的摇篮,其在国内各个领域已经具有了一定的认可度,因此社会公民在选择继续教育学校时会将高校作为优选对象。

4.高校继续教育发展的策略分析

4.1 引入互联网教学模式

随着信息化时代的不断发展,我国的互联网技术和信息化技术为教育事业的改革提供了便利,互联网教学模式对继续教育的战略转型具有重要意义。继续教育面对教育基础、社会背景、教学需求等完全不同的个体,而互联网教学可以让这些不同的个体与继续教育产生联系,让更多的人找到适合自己的继续教育资源。

4.2 充分挖掘品牌特色

继续教育要以高校的品牌特色为载体,找到适合自身的经营模式。继续教育可以依托高校的专业优势和学术优势开发更具实用性的特色教育项目及专业,并利用市场营销和公共关系等渠道对继续教育的品牌进行宣传,进而打造硬实力、高社会信任度的继续教育品牌,通过这种方式让人们更加清晰地认识到继续教育的品牌特色。在品牌建设规划的实施过程中,还可以从多方面来扩大继续教育品牌的影响力,例如,充分利用高校的影响力,与政府部门、职业认证机构、专业协会、品牌企业等建立合作关系,以培养出更多的创新型人才。

4.3 重视对教学质量的提升

　　传统的高校教学模式无法满足信息时代国家对高校继续教育体系转型的要求,因此改革教学模式是突破已有大学继续教育的首要环节。首先,高校教师应当转变自身教学理念,认识到各科课程教学的核心目标与首要任务,对学生的现状和需求进行详细分析,再实行针对性的教学手段,以此来探索新型的教学模式。另外,教师还要重视提高学生的应用能力,在实际的教学过程中融入新兴科学技术、信息技术,同时借助新媒体平台帮助学生更好地理解课程知识,以此来优化高校的教学质量。

　　此外,在对高校继续教育进行全面改革的过程中,相关负责人要敢于借鉴国外一些先进的继续教育理念与继续教育模式,将其有效地与我国继续教育体系进行融合,进一步完善我国高校的教学制度,提升我国高校的教学质量与水平。在欧美的一些发达国家中,许多科学的教学理念与教学模式被广泛应用于经济建设与培养综合性人才上,其为社会培养了一大批应用型创新人才,一定程度上推动了社会的发展。

　　随着全球化趋势的不断深入,我国高校更应该科学合理地学习国外有效的办学经验,并根据我国现阶段的发展趋势与实际情况进行适度调整,研究出符合我国国情的新教学理念与办学方式,从而更好地促进我国高校继续教育的发展。

5. 高校继续教育的转型策略分析

5.1 做好对办学重点的转型

　　随着市场经济体制的变化,成年人在发展和提升自我方面的价值观念发生了一定程度的改变,他们不再单一地追求文凭证书,而是更加追求多元化的内容,比如想要通过接受继续教育来完善自我价值、提升自身的能力素质。针对继续教育人员价值观念的转变情况,高校应当做出积极应对,重视继续教育与各个等级教育之间的衔接。各个高校的继续教育管理者需要对本校的特色与特征进行明确,重视非学历型教育的发展,尤其是继续教育与职业培训的双重发展,使得本校的继续教育可以由以学历文凭教育为主转变为以职业资质证明、就业培训、非学历型教育、创新教育等多个方面并重。总之,高校应当推动继续教育朝着非学历型方向发展,这正是顺应教育市场改革的正确做法。

5.2 做好对办学目标的转型

　　过去的高校继续教育崇尚的是规模效应,而新时期的高校继续教育应当追求精品效益。如今,精品效益正朝着不同方向发展,一个方向是本科学习向研究生学习转变,过去高校的研究生院单独管理的研究生教育转变为由继续教育处和研究生院共同管理,甚至有些高校为继续教育创设了博士学科教育。另一个方向是高校利用自身的优势专业,或者结合社会的发展需求创设继续教育精品培训班,通过继续教育培训为社会发展缺口提供相应的高素质人才,这一发展方向多见于东部沿海的发达地带。

5.3 做好对资源配置的转型

资源配置的转型包括师资、教学设备等各类教育教学资源的转型。资源配置的转型是继续教育转型的硬件基础,在转型中发挥重要作用。其中,师资的转型最为关键,它是人才培养目标得以实现的最重要保障。一方面体现在师资总量的提高上,以适应办学功能拓展的需要;另一方面对师资的种类提出了更高的要求。所以,要逐步提高"应用型""双师型"的师资比例。

继续教育的发展将由"资源约束"转向"需求约束"。"需求约束"是从继续教育的外部关系出发,考虑和决定继续教育的改革和发展。它强调和重视的是社会和经济发展对继续教育的需求,并以这种需求的大小和特点作为继续教育改革和发展最重要的依据。

6. 总结

综上所述,从我国高校继续教育事业的发展现状来看,其中存在管理机制不科学、规划体系不全面等问题。而从高校自身的教学特色和教学条件来看,高校在继续教育方面具有师资优势、学科优势、质量优势和品牌优势等优势。对此,高校需要结合自身优势,通过引入互联网教学模式、充分挖掘品牌特色、重视对教学质量的提升等策略来发展继续教育,并通过做好对办学重点的转型、做好对办学目标的转型、做好对资源配置的转型等策略来推动继续教育的转型发展。

参考文献

[1] 任飞燕.地方高校继续教育战略转型及影响因素分析[J].中国成人教育,2019(3):70-73.

[2] 王静.高校继续教育转型面临的问题及变革策略分析[J].山西青年,2019(6):203.

[3] 牟锐,高一钧,潘瑜.简析高校继续教育服务区域经济建设的现状与转型策略[J].四川工商学院学术新视野,2019(1):7-8,15.

[4] 吴佳.广西继续教育转型策略探索——以桂林理工大学为例[J].产业与科技论坛,2019,18(4):242-243.

[5] 刘丽梅,陈攀峰,高伟明.高校继续教育发挥教育扶贫主体作用及对策研究[J].品位·经典,2020(2):118-120,145.

[6] 郑英蓓. 研究型大学继续教育国际化的实施策略研究[J]. 文化创新比较研究，2019，3(16):101-102.

Analysis on the Transformation and Implementation Strategies of Continuing Education Mode in Private Colleges and Universities

【Abstract】In the new era, the functions and contents of continuing education have changed to some extent. In order to provide better integrated continuing education, colleges and universities need to upgrade the conventional teaching function from monotony to variety. It is necessary to provide students pursuing continuing education with multiple guidance and help to promote their sound development. In light of this, this paper analyzes the present situation of the development, advantages of the educational transformation and the development strategies of continuing education in Chinese colleges and universities, aiming at providing reference for future research.

【Key words】private higher learning institution; continuing education; strategic transformation

新文科背景下应用型外语院校特色专业集群课程体系研究与实践①
——以四川外国语大学成都学院为例

四川外国语大学成都学院英语学院　　王会②　　夏花③　　刘书坤④

【摘要】新文科建设对于推动文科教育创新发展、培养适应新时代要求的应用型复合型文科人才、提升国家文化软实力具有重要意义。作为应用型专业外语院校的川外成都学院,在夯实专业基本功的同时,努力打造以"外语+"为特色的专业集群课程体系,积极探索应用型复合型人才培养之路,培养市场评价最具核心竞争力的优秀应用型人才。

【关键词】新文科;"外语+";应用型;专业集群;课程体系

1.引言

2020年11月,教育部召开新文科建设工作会议并发布了《新文科建设宣言》(以下简称《宣言》),《宣言》指出:新时代新使命要求文科教育必须加快创新发展。提升综合国力需要新文科、坚定文化自信需要新文科、培养时代新人需要新文科、建设高等教育强国需要新文科、文科教育融合发展需要新文科。一个国家的发展水平,既取决于自然科学发展水平,也取决于哲学社会科学发展水平。哲学社会科学发展水平反映一个民族的思维能力、精神品格和文明素质,关系到社会的繁荣与和谐。新时代,把握中华民族伟大复兴的战略全局,提升国家文化软实力,促进文化大繁荣,增强国家综合国力,新文科建设责无旁贷。

---

① 本文是四川省教育厅2018-2020年高等教育人才培养质量和教学改革一般项目"外语类专业集群人才培养模式下英语专业课程体系改革探索"研究成果之一,项目编号:JG2018-947。

② 作者简介:王会,女,四川外国语大学成都学院英语学院院长、教授,研究方向为英语语言文学、英语专业教学及管理。

③ 作者简介:夏花,女,四川外国语大学成都学院英语学院院长助理、讲师,文学硕士,研究方向为英美文学。

④ 作者简介:刘书坤,男,四川外国语大学成都学院英语学院党总支书记、讲师,研究方向为学生管理及思想政治教育。

作为四川省高校中唯一的专业外语院校，四川外国语大学成都学院为能建设成全国顶尖的民办应用型特色大学，培养市场评价最具核心竞争力的优秀应用型人才，努力改变学科相对单一的局面，突显应用型复合型特色，提高育人质量和办学效益。四川外国语大学成都学院16门外语语种均严格执行国家专业教学标准和教学指南，夯实专业基本功，同时从多方面灵活打造以"外语＋"为特色的专业集群课程体系，培养具有跨领域知识融通能力和实践能力，能对接当今社会相应岗位需求的应用型人才。

2.特色专业集群课程体系的研究与实践

《宣言》强调：夯实课程体系。紧紧抓住课程这一最基础最关键的要素，持续推动教育教学内容更新，将中国特色社会主义建设的最新理论成果和实践经验引入课堂、写入教材，转化为优质教学资源。强调学科融合和创新发展，鼓励支持高校开设跨学科跨专业新兴交叉课程、实践教学课程，培养学生的跨领域知识融通能力和实践能力。为培养既有扎实外语基础又有较强创新思维能力、分析解决问题能力的应用型人才，学院不断改革和创新人才培养方案，灵活设置应用型外语专业集群课程，努力打造特色课程体系，适应国家和地方对外语类人才培养改革的需求，服务地方经济建设发展。

2.1 增加特色方向课程，打造"外语＋"课程体系

《普通高等学校本科专业类教学质量国家标准》和《普通高等学校本科外国语言文学类专业教学指南》指出，在对专业核心课程要求的基础上，各高等学校可根据实际情况开设特色方向课程。四川外国语大学成都学院外语类专业在人才培养方案中增加专业特色方向课程，形成"外语＋"课程体系。以部分语种为例（表1）。

表1 部分语种特色方向课程

序号	专业名称	专业方向	方向课程名称
1	英语专业	英语师范	教育学、教育心理学、英语教学法、中小学英语教材教法
		学前英语教育管理	学前教育原理、学前儿童发展心理学、学前卫生学、学前英语教学法、教具设计与制作、幼儿舞蹈与创编、声乐基础、硬笔毛笔书法
		国际酒店管理	酒店实务英语、饭店管理学
		国际新闻	新闻学观念与实务、传播学观念与实务
		跨境电商	跨境电商实务、网站设计与维护
		涉外旅游	旅游英语、旅游管理学
		外事管理	外事管理学概论、国际关系概论

序号	专业名称	专业方向	方向课程名称
2	朝鲜语专业	朝英复语	医疗美容朝鲜语、朝鲜半岛社会与文化、综合英语、高级实用英语、经贸朝鲜语、科技朝鲜语、汽车朝鲜语
3	日语专业	IT实务	对日IT实务、旅游日语
4	法语专业	工程技术	工程技术法语、外贸法语、新闻法语

2.2 设置多种技能课程,建立"1＋N"培养模式

"1＋N"即"一个文凭＋多个证书"。实际就是"外语＋"人才培养模式,是实现应用型人才培养的有效途径。通过增加相关技能课程,为学生提供多种实现"N"的条件,比如,教师资格证课程《综合素质》《教育知识与能力》;国际汉语教师证书课程《汉语教学基础》《汉语教学法》《中华文化与跨文化交际》等;导游资格证课程《导游实务》《四川旅游景点英文讲解》《英文导游口译》;英语口笔译证课程《口译综合》《口译实务》《笔译综合》《笔译实务》;外贸单证员课程《国际商务单证理论与实务》《国际商务单证操作与惯例》;BEC剑桥商务英语证书笔试、口试课程等。

2.3 构建外语专业课程群体系

课程群是根据现代的教育教学思想和相关的理论知识,为了满足相同或不同专业人才培养目标的要求,提高学生在科学知识、综合素质等方面的能力,将培养方案中存在联系的多门课程重新整合构建的课程体系。它蕴含了课程经验的归并、整合、互动与共生,是凝练研究方向、推进课程建设、培育师资团队、产出教研成果的重要平台和抓手。课程群特色在于实现课程间内容的优化整合,发挥整体效益,提高教学质量。

(1)建立中国文化课程群,实施课程思政

在外语专业课程教学中,科学合理设计思想政治和中国文化内容,强化教师的立德树人意识,符合《宣言》中提出的强化价值引领。牢牢把握文科教育的价值导向性,坚持立德树人,全面推进高校课程思政建设,推动习近平新时代中国特色社会主义思想进教材、进课堂、进头脑,提高学生思想觉悟、道德水准、文明素养,培养担当民族复兴大任的新时代文科人才。

四川外国语大学成都学院以外语课程内容为依托,有机融入思想政治内容和中国文化元素,让学生在学习目的语国家文化的同时,学习理解中国文化和提高思想政治素质,掌握"讲好中国故事、弘扬中国文化"所需的知识和外语语言能力。各语种开展集体备课,确定教学专题、明确教学重点、研制教学课件、规范教学要求,打造外语专业课程思政示范课堂,形成专业课教学与思想政治教育紧密结合、同向同行的育人格局。

比如：口译课程群（英语、法语、德语、俄语等口译课），学院通过专题学习形式（"两会"专题、"一带一路"专题、文化专题、经贸专题、环境保护专题等），进行口译基本技巧学习和操练，将习近平新时代中国特色社会主义思想、社会主义核心价值观、家国情怀、文化自信、人文情怀等元素有机融入课程教学。文化概况课程群（英美概况、朝鲜半岛社会与文化、法语国家概况等），其使学生在文化对比中学会交流，掌握两种文化的共性和差异性，真正理解文化现象。阅读课程群（英语、西班牙语、意大利语等阅读课），阅读教学很多单元话题都与文化相关，均可加入中华传统文化元素，传播中华优秀传统文化，孕育民族文化自豪感。

（2）整合专业课程，培养综合运用能力

对部分专业核心课程和专业方向课程进行重新整合，形成融合性课程教学，培养学生的语言综合技能、运用能力和产出能力，提高学生的分析鉴赏能力、逻辑思维能力和跨文化交际能力。比如，英语专业将综合英语、英语写作、笔译、英语阅读、英美文学赏析等融合在一门课中，课堂教学采用合作教学、讨论式、任务式、启发式等多种教法，激励学生思考和讨论，并提供机会让学生充分表达自己。再通过大量教学实践，从阅读、鉴赏到产出，使学生语言技能得到全方位提高。

（3）建立针对不同岗位的课程群

《宣言》提出：新科技和产业革命浪潮奔腾而至，社会问题日益综合化、复杂化，应对新变化、解决复杂问题亟须跨学科专业的知识整合，因此，推动融合发展是新文科建设的必然选择。进一步打破学科专业壁垒，推动文科专业之间深度融通、文科与理工农医交叉融合，融入现代信息技术赋能文科教育，实现自我的革故鼎新，新文科建设势在必行。学院坚持服务地方经济，积极开展专业人才需求调研，明确专业设置与社会相关行业、职业和岗位的对应性，加强产教融合、协同育人力度。各语种除了凸显外语专业特色外，致力于打破专业壁垒，按照"全面育人，一专多能，分类培养，学用结合"的标准，构建特色鲜明的课程体系，形成岗位课程群，培养专业基础扎实、实践能力强的"外语＋专业"应用型外语类专业人才。

近年来，四川外国语大学成都学院陆续开设了一大批既与专业知识课程相关，又能针对不同岗位的课程群。以部分专业为例。（见表2）

表2　针对不同岗位的课程群

岗位名称	课程名称	开设专业
跨境电商	跨境电商实务课程（包括模拟店铺注册、海外市场调研、订单处理、出境报检报关、收款、售后服务及客户维护等）；网站设计与维护课程（包括站点鉴赏、站点规划、站点环境搭建与调试、网站测试发布与维护等）。	英语专业
国际幼儿园双语教师	双语教师职业道德、幼儿园一日活动组织与实施、幼儿环境创设、家长工作、儿童观察与评价分析、幼儿游戏指导、幼儿园班级管理、幼儿教师职业口语等。	英语专业

岗位名称	课程名称	开设专业
国际酒店前厅接待	前台服务、客房服务、餐饮服务、商务和康乐服务、酒店信息系统、酒店运营管理、营销函件的撰写、饭店管理基础理论等。	英语专业
国企外派非洲工程项目翻译	工程技术通用术语、工程技术通用基础原理、法语国家商务行政与法规、建筑工程招投标翻译实务、自由港经贸实务、国际贸易实务、工程技术法语语言控制。	法语专业
维纳 BPO 外包服务	对日 IT 实务、日语翻译、高级写作、经贸日语。	日语专业
现代汽车生产翻译	汽车朝鲜语、商务朝鲜语、朝鲜语笔译/口译。	朝鲜语专业
国际性专业会计师（ACCA）	商务英语写作、商务英语阅读、国际贸易合同、商务口译、商务笔译、进出口业务、国际贸易实务、经济学原理、国际金融、电子商务概述、跨文化商务交际。	商务英语专业

3. 课程建设成效分析

经过不断探索与实践,四川外国语大学成都学院一批课程获批四川省应用型示范课程和省级一流课程,这进一步提升了学院专业品质和服务区域经济社会发展的能力,推进了产教深度融合,对落实应用型、复合型、创新型的人才培养总目标和推动学校整体转型具有积极意义。

3.1 《工程技术法语》课程

《工程技术法语》被批准为首批四川省线上线下混合式一流课程、四川省应用型示范课程、四川省创新创业示范课程,是紧扣国家外经事业发展的需求,在全国率先开设的课程,并且学院编写了《简明工程技术法语》《工程技术法语翻译实务》等多部配套教材教辅。《工程技术法语》课程旨在精准对接外经行业的涉外岗位(国企在法语国家的工程技术项目),培养具备一定工程技术知识结构、专业素养高、适应期短、实操能力强、能同时胜任工程技术翻译和项目管理工作的法语外经特型人才。

3.2 《进出口业务》课程

《进出口业务》被批准为首批四川省线下一流课程和应用型示范课程。该课程由学院商务英语专业与丹马士环球物流有限公司联合开发,双方共同打造人才培养方案,培养"专业素质高、动手能力强"的应用型人才。学生完成"校内学习—企业培训—实习上岗—实操实训—提升自我—就业或深造(考研)"的人才培养路径。课程采用"课证融合"的双语教学,强化创新创业与实践,突出商务英语的应用能力和临场应变能力,最终由校企双方共同完成对学生和课程的综合评价。

3.3 "对日 IT 实务"课程

《对日 IT 实务》被批准为首批四川省社会实践一流课程和应用型示范课程。该课程围绕战略性新兴产业发展要求,深入市场调研,结合国内外形势,将日语与 IT 技术产业紧密结合,为日语专业培养具有扎实日语听说读写译能力,又具备新一代 IT 技术知识结构的应用型、复合型、国际化人才奠定良好的课程基础。校企共同进行课程体系建设,教学目标从基本技能的掌握转向实际应用,采用全日文编撰了适应行业标准的教材《对日 IT 实务—从入门到达人》。此教材以对日信息技术服务知识为要点,为本课程的规范化教学奠定了基础。

3.4 《中国文化概论》课程

《中国文化概论》被批准为首批四川省线下一流课程。该课程中英双语授课,旨在培养学生较高的中国文化素养和跨文化交际能力、熟练使用英语向世界传播中国文化和"讲好中国故事"的能力。在教学过程中,学院开展英语应用和中国文化传播的融合式教学,突出"两个并重和一个融合"的创新点,即将英语语言和中国文化知识的输入与输出应用并重,将线上学生自学和线下课堂教师引导与学生展示并重,将中国文化与英语语言深度融合。这大大提高了学生熟练使用英语表达中国文化的能力。

3.5 《高级英语》课程

《高级英语》被批准为首批四川省线上线下混合式一流课程、四川省"课程思政"示范课程、四川省应用型示范课程。该课程以构建"应用—复合—创新"外语类专业集群人才培养模式为目标,采用线上线下混合教学模式,强调动态发展的学习方法,从经典阅读和鉴赏中培养学生的思辨能力和创新能力,培养学生的"核心素养",整体提升语言综合运用能力和产出能力。

4. 结语

由于灵活打造专业集群下的课程体系、重视实践教学和学生的实践活动,四川外国语大学成都学院培养了大批外语基本功好、实践能力强的学生,他们毕业后在国内外成功就业或创业,外语优势使他们在所从事的领域中更加突出,成了"外语+"国际化创新人才。他们中有"外语+电子商务""外语+酒店管理""外语+人力资源总监""外语+基金会大使"外"语+播音主持""外语+音乐创作""外语+央视导演""外语+法学博士""外语+国际商务"等。在新文科建设中,学院要进一步加强应用型外语人才培养,聚焦国家新一轮对外开放战略和"一带一路"建设,坚持学生中心、坚持产出导向、坚持持续改进,建设好外语专业集群课程体系和外语学科特色质量文化,促进应用型外语人才培养能力的持续提升,实现建成全国顶尖民办应用型特色大学的目标。

参考文献

［1］教育部高等学校外国语言文学专业教学指导委员会英语专业教学指导分委会.普通高等学校本科外国语言文学类专业教学指南(上):英语类专业教学指南[M].上海:上海外语教育出版社,2020.

［2］龙春阳.课程群建设:高校课程教学改革的路径选择[J].现代教育科学(高教研究),2010(2):139-141.

［3］向安.智能制造背景下中职加工制造类专业基础课程群构建研究[D].广州:广东技术师范大学,2019.

Research and Practice on Curriculum System of Featured Major Clusters in Applied Foreign Language Universities Against the Background of New Liberal Arts
—— A Case Study of CISISU

【**Abstract**】Construction of New Liberal Arts plays an important role in promoting the innovative development of Liberal Arts Education, cultivating interdisciplinary and practical liberal arts talents that can meet the needs of the new era, and upgrading national cultural soft power. In addition to strengthening students' professional basic skills, Chengdu Institute Sichuan International Studies University (CISISU), as an applied university, strives to construct curriculum systems of featured major clusters with characteristics of "foreign language +" and actively explores the ways of cultivating the high-quality application-oriented foreign language talents with core competitiveness based on market assessment.

【**Key words**】new liberal arts; "foreign language +"; application-oriented; major clusters; curriculum system

外语专业院校"双创"教育的评估与建议

四川外国语大学成都学院应用英语学院　王健媛①

【摘要】在高校课程改革不断发展的趋势下,专业教育与双创教育出现了不协调现象,其主要问题源于课程体系搭建、师资队伍的建设,本文以所在外语专业院校为例,对双创教育与专业教育相互融合的现状和方法进行了研究和探索,寻找适合外语专业院校开展双创教育的途径,拓宽思路,创新教学方法,提升学生的创造力,为经济发展贡献力量。

【关键词】创新创业;专业教育;课程体系;师资;融合

2015 年国务院颁布了《关于深化高等学校创新创业教育改革的实施意见》,将高校创新创业教育改革工作上升到国家战略层面。创新创业教育的核心是创新,其又被称作创造力。创新驱动发展,助推产业结构的调整,创新的基础源自教育,即教育教学模式的创新,这使得创新创业教育成了高校教学改革和发展趋势的必然要求,高校多措并举开展的创新创业教育取得了初期成效,在就业和创业的政策激励下,越来越多的学生选择了在校或毕业就投入创业浪潮。不同专业的创新创业教育有着较大区别,本文以四川外国语大学成都学院为例,分析现有外语院校双创教育的现状和问题,探索专业教育与双创教育结合的途径。

1. 外语专业双创教育相关研究综述

国内外关于创新创业教育的研究较多,近年来国内关于创新创业教育的发文量明显高于国外,其主要集中在创业教育、创新能力培养等方面,专业教育与创新创业教育研究主要集中在科技创新

---

① 作者简介:王健媛,女,四川外国语大学成都学院应用英语学院党总支书记、副教授,研究方向为大学生创新创业教育。

能力提升上,外语专业融入创新创业教育的研究主要集中在紧迫性和必要性方面,缺乏实践分析。张蔚(2009)提出了培养学生的文化多面性和文化创造力。陈申(2001)指出,"文化创造力(Cultural Creativity)"是指在跨文化交际的实践中,掌握和运用外国语言文化知识,并与本国文化相互作用而产生的一种创新能力。钟华、樊葳葳(2000)强调学生的主观能动性,既是一种能力,更是一种正确对待祖国文化和外国文化的态度。桂明妍(2019)探索了外语专业文化意识教育与学生创新创业能力培养融合的可行性,既可弥补外语专业创新创业教育课程与专业结合不紧密的缺陷,又可以帮助学生利用专业外语能力,拓展知识结构,以现代化为参照系,从文化管理的角度对中国传统文化资源进行创造性的开发利用,以推动中国文化走出去,为建设社会主义文化强国贡献力量。王智腾、段汉武(2019)认为,由于教育理念滞后,教育要素不够系统和其与专业全面融合难度大,紧扣"专业融合"这一重难点,结合实践,他们提出树立先进的教育理念,构建包括完整的支持体系、融合式的课程和教学体系、充满活力的协同和互动体系在内的有机系统。李松、刘晶(2020)提出,高职院校构建"五位一体"创新创业教育生态体系,即以培养学生创新创业能力为中心,"体制机制""课程建设""师资队伍""竞赛与活动"和"实践平台"五大体系围绕该中心协同推进,形成良性循环、可持续发展的双创教育体系。

综合文献,不难看出,外语专业教育与双创教育的融合是大势所趋,但是难度相对较高,在教学改革的趋势下,必须系统有机地整合资源,大力实行改革,这样才能培养出适应市场要求的应用型人才。因此,本文将分析外语专业院校开展双创教育存在的问题,寻找两者有机结合的发展途径。

2. 外语专业院校开展双创教育存在的问题

2.1 外语专业教学缺乏与双创教育的有机结合

传统的外语专业教育基本采用"语言+文学"的单一学科模式,尽管近几年教材和现代教育技术不断更新,但围绕"语言"这一中心词的教学模式依旧没有转变,重视理论知识的专业和深度研究固然重要,但随着经济发展,社会发展需要多元化的外语人才。现有专业教育围绕"听、说、读、写、译",课程体系单一;双创教育主要是以大学生就业创业指导课和创业培训课程开展,相对独立的课程,未做到相互渗透和融合。所以,应结合市场需求与讯息,建立在完整的学科基础知识的结构上产生新的方法,但是目前国内部分外语院校已有的双创教育忽视了两者的关系,这就使得学生的创造力提升不够,进一步导致学生的创新创业成果转化率相对较低。

2.2 师资力量缺乏双创背景

高校师资队伍看重高学历,偏向于专业知识体系的搭建,且课时多,工作量大,缺乏行业背景和创业经历。由于对专业教师业务能力的考核标准未参考双创的相关指标,所以围绕创新创业开展的外语专业教学研究相对较少,缺乏将创新创业课程融入专业教学的能力。创新创业教育的教师多为接受了创业师资培训的教师,这部分教师基本是从行政岗位上选拔出来的,其业务方面存在的问题主要有两点:无法将专业知识与创新创业相结合;自身缺乏创新创业经验、商业运作的相关知识等。教学的主体是学生,外语专业学生的优势是具备较广的国际视野,但是外语专业的学生大多为女生,女生的特性以追求稳定为主,教师的教学模式如果缺乏创新,外语院校开展创新教育的难度就非常大。

3. 专业教育与双创教育结合的途径

3.1 改变传统授课模式

外语专业教学的双创教育应该在"听、说、读、写、译"上增加创造力的培养,将传统的专业知识体系搭建的目标转变为启发、引导、开发、训练的模式,利用慕课、翻转课堂等方式,提升学生的主动性,将被动的吸收知识转变为主动思考、主动参与,鼓励学生"多听、多看、多做、多说",勇于阐述个人观点,从而激发学生思维活力,提升学生创造力。创新创业课程的教学方法主要为头脑风暴法、项目任务法、小组讨论法、游戏法等,这样的教学方法有助于激发学生的创造力和主动性。相较于传统课堂,双创课堂充满了趣味性,极大地调动了学生的积极性和参与性。只有打破传统思维,将外语专业的课堂向双创课堂的授课模式转变,学生才能从"接收→整理→输出"模式,转变为"参与→思考→整理→输出"模式,外语专业教学成绩重点在于学生的输出,转变教学模式,将讲台交给学生,培养多元化外语人才,促使学生具备分析问题、解决问题的能力。具体的实践环节应相对个性化地匹配通识教育、学科教育和实践教育。所谓的个性化主要是从学生的学历层次、创业意愿、知识领域进行区分。

3.2 专业教育与双创教育都需要立足于市场的需求

传统外语专业的课程以考级、考研作为衡量教学成绩的主要标准之一,应试教育的开展使得学生的学习重点大多放在如何通过各类考试,而学生的知识面以及其对信息的把握受到了极大限制,学校将创新创业教育与外语专业课程相融合,可以拓宽学生的思路,使其接触行业前沿信息,了解市场需求,提升创造力。比如跨境电子商务行业对人才的需求量明显提升,学校内的教学基本拘泥于课本知识,行业讯息瞬息万变,只有深入行业才能学习到行业所需的业务能力,解决"课堂学的行业不需要,行业需要的课堂学不到"这一问题。创新考核形式由考试改为实训成绩、实践总结、创业孵化等,脱离专业考核的束缚,才能与实际运用联系更为紧密。

3.3 优化师资队伍建设

探索"引进来、走出去"的"双师型"模式:四川外国语大学成都学院应用英语专业下设有跨境电子商务方向、涉外旅游方向、学前教育方向等,在应用英语的基础上开设专业方向课程,"引进来"是指在现有的专业方向基础上,将所涉及的行业中的优秀企业请到学校,开展行业介绍和实训技能提升讲座,比如开展跨境电子商务的落地实务集训,学生在校可以实现顶岗实习,实习期考核通过后可以参加校内举行的跨境电商行业专场招聘会,这大大节约了时间成本,实现了学校到就业岗位的无缝对接;旅游单位的负责人开展行业讲座,介绍行业需求;酒店行业校友搭建实践实训平台。引进创新创业领域的专家对有意愿参与创业的学生开展系列培训,与校内专业课教师深入探讨外语专业双创工作的实施方法,建立创业指导专家团队。"走出去"是指学院负责人带领专业课教师参加跨境电商实务培训,利用寒暑假鼓励教师到实习实训基地顶岗实训。学前教育方向课教师深入学前教育一线,共同研究、开发课程等,比如应用英语学院与邻近的东软幼儿园合作,共同研发学前教育双语授课模式,带领学生团队深入学前教育课堂,指导学生备课、磨课、授课以及课后总结,同时与学前教育一线教师交流,修改专业方向课授课计划。同时,高校的教学改革应做到灵活用人,建立激励办法,激发教师参与的积极性,打通平台资源,利用网络、社区等平台给教师提供培训机会,将科研课题、课程开发、项目实施等与教师的个人发展、年度考核、职称提升紧密联合。

3.4 建立创新创业教育生态链

高校创新创业教育是开放性系统,双创教育生态链是由政府、企业、高校共同组成,政府平台的激励和保障政策,组织的各类大型创业大赛和创业知识讲座都有利于促进大学生参与创新创业工作;高校应与企业共同开发适合外语专业学生的创新创业课程,建立实践基地,将理论与实践相结合,激发学生创造力;高校应分不同的年级阶段开展创新思维课程、创业理论课程、创业实训课程和创办初创企业的孵化基地等,环环相扣,从师资、教学内容、教学方法等方面重新规划、整合,弥补不足,提升学生的"实战"能力。

4. 结语

外语专业院校开展创新创教育应该做到学科相互交叉、渗透、融合,这是一个系统工程,创新创业教育融入外语专业教学是一个全新的理念,学校需要在原有成熟的外语教学系统上找到突破口,利用外语专业的优势,在大量学科知识的基础上,通过转变教学思路、教学方法,加强师资队伍建设,鼓励教师走出课堂,把握市场发展脉络,建立创新创业实践基地,从而带领学生拓宽思路,提升学生创造力,增强学生实践能力,使其成为社会需要的应用型人才。

参考文献

[1] 石小娟,黄刚,刘允.以外语类专业为例对"双创"实践教育的研究与探索[J].实验技术与管理,2020,37(6):229-232.

[2] 许雷."一核心、二目标、三融合、四递进"视野下高职外语类"专业+双创"教育体系建构[J].吉林省教育学院学报,2020,36(3):124-128.

[3] 杨倩,黎成茂,潘霞,等.地方高校创新创业实践育人模式的探究[J].高教学刊,2021(6):52-55.

[4] 吴紫娟.浅析高职院校外语专业学生专业课程中如何更好地融入创新创业教育[J].牡丹江大学学报,2020,29(5):113-116.

[5] 杨柯俭,徐向安,孙娟.创新创业背景下地方普通高校外语人才培养模式探索[J].中国商论,2018(33):179-181.

[6] 李松,刘晶.高职院校"五位一体"创新创业教育生态体系的构建与实践[J].柳州职业技术学院学报,2020,20(6):62-66.

[7] 杜军,鄢波,寇佳丽.国内外创新创业教育研究热点和研究主题的对比分析——基于CiteSpace的文献计量研究[J].大学教育,2021(1):126-130,144.

[8] 王智腾,段汉武.外语类专业创新创业教育体系研究[J].宁波大学学报(教育科学版),2019,41(6):85-90.

[9] 约瑟夫·熊彼特.经济发展概论[M].郭武军,译.北京:中国华侨出版社,2020.

Evaluation and Suggestions on Entrepreneurship and Innovation Education in Foreign Language Colleges

【**Abstract**】With the continuous development of curriculum reform in Colleges and universities, professional education and entrepreneurship and innovation education have their own problem, lacking of coordination and integration. The main problems come from the construction of curriculum system and the construction of teaching staff. This paper takes the foreign language professional colleges as an example to study and explore the methods of integration of entrepreneurship and innovation education and professional education, so as to find suitable for foreign language professional colleges The ways to carry out entrepreneurship and innovation education are to broaden ideas, innovate teaching methods, enhance students' creativity, and contribute to economic development.

【**Key words**】innovation and entrepreneurship; professional education; integration

文化自信视域下应用型民办高校翻译专业文化现状调查报告①

四川外国语大学成都学院翻译学院　刘义②

【摘要】翻译专业学生在学习中必然面对激烈的中西文化冲突,这就需要教师在课堂加以引导,帮助学生增强文化自信。本文对应用型民办高校翻译专业学生文化现状进行了问卷调查和访谈,了解了翻译专业学生对中西方文化和中国特色社会主义文化的态度和情感,根据调查结果对应用型民办高校英语类专业学生的文化自信培养提出改革建议。

【关键词】翻译专业;问卷调查;文化自信

2020年教育部印发了《高等学校课程思政建设指导纲要》(以下简称《纲要》)强调,落实立德树人根本任务,必须将价值塑造、知识传授和能力培养三者融为一体、不可割裂。孙有中在对《纲要》的解读中提到,要学会用英语表达中华优秀传统文化,增强文化自信,提高道德修养,培养家国情怀,提升人文素养。习近平总书记提出中国共产党人要坚定"四个自信",即中国特色社会主义道路自信、理论自信、制度自信、文化自信。由此可见,文化自信对中国社会的发展意义深远,至关重要。

1. 文化自信的概念

党的十八大以来,以习近平同志为总书记的党中央高度重视文化自信,多次强调文化兴盛是国家和民族繁荣昌盛的有力支撑,文化自信事关国运兴衰,事关中华民族的伟大复兴。在党的十九大

---

① 本文是四川外国语大学成都学院科研课题《试论大学英语口语教学导入中国文化自信元素之路径探析》研究成果,项目编号:KN21LB003。本文是四川省民办教育协会科研课题《应用型民办高校本科英语语法课程思政研究》研究成果,项目编号:MBXH21YB177。

② 作者简介:刘义,男,四川外国语大学成都学院副教授,教育学硕士,研究方向为英语教学。

报告中,习近平总书记明确提出,没有高度的文化自信,没有文化的繁荣兴盛,就没有中华民族伟大复兴。那什么才是文化自信呢?云杉认为,文化自信是一个民族、一个国家以及一个政党对自身文化价值的充分肯定和积极践行,并对其文化的生命力持有的坚定信心。也就是说文化自信要求国家、民族和政党都能够正确地看待自己国家的文化,认同自己国家的文化内涵和价值,并对自己国家文化的未来充满信心,对外来文化具有一定的包容性。所以文化自信包含了继承传统文化、吸纳外来文化和走向未来。坚定文化自信就是要人民对中国传统文化和中国历史充满自豪感,坚定在党的领导下实现中华民族伟大复兴事业,建设社会主义现代化强国,整个国家对社会主义核心价值观形成普遍共识和坚定信念。

2. 研究现状与意义

作为英语类专业之一,翻译专业学生在专业课程学习中会接触大量的西方文化,在生活和学习中存在大量中外文化碰撞现象。然而在传统的教学中,教师为了让学生获得更加突出的语言能力,教学中更加注重西方文化内涵和体验,从而造成部分学生盲目地崇拜和模仿西方文化,忽略了中国文化在外语学习中的作用,忘记了外语学习的初衷。如果对于这种现象教师在课堂中不及时加以引导,大学生的认知就会发生偏离,对外来文化盲目崇拜,对中国传统文化产生怀疑,可能被反对势力伺机利用,所以我们需要引导学生辩证地看待西方文化和中国文化内涵,因而做到坚定文化自信,肩负传承和传播中国文化的责任。

目前国内对英语类专业建设中文化自信的研究主要是培养模式探索,而具体的课堂实践主要用于大学(公共)英语的课堂中,对于文化自信在英语类专业的基础课程实践研究还很缺乏。英语类专业人才除了具备扎实的语言功底之外,还要加强对中国文化的认识,充分了解社会主义核心价值观,坚定文化自信。然而,在目前的应用型民办高校中,英语类专业课堂更加注重于培养学生的专业基本功,培养专业市场需求的英语类人才。在专业基础课程中,教师通常根据教材以不同话题展开教学活动,课程注重学生的语音语调,学生对语法规则以及词语的运用,通过角色扮演、小组讨论等形式让学生参与课堂活动,学会用恰当的词语和语法结构表达思想及观点。英语教学所依托的文化背景仍以西方文化为主,对中国文化的强调不足,因此英语类专业的学生相对对中国传统文化缺少深刻的认识。为了了解翻译学生目前的文化自信状况而进行研究,以期在此基础上对接下来的教学实践提供参考。

3. 研究设计

研究目的和对象:本研究主要采用问卷调查法和访谈法对英语类专业学生中翻译专业大二大

三的学生文化自信现状进行调查。翻译专业的学生在未来需要灵活地转化中英语言,所面临的文化冲突自然更加典型。问卷设计参考了薛玉成对文化自信现状调查问卷,调查了翻译专业大学生对中国传统文化、西方外来文化和社会主义先进文化所持有的态度和情感,有目的地了解翻译专业学生的文化自信现状,总结翻译专业学生文化自信的积极表现和存在的问题,进一步探讨了翻译专业学生文化自信的培养对策。

样本情况:本次问卷通过麦客表单收集,对教师曾授课班级的学生发放问卷,大二学生 96 人,大三学生 99 人,发放问卷 195 份,实际提交问卷反馈 168 份,有效问卷 168 份。有效问卷中,大二大三的学生各占 50%,城市生源占 32.46%,农村生源占 31.58%,城郊生源占 35.96%。个别访谈了 20 位参与问卷调查的学生,大二学生 10 人,大三学生 10 人。

问卷和访谈内容:本研究问卷内容和个别访谈内容都由五个部分组成,依次是学生的个人基本信息、学生对中国传统文化、学生对西方外来文化、学生对中国特色社会主义文化所持有的态度与情感,以及学生对中西方文化信息的获取途径调查。

4. 数据分析

本研究的数据,单选题由麦客表单自动生成数据统计表,而多选题由人工处理后生成。个别访谈是在整理了问卷初步数据之后进行的补充。

4.1 翻译专业学生对中国传统文化的态度和情感

除问卷的第一部分是关于学生的基本信息,问卷的第二部分是关于学生对中国传统文化所持的态度和情感。中国传统文化包罗万象,为方便调查,本问卷研究涉及学生对中国四大名著的阅读情况,对中国传统节假日支持情况,对传统艺术支持情况,以及对中国传统文化的现状和未来的态度。具体数据如图1—4。

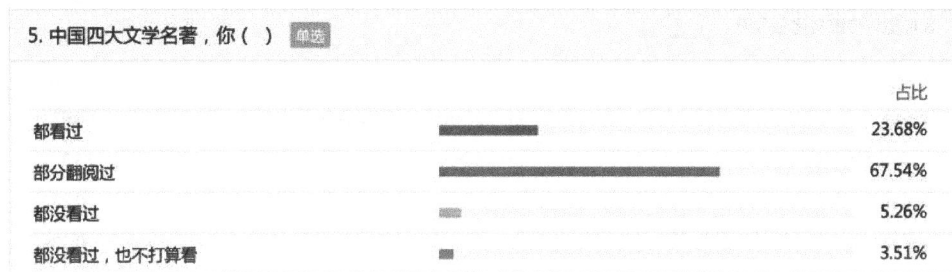

图 1　中国四大名著阅读情况

图 1 是关于中国四大名著的阅读情况。其中,只有 23.68% 的学生都看过,67.54% 的学生部分

翻阅过,还有 5.26% 的学生都没看过,甚至 3.51% 的学生没看过,也不打算看。由此可见,学生对中国传统文化知识的了解不尽如人意,但是大部分学生对于中国传统文化知识是有兴趣的,只不过需进一步提高。

如图 2 所示,相较于学生对中国传统文化知识的了解程度有待加深,学生对中国传统节日就完全支持了,91.23% 的同学选择非常支持,8.77% 的同学选择支持。由此可见,学生对中国传统文化的关注度非常高,教师需要进一步加强对学生的传统节日文化教育。

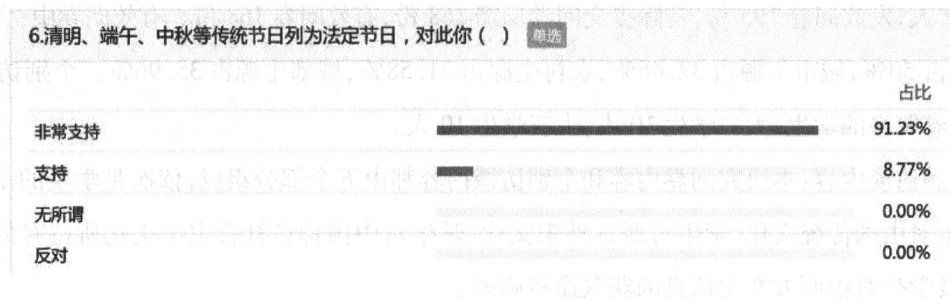

图 2　对中国传统节日支持情况

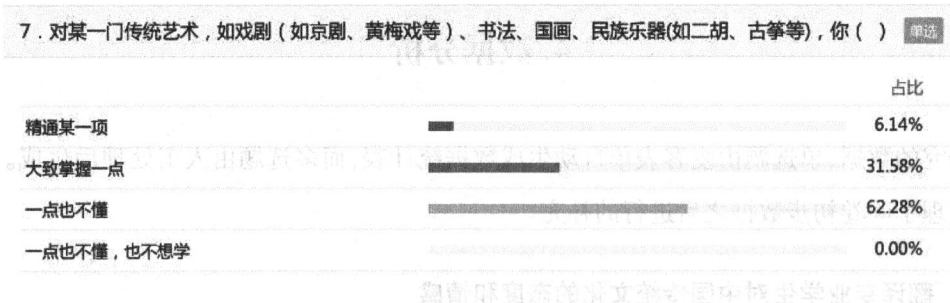

图 3　中国传统艺术了解情况

学生对中国传统艺术的掌握情况如图 3 所示。其中,6.14% 的学生精通某一项传统艺术,31.58% 的学生大致掌握一点传统艺术,62.28% 的学生一点也不懂,没有学生选择一点也不懂,也不想学。由此可见,学生对中国传统文化艺术还是感兴趣的,但中国传统艺术还需要得到更多大学生的喜爱和认可,学校应组织大学生参与传统艺术活动,加深大学生对中国传统艺术的了解程度。

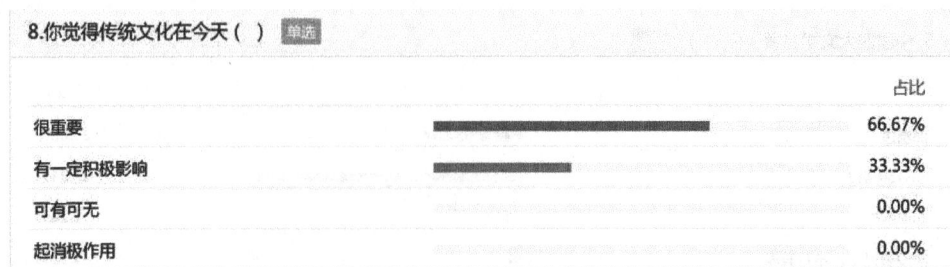

图 4　中国传统文化在今天的认可情况

大学生普遍认为中国传统文化在今天依旧起着重要作用,问卷结果显示(图 4),66.67% 的学生认为中国传统文化很重要,33.33% 的学生认为中国传统文化对今天有一定的积极影响,没有人认为中国传统文化在今天可有可无,甚至起消极作用。

4.2 翻译专业学生对西方文化的态度和情感

问卷的第三部分是关于学生对于西方文化的态度和情感。该部分问卷内容涉及学生参与西方节日活动的情况,对西方名著阅读情况等。

首先为了了解翻译专业学生对西方文化的热衷程度,以空闲时间阅读英文原文还是中国古文为例对其进行调查。调查结果如图5所示,69.30%的学生选择阅读中国古文,30.70%的学生选择阅读英文原文。可见,英语类专业的学生对西方文化的态度是理性的,没有盲目地追求西方文化。

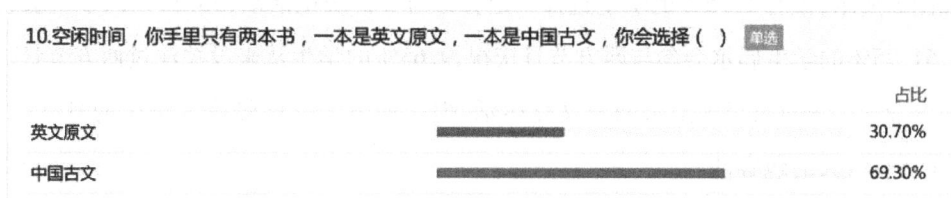

10.空闲时间,你手里只有两本书,一本是英文原文,一本是中国古文,你会选择( ) 单选		
		占比
英文原文		30.70%
中国古文		69.30%

图5 空闲时间,选择阅读英文原文还是中国古文

其次,为了对比中国四大名著的阅读情况,进一步了解学生对西方文学作品的阅读情况,作者选取了几部西方名著(非专业课程指定阅读书目)进行了调查。调查结果显示(图6),只有8.77%的学生都看过,67.54%的学生部分翻阅过,21.93%的学生都没看过,1.75%的学生都没看过,也不打算看。由此可见,大多数翻译专业学生对西方名著了解比较深入,除课堂必读西方文学名著,其还涉猎课外其他文学名著。因此,如何在课堂上加强对中西方文化的对比,如何培养学生坚信中国特色社会主义的优越性,是大学英语教师要思考的问题。

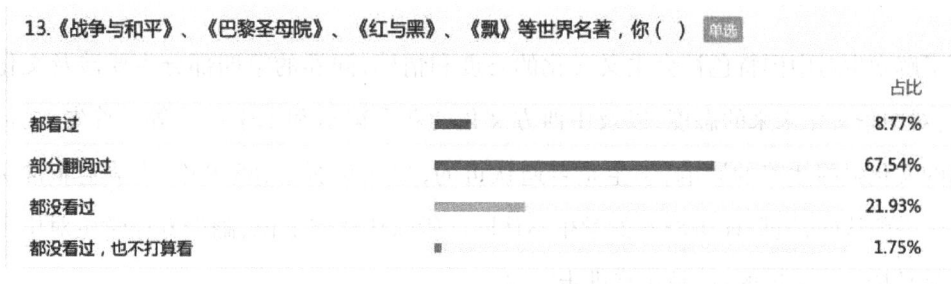

13.《战争与和平》、《巴黎圣母院》、《红与黑》、《飘》等世界名著,你( ) 单选		
		占比
都看过		8.77%
部分翻阅过		67.54%
都没看过		21.93%
都没看过,也不打算看		1.75%

图6 西方文学名著阅读情况

同时,为了进一步了解学生对西方文化生活的接受情况,问卷以观看电影为例进行调查,调查结果如图7,16.67%的学生喜欢中国功夫片,11.40%的学生喜欢看含有中国元素的西方大片,26.32%的学生喜欢看欧美大片,而45.61%的学生选择了其他影片。相比喜欢中国功夫片的学生仅16.67%,比较接受西方电影的学生共占比37.72%,这部分学生能完全接受或者更倾向于接受西方娱乐和文化生活。所以在大学教育中,教师应当加强对学生的生活方式的引导。

12．你经常看的电影中，最喜欢的是（ ） 单选		占比
中国功夫片		16.67%
含有中国元素的西方大片		11.40%
欧美大片		26.32%
其他		45.61%

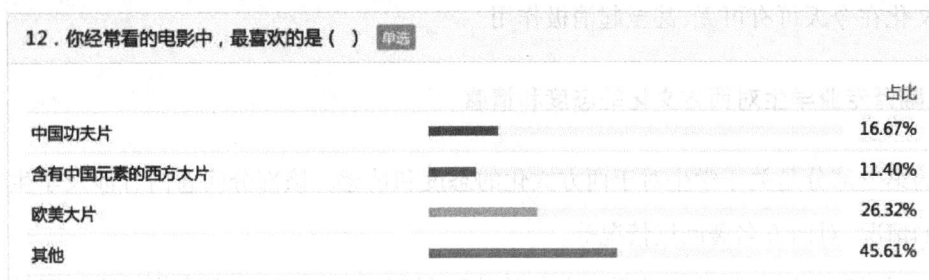

图7　学生喜欢观看的影片情况

　　此外,为了了解翻译专业学生在日常生活中接受西方文化的情况,问卷以庆祝西方节日为例进行调查,如图8所示,仅有1.75%的学生选择一定会参与节日庆祝活动,36.84%的学生会参与部分节日庆祝,51.75%的学生偶尔会参与西方节日庆祝,9.65%的学生从来没关注过西方节日。由此可见,英语类专业学生没有盲目地追求西方文化生活,但是西方文化已经渗入学生的日常生活,学生对西方文化持有极大的包容性。

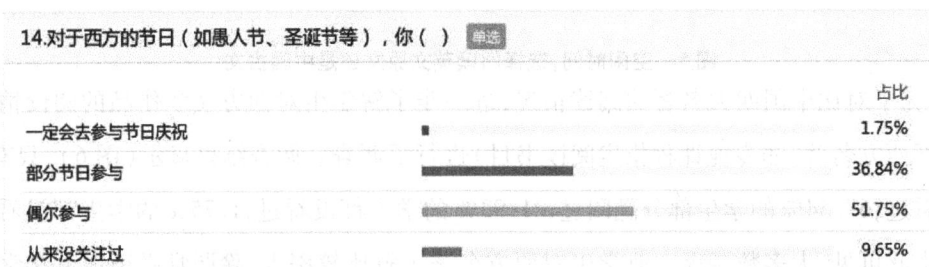

14.对于西方的节日（如愚人节、圣诞节等），你（ ） 单选		占比
一定会去参与节日庆祝		1.75%
部分节日参与		36.84%
偶尔参与		51.75%
从来没关注过		9.65%

图8　学生参与庆祝西方节日情况

4.3　翻译专业学生对中国特色社会主义文化的态度和情感

　　为了了解学生对中国特色社会主义文化的态度和情感,问卷的第四部分主要涉及文化强国的支持情况,对中华文化未来的态度,以及中西方文化的获取渠道和未来趋势等。首先,文化自信对国家提倡的文化强国战略的影响,学生是普遍认可的,如图9所示,85.96%的学生非常认同,13.16%的学生一般认同,但是有0.88%的学生不认同。所以从整体上说,翻译专业学生对中国特色社会主义文化是持肯定态度的,但是还有进步空间。

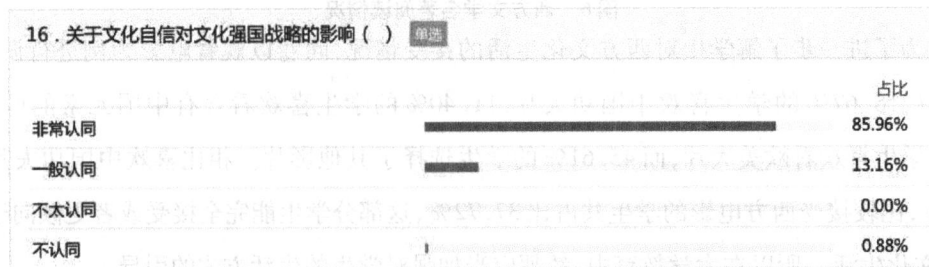

16．关于文化自信对文化强国战略的影响（ ） 单选		占比
非常认同		85.96%
一般认同		13.16%
不太认同		0.00%
不认同		0.88%

图9　学生对于文化自信对文化强国战略的影响的认可情况

同时,对于中国文化的未来,学生普遍持乐观态度(图10),40.35%的学生表示很乐观,48.25%的学生表示比较乐观,10.53%的学生觉得不确定,还有0.88%的学生觉得很悲观。所以总体上学生对于中国特色社会主义文化的发展是比较有信心的,但是教师还需要进一步增强学生的文化自信。

9.对中国文化的未来,你觉得( )

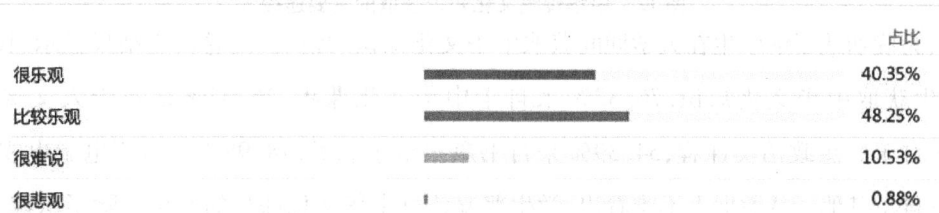

		占比
很乐观		40.35%
比较乐观		48.25%
很难说		10.53%
很悲观		0.88%

图10 学生对中华文化未来的态度

此外,为了进一步确认英语类专业课堂是否必要开展中华文化的教育活动,该问卷对其是否受到学生的认可,进行了调查。结果显示(图11),64.04%的学生认为非常必要,30.70%的学生认为有必要,认为可有可无、没必要、不确定的学生都各占1.75%。由此可见,学生非常认可在英语课堂中融入中华文化知识,对于中华文化知识的了解程度需要加深。

20. 你认为有必要在英语类专业课程中了解中国文化吗?( )

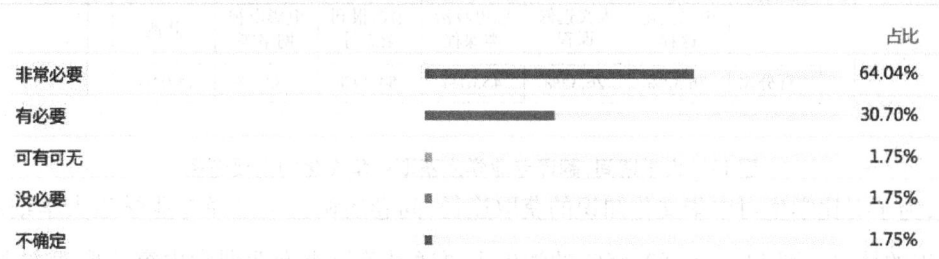

		占比
非常必要		64.04%
有必要		30.70%
可有可无		1.75%
没必要		1.75%
不确定		1.75%

图11 学生对在英语类专业课堂融入中华文化的必要性的态度

4.4 学生对中西方文化信息的获取途径

为进一步了解学生对中西方文化资源的获取途径,以便设计课题接下来的教学活动,问卷第五部分对传统文化、中华文化和西方文化的获取途径进行了调查。首先,对学生获取传统文化知识的主要途径进行了调查,结果显示(图12),57.02%的学生主要来源于家庭,86.84%的学生主要来源于学校,72.81%的学生主要来源于社会,22.81%的学生选择了其他来源,3.51%的学生不确定来源。因此,很明显在获取中华传统文化的途径中,学校和社会扮演了非常重要的角色,学校和社会的共育对大学生的文化自信起着决定性作用。

图中所示，学生获取传统文化知识途径（图10）40.35%的同学选择很难、48.25%

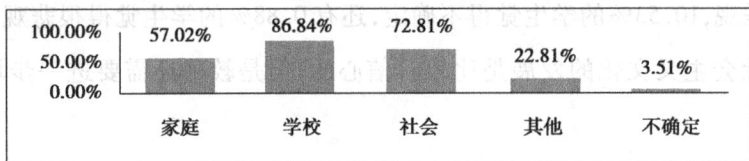

图12 中华传统文化知识获取的主要途径

其次，为确切地了解学生在大学期间获取中华文化知识的情况，问卷调查结果显示（图13），翻译专业学生获取中华文化知识，76.32%来自于中华文化课程，26.32%来自于人文选修课程，45.61%来自于思想政治类课程，54.39%来自书籍报纸杂志类，78.95%来自于电影电视网络等，14.04%来自于其他。从数据上不难看出，学生普遍认可中华文化课程的开设。除了从课堂获取中华文化知识，当代学生获取中华文化知识主要是通过电影电视网络等新媒体，可见电子信息对学生获取中华文化知识的影响很大。而思想政治类课程、书籍报纸杂志等目前在学生获取中华文化知识所发挥的作还有待提升，而人文选修课程明显没有发挥应有作用，教师需要提高其对学生的影响力。

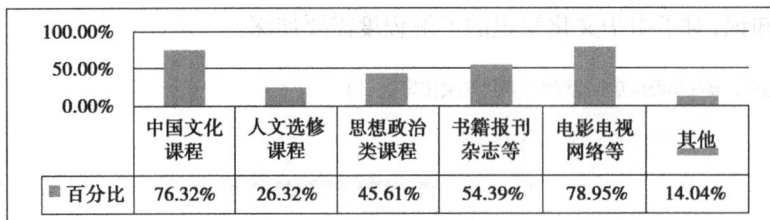

图13 大学期间，翻译专业学生获取中华文化的主要途径

此外，为了对比学生对中华文化知识的获取途径，问卷还调查了翻译专业学生大学期间获取西方文化知识的情况。图14显示，82.45%的学生主要通过英语类专业课堂内容获取西方文化知识，72.81%的学生选择通过网络资源获取，90.35%的学生选择通过电影电视获取，47.37%的学生选择通过课堂内外书籍获取，28.95%的学生通过阅读报刊获取，8.77%的学生通过其他渠道获取。由此可见，英语类专业学生在专业课堂上会获取大量的西方文化知识，如果教师不加以引导，适当融入中华文化知识，学生容易过度接受西方文化知识，从而丧失文化自信。从图中可以看出，信息时代下，网络和电影电视对学生的影响很大，学生从网络和电影电视中获取了大量的中西方文化知识，但是网络和电影电视中的信息是需要进行选择的，因此大学期间教师如何引导学生正确选择中西方文化知识尤为重要，其能够帮助学生形成文化自信。同时，从图中可以看出，书籍报纸杂志的影响力在下降，但依然起着举足轻重的作用，影响着学生对中西方文化知识的获取。

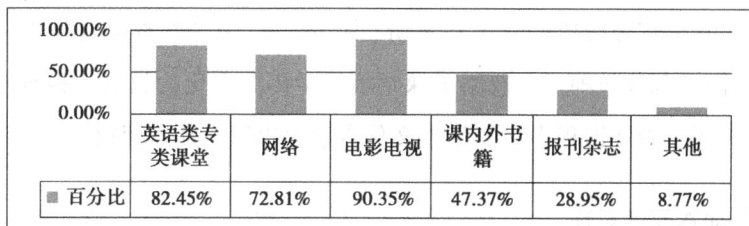

	英语类专业类课堂	网络	电影电视	课内外书籍	报刊杂志	其他
百分比	82.45%	72.81%	90.35%	47.37%	28.95%	8.77%

图14　大学期间,翻译专业学生获取西方文化知识的主要途径

4.5　个别访谈数据补充

在对问卷进行回收后,我们随机选取了大二和大三各10名参与问卷调查的学生对其进行了深度访谈,进一步了解学生文化自信现状,以及学生对中西方文化和中国特色社会主义文化的态度和情感等,了解了在目前的专业课程中是否涉及讲解中国文化内容,学校是否举办关于中华文化或者西方文化的活动。其中,大二开设了一门关于中华文化必修课程,除了该课程还有一门关于英汉语言对比的必修课,教师在教学中会对比中西方语言表达的差异,部分讲解差异背后的文化和历史。而其他英语类专业课程在教学中很少培养学生对中华文化的自信,专业课程中基本不涉及中华文化内容。学校会组织举办关于中国传统节日的活动,也有一些关于西方节日的活动。通过对20名学生的深入访谈,本文认为关于中华文化的课程教学中只是介绍中华文化知识的一些英语表达方式,其虽为必修课,但是为100多人的大班授课,课堂上基本没有学生参与课堂活动,感觉收获并不大。而其他专业课程中更注重语言基本功的训练,主要针对英语的听说读写译技能本身,而对于文化背景讲解很少。一方面受限于课堂教学时间,另一方面受限于应用型民办高校学生特点:进校英语基础薄弱,听、说、读、写、译等基本功不够扎实,需要在进行大量基础训练。

此外,每学期校园组织的活动很多,学校各院系以及各部门会举办各种活动,所以参与关于中西方节日活动的学生并不多,很多时候他们有空会来看看,并不会深入了解这个节日背后的文化知识。而对于是否有必要学习中华文化,所有参与访谈的学生都认为很有必要,但只有5位学生解释了原因,并表达了学习中华文化对大学生的重要性及对于社会发展的重要性。其他15位学生只说了作为中国人应该要学习中华文化知识,维护中华文化的尊严。至于如何树立文化自信,学生基本提到了需要参与文化活动,构建文化氛围,切实体验中华文化。因此,目前学生对于树立文化自信是有一定的认同感的,希望能在课堂上和生活中树立文化自信。

5. 对应用型高校英语类专业课程中培养学生文化自信的建议

现阶段应用型高校中英语类专业的改革目标主要是培养应用型人才,课堂教学更加注重学生专业实践能力。学生在低年级阶段的学习注重听、说、读、写、译等基本语言技能,高年级阶段注重业务实践能力培养,因此部分教师可能忽略了课堂教学中传统文化的教育。根据调查问卷的数据,我们对应用型高校英语类专业课程中培养学生文化自信提出以下几点建议。

5.1 文化自信加入教学目标

根据问卷数据,学生从英语类专业课程中主要获取的是西方文化知识,所以首先要把文化自信加入英语类课程教学目标中。英语类专业教学在强调应用性、实践性和岗位性的同时,要注重学生文化思想和职业素养的协调发展,应该在教学中增加中华文化教学素材,培养大学生对中西方文化的批判思维能力,将中华文化元素融入考试评价体系中,利用英语课外活动实现构建英语类专业学生文化自信的目标。

5.2 改革英语教材与课堂教学内容

对于如何构建学生文化自信时,王惠瑜提出,英语教师要有意识地引入文化模块、重视英语课堂上文化模块的链接、选取适合文化链接的英语教材。目前这样的英语教材还很缺乏,因此在帮助学生树立文化自信时,教师可以先建立文化模块,然后进行教材撰写,同时可以使用 CBI(内容依托式教学法)模式教学,把中华文化全面融入英语专业课堂,从而让学生树立文化自信。在电子信息化时代,学生受到网络影视等的影响较大,会从这些渠道吸收中西方文化知识,因此教师要多收集网络影视教学素材,利用现代云课堂教学,引导学生获取健康的信息,通过网络影视等培养学生的文化自信。

5.3 在校园中营造中华文化氛围

从问卷中可以发现,学生获取中华文化知识的主要途径是学校和社会,因此学校要在校园中加强中华文化氛围的营造,多举办关于中华文化的宣传活动,组织学生开展和参与其中。同时,学校可以让中华文化活动走进校园,实现学校与社会共同育人,共同培养学生的文化自信。

总之,根据本次调查问卷的结果,可以发现翻译专业的学生对中华文化有一定的认识,会下意识的维护中国文化的尊严,有一定的文化自信,但是文化自信的程度不够,在教学中随着西方文化的冲击,很容易丧失文化自信,因此在教学实践中,教师需要进一步帮助学生树立坚定的文化自信。此外,本次问卷调查只调查了翻译专业部分学生,需进一步扩大调查对象的范围,增加样本人数,样本专业也需要多样化。

参考文献

[1] 孙有中.课程思政视角下的高校外语教材设计[J].外语电化教学,2020(6):46-51.

［2］习近平.在庆祝中国共产党成立95周年大会上的讲话［N］.人民日报,2021-04-16.

［3］云杉.文化自觉文化自信文化自强——对繁荣发展中国特色社会主义文化的思考(中)［J］.红旗文稿,2010 (16):4-8.

［4］薛玉成.当代大学生文化自信现状及其培养研究［D］.南华大学,2014.

［5］李洁.文化自信视域中外语专业"课程思政"模式构建——以日语专业为例［J］,现代交际,2021(8):35-37.

［6］符琳,李炀.多元文化背景下大学生文化自信培育路径研究［J］.赤峰学院学报(哲学社会科学版),2021,42 (4):94-97.

［7］李树学,刘彦芬,王禄芳.英语专业学生文化自信培养模式探索——以邢台学院外国语学院为例［J］.邢台 学院学报,2021,36(1):136-140.

［8］吴妮.公共英语课程思政中的文化自觉与文化自信教育研究［J］.安徽职业技术学院学报,2021,20(1): 9-12.

［9］闫周慧.文化自信在大学英语教学中隐性渗透的策略研究［J］.英语广场,2021(3):111-114.

［10］明珠,夏梅花.大学英语教学中强化文化自信培养的思考与建议［J］.产业与科技论坛,2021,20(9): 150-151.

［11］陈争峰,郑沛,刘楠."一带一路"倡议下陕西高校英语教学中文化自信的构建与研究［J］.西安电子科技 大学学报(社会科学版),2019,29(4):125-133.

［12］王惠瑜.文化自信视域下的大学英语教学创新研究［J］.和田师范专科学校学报,2018,37(5):62-65.

An Investigation Report on Current Cultural Situation of STI Students' Cultural Confidence in an Application-oriented Private College

【Abstract】During the daily learning, STI (School of Translation and Interpreting) students are bound to confront the intense cultural conflict between China and western countries, so they need their teachers to help them strengthen Chinese cultural confidence. The current cultural situation of STI students' cultural confidence has been investigated through questionnaire and conversation in an application-oriented private college. According to the investigation data, STI students' attitude and affection towards Chinese culture, western culture and socialist culture with Chinese characteristics have been analyzed in order to give some suggestions to the reform and cultivation of English majors of an application-oriented private college.

【Key words】STI; questionnaire investigation; cultural confidence

民办高校应用型转变背景下语言类专业"四位一体"培养模式探析
——以四川外国语大学成都学院为例

四川外国语大学成都学院英语学院　　冉井芳①　　夏花②　　王沁丛③

【摘要】民办高校因不同于公办高校培养目标,其培养目标定位为应用型人才的培养。作为一语言类民办高校,样本学校在应用型转变背景下,不断探索,通过课程体系设置、教学实践加强、教材编撰和师资队伍建设"四位一体"的培养模式,正努力培养出适应社会、适应经济发展、受市场欢迎的应用型人才。

【关键词】民办高校;应用型;"四位一体"

1. 引言

《国家中长期教育改革和发展规划纲要(2010-2020)》指出,高校人才培养目标要适应国家发展要求,培养出大批具有国际视野,具有国际化的人才。2018年新一届教育部高等学校英语专业教学指导分委员会制定的《外国语言文学类教学质量国家标准》把"应用型人才"培养目标定位为:以通识教育和现代教育技术为支撑,实现人才个性化培养,培养出语言能力突出,核心竞争力强的优秀应用型人才。四川外国语大学成都学院为语言类学校,其主要语种为英语、法语、德语、日语等。在向应用型学校转变的背景下,如何培养出具有国际视野,拥有核心竞争力的优秀应用型人才,是样本学校一直探索的问题。

培养"应用型人才"是高校根据人才需求的变化,培养出更受市场欢迎,更适应经济发展的人

---

① 作者简介:冉井芳,女,四川外国语大学成都学院副教授,文学硕士,研究方向为应用语言学。
② 作者简介:夏花,女,四川外国语大学成都学院英语学院院长助理、讲师,文学硕士,研究方向为英美文学。
③ 作者简介:王沁丛,女,四川外国语大学成都学院副教授,文学硕士,研究方向为英语教学与管理。

才。语言类高校在发展过程中,存在趋同性、人才过剩的问题,如何培养出适应经济和社会发展的应用型人才,是本篇探索的重点。以英语为例,英语是样本学校最大的语言类专业,而目前英语专业的发展现状不容乐观。我国开设英语专业的普通本科高校有900余所,大致分为重点高校、普通高校和民办高校三类。但大部分院校强调英语语言文学的教授和研究,无论是英语人才规格还是英语人才培养模式,都呈现较为严重的趋同化,不能充分满足国家和地方语言文化教育事业和经济建设对英语类人才多元化、多层次的需求。而民办高校大多由独立学院转型而来。独立学院在最初的课程设置、教材使用等方面很大程度与母体院校有趋同性。随着社会的发展,为了更能适应市场需求和社会发展,一大批民办高校正向应用型高校转变,以期让无缘名校的学生发挥他们的特长,为社会所用,这为无法比肩名校的民办高校发展带来了新的机遇,同时应用型人才的输入,也为经济发展提供了助力。

2.民办高校现状分析

中国民办高校的发展大致经历了四个阶段:探索阶段;合法地位确立阶段;发展黄金期;内涵建设阶段。从20世纪80年代的探索阶段,到20世纪90年代合法地位的确立,再到2000年大规模扩招、扩建的发展黄金期,民办高校现在到了内涵式建设阶段。民办高校从无到有、从小到大,抓住了发展机遇,但同时面临着诸多问题。在公立学校处于发展优势的情形下,如何走出一条具有自身特色、适应市场需求之路,是民办高校面临的一大难题。与大多数公立学校相比,民办高校存在发展时间短、发展速度快、生源相对差、自身实力薄弱等问题。"穷则变,变则通",民办高校只有向应用型方向转变,才能走出一条具有自身特色的发展道路。民办高校的转型与发展,不仅需要国家政策的扶持,同时需要自身的努力。在转变的过程中,民办高校需要认识到自身存在的问题,只有意识到了问题,改革时才能做到有的放矢。民办高校现存主要问题有以下几点。

2.1 课程体系不合理,特色不突出

因为是"后起之秀",民办高校在课程的设置上,很多方面借鉴了公办学校模式,其课程多半体现了"走学术型道路"的特点。但由于民办高校生源较差,学生底子薄,"走学术型道路"的培养模式并不适合民办高校学生的发展特点。走学术型道路,公立学校的学生比民办高校的学生更有优势,但是走应用型道路,民办高校开设的应用型课程又较少。所以在就业市场民办高校学生就处于"上不去,下不来"的尴尬局面。以样本学校为例,四川外国语大学成都学院是由独立学院发展而来的,其母体学校是四川外国语大学。在课程设置上,四川外国语大学成都学院在很大程度上采用了母体学校的设置模式。以英语专业为例,泛读、听力、阅读、笔译、口译等都和母体学校大同小异。以

四川外国语大学成都学院的二级学院英语教育学院为例,该学院对 2017 级学生开设了英语师范方向、英语涉外文秘方向和英语学前教育管理方向。虽然其分了三个方向,但三个方向开设的课程完全相同,这未能体现英语师范方向、英语涉外文秘方向、学前教育管理方向三个教学方向的不同。三个方向旨在培养不同类型的人才,但从开设的课程来看,其培养模式没有太大不同。

2.2 教学实践性不足

"应用型"强调的是所培养人才能为社会所用。学生如果只对书本知识进行学习,不走入社会亲身体验社会对人才的需求,那么毕业后,其所学知识就会与社会需求脱节。以样本学校的英语师范方向学生为例,该方向培养的学生就业方向为老师。但如果在学校从未参加过中小学教学实践,他们如何能够深入了解中小学人才培养需求,如何能够做到站上讲台时教风、台风得体。除了在校学习打下良好的基础,学生还需要在社会实践中不断磨炼自己。样本学校在这些方面正在不断加强,以样本学校的二级学院英语教育学院为例,该学院已与当地的幼儿园、小学、中学建立了教学实践关系,但由于规模、师资等问题,参与的学生比例还不够大。

2.3 教材不得当

从发展时间来看,大多数民办高校的发展时间比公办高校短,这既是优势也是劣势。但是民办高校可以借鉴公办高校的发展经验,少走弯路。比如在教材的使用上,民办高校可以借用很多公办高校的教材。事实上,很多民办高校的确采取了这种方法,因为这种方法最为便捷、安全。有的公办高校教材几经修订,已经使用了将近 20 年,并且很多是知名专家、教授编写,教材的内容和质量可以得到保证。虽然有些公办高校的教材民办高校可以直接使用,但有的教材却未必符合民办高校对学生的培养目标。民办高校在向应用型民办高校转变的过程中,应强调教材的实用性。以"语言学导论"课程为例,现在国内使用的语言学教材多为胡壮麟、戴炜栋、刘润清等专家编写。在实际教学中,民办高校学生反映部分教材太难、看不懂、听课吃力等。实际上并非这些教材编写的不够好,而是这些教材不适合民办高校的学生。很多民办高校学生毕业后会从事初中、小学教师职业,甚至幼儿园的语言教学,没有实例来支撑理论,特别是来自二语习得的实例,学生理解起来的确比较抽象。从教材的使用来看,呈现出教材与人才培养目标不一致的问题。

2.4 师资能力薄弱

教师个人素质的高低直接决定了学校的教学水平的高低。对应用型学校而言,传统的单一讲授型教师已经不能满足民办高校向应用型转变的要求。对大多数民办高校来说,教师队伍普遍存在危机意识淡薄,科研意识不够、科研方向单一的问题。一部分教师进了民办高校,认为民办高校学生底子薄,无形中放低了教学标准,同时忽略了对自我能力的提升。危机意识淡薄,缺乏主动学习、探究的动力,对民办高校的发展无疑是不利的。因为放低了对自己的要求,民办高校教师在科研方面的能力与公办高校相比,略显不足。重视科研,既有利于教师教学,又有利于教师能力的提升。教师只有不断进步,民办高校的发展才会越来越好。

联合国教科文组织在1997年定义"应用型人才"为把专业知识与技能运用于从事某一专门行业的社会实践型人才。从联合国教科文组织的定义来看,"应用型人才"强调两点:一是专业知识;二是技能。教师除了知识的讲授,还需要传授技能,这就要求教师从以前的单一型教师向双师型教师转变。以样本学校为例,一位教笔译课程的教师,如果能有全国翻译专业资格水平考试证书,其在教学中就更能把课堂教学内容与社会实践结合起来,从而培养出能及时适应工作岗位的毕业生。

3. 应用型人才培养模式探讨

鉴于以上问题,民办高校在人才培养上应走出一条不同于公办高校、更符合社会人才培养要求的道路。其培养模式简称为"四位一体"培养模式。"四位一体"培养模式最初是运用在英语教学法中,是包天仁教授经过几十年的教学经验的积累、总结、创新而形成的一个相对全面的外语教学法体系。对"四位一体"概念的研究,并不限于外语教学,也涉及其他方面,比如旅游管理中"四位一体"人才培养模式的构建(惠洪宽,宋伟凤 2021),应用型院校"四位一体"教学实践与就业实践同质同行探析(王俊明 2021)。本文探讨的是民办高校应用型转变背景下语言类专业"四位一体"的培养模式,其包括课程体系改革、实践教学体系构建、自编教材和师资队伍建设。

3.1 课程体系改革

课程体系改革主要是以"国标""指南"和"语言类类专业认证"为导向,动态对接社会对人才的需求,制定具体可行的"院标",将应用型人才培养落到实处。根据调研结果,精准定位社会对人才的需求,开设具有时效性、实用性与知识性的课程,能让学生真正做到学以致用。以样本学校的二级学院英语教育学院为例,该学院对2019级学生和2020级学生开设了学前教育专业。该专业学生的就业方向为幼儿教育。鉴于此定位,该学院在课程设置上取消了一些学术性较强的课程,增设了与幼儿教育相关的课程。比如针对2020级学生开设了"学前教育史""幼儿教育心理学课程";针对2019级学生开设了"学前儿童文学""幼儿游戏理论与实践""钢琴基础""学前儿童美术教育"等。这些课程教学目标明确,其目的是让学生毕业后能走上学前教育相关岗位,成为对社会有用的人。这些课程的开设体现了样本学校"人有我有,人无我也有"的人才培养特色。虽然一些高校也开设了学前教育相关课程,但样本学校不但开设了学前教育相关的心理学等课程,同时开设了与学前英语相关的课程,比如"大学英语""学前英语教学""英语阅读"等课程。

3.2　实践教学体系构建

实践教学体系的构建既要着眼于课堂,也要关注课堂外学生能力的发展。样本学校大力开展"三个课堂"实践教学体系构建:"第一课堂"(课堂教学)着眼课堂教学中实践教学内容的占比和导向,促进学生课内实践能力提升;"第二课堂"(语言类专业竞赛和职业技能比赛)促进学生课外实践能力的提升;"第三课堂"(创新创业项目、校外实操实训、校外社会实践/志愿服务、国外带薪实践、毕业设计)促进学生从业能力提升。学校通过"三个课堂"实践教学体系的构建,实现了"三个延伸":学习从课内向课外延伸,实践从校内向校外延伸,应用从国内向国外延伸,从而提升学生的核心竞争力。在"第一课堂"中打破传统教师主导型课堂,通过课堂呈现、课后练习等方式加大学生的实操比例。在样本学校的学前教育专业中,"宝宝乐动班""儿童拓展中心"等实践教育活动让学生参与课堂实训,为学生实践能力的提升创造了机会。在未来的发展中,学校应该把学生的实训纳入成绩考核的内容,进一步调动学生参与实训的积极性。在"第二课堂"中,加强学生活学活用的能力。语言类专业竞赛活动多样,既有笔头的笔译比赛,也有口头的演讲比赛、口译比赛。从校级选拔,到省级、国家级比赛,这些活动既锻炼了学生的应用能力,同时提升了学校的软实力。样本学校近来将"TED"演讲纳入口语课堂,并成功举办了"TED"演讲大赛,把学生的眼界书本延伸到了社会,这对学生的应用型能力的培养起到了推动作用。在"第三课堂",学校鼓励学生参与社会实践,包括志愿者服务、带薪实践等。学校可以通过教学见习、顶岗实习、课程实践等途径深化可"校企合作""校校合作",努力探索课堂学习与课外实践相结合的应用型人才培养模式。

3.3　自编教材

民办高校由于发展时间短,培养目标与大多数公办高校不同。现有的一些教材已经不符合民办高校的人才培养目标。其主要体现在:教材过难,不适合民办高校学生;教材理论性过强,不适合应用型人才的培养。针对这些情况,民办高校应大力鼓励教师自编教材,增强教材的实用性,使教材符合学校的人才培目标。

3.4　加强师资队伍建设

学校可以通过引进与培养多措并举,促使师资队伍转型,全力打造跨界师资队伍。比如,样本学校的国际商务英语专业就缺乏既具有行业经验,又具有实操能力的双素质型("双证书 + 双能力")教师。学校在对"双师型"教师的培养中,一是要组织教师挂职锻炼,到企业中去,提升其实操能力;二是请企业专家参与实训教学,教师与企业专家定期进行教学研讨,明确行业发展动态,从而提升教师教学能力。三是鼓励教师积极相关实操性证书。

4. 结论

民办高校在语言类人才培养路径的选择上,既坚守"国标"的宏观引领,也勇于探索、构建和实施专业人才分类培养的"院标"。民办高校应该继续以"四位一体"的培养模式为指引,把本专业人才培养目标定位为"高素质的复合型、应用型人才",在操作层面上坚持不懈地推进教育教学理念、范式、方法、技术的本土化与优选化创新,着力培养专业适应性宽、实践动手能力强的应用型人才。这也是主动服务区域经济发展和国家语言文化建设的必然选择。成长与发展中的语言服务产业,需要各个高校真正建立一支高素质的民办高校教师队伍,从而培养一批又一批"高素质的复合型、应用型人才"。

参考文献

[1] 胡垂立.基于校企合作的创新创业实践体系研究——以应用型本科院校为例[J].湖北经济学院学报(人文社会科学版),2017,14(8):139-141.

[2] 惠洪宽,宋伟凤.旅游管理(新媒体)"四位一体"人才培养模式的构建[J].牡丹江师范学院学报(自然科学版),2021(3):78-80.

[3] 孔繁敏,等.建设应用型大学之路[M].北京:北京大学出版社,2006.

[4] 王俊明.应用型院校"四位一体"教学实践与就业实践同质同行探析[J].辽宁农业职业技术学院学报,2021,23(1):19-21.

[5] 魏芝玲,李永春,等.民办高校应用型人才培养课程建设的路径探索——以北京城市学院为例[M].北京城市学院学报,2014(5):76-80.

On the "Four In One" Training Mode of Language Majors in Construction of Application-Oriented Talents in Private Universities —A Case Study of Chengdu Institute Sichuan International Studies University

【**Abstract**】 Private universities, whose goals are different from those of public ones in talent training, are aimed at training applied talents. As a language-learning private university, the sample school is exploring the "four in one" training mode, which includes curriculum system setting, teaching practice strengthening, textbook compilation and teaching staff construction to cultivate application-oriented talents who can adapt to society, economic development and are popular in the market.

【Key words】 private universities; application-oriented; "four in one"

第五部分
其　他

"中国文化输出"视角下《石钟山记》文化负载词英译策略探析

四川外国语大学成都学院应用英语学院　　庄小燕①

【摘要】本文对《石钟山记》中的中国文化特色词进行分类,收集该散文四个著名英译本中相关文化特色词的译文,并对其进行对比研究,提炼出"中国文化走出去"视角下文化负载词的翻译策略。

【关键词】中国文化;内涵意义;英译策略

1. 引言

中国古典散文历史悠久,成就辉煌。古典散文传播了丰富的民族智慧,保留了优秀的文化传统,展现了多彩多姿的词章写作典范,中国文化和中国人文精神在古典散文里得到了传承和发展。中国古典散文的翻译是"中国文化走出去"的重要组成部分。

文学家苏轼是继欧阳修之后北宋古文运动的代表人物之一,在中国散文史上有着重要的地位和影响力。《石钟山记》构思新颖,描写生动,条理井然、措辞简洁,是一篇别具新意、探险式的游记散文,是苏轼的散文精品。这篇经典的古典散文曾在不同时期由不同翻译家翻译为英文,其中比较有代表性的四个译本为:林语堂1960年在《理解的重要》一书中收录的《石钟山记》英译;汪榕培在2009年《中国典籍翻译》中的译本;洛杉矶加利福尼亚大学东亚语言文学系的中国古典戏剧季小说家宜立敦(Richard Strassbery)1944年在Inscribed Landscapes:Travel Writing from Imperial China一书中收录的译文;以及北京外国语大学罗经国于2005年在《古文观止精选》中对该游记的翻译。这四

---

① 作者简介:庄小燕,女,四川外国语大学成都学院副教授,文学硕士,研究方向为语言学、文化与翻译、二语习得。

个英译本都对中国文化的输出产生了积极的影响。

2.《石钟山记》文化负载词英译比较

语言是文化的产物,也是文化的载体。《石钟山记》这篇散文包含了丰富的文化负载词,可分为六类:人名、地名、称谓语、年份、典籍、乐器。这些文化负载词承载了中国丰富的文化信息,本文通过对四个译本中文化特色词的译文进行分类、对比,探究"中国文化走出去"视角下文化负载词的翻译策略。

2.1 人名翻译

《石钟山记》中出现了两处人名:"郦元"及"李勃",都出现在第一自然段,四个译本的翻译如下(表1):

表1 人名翻译

人名 译者（译法）	郦元	李勃
林语堂（译法）	Its commentator Li Daoyuan（died A. D. 527）	Li Bo
	增译 + 音译 + 加注	音译
汪榕培（译法）	Li Daoyuan	Li Bo
	音译	音译
罗经国（译法）	geologist Li Yuan	Li Bo
	增译 + 音译	音译
宜立敦（译法）	Li Tao-yuan	Li Po
	音译	音译

从上表可以看出,中国特有的人名都是以英译为主,"李勃"这个人名四个译本全是音译,涉及"郦元"一词时,也是以音译为主,只是林语堂(以下简称"林")和罗经国(以下简称"罗")的译文除了音译外,还使用了其他翻译方法。林译增补了"its commentator",还用了加注的方式写出郦道元的逝世时间,而罗译增补了 geologist。原散文中,郦道元是《水经》的注释者,从此角度看,林译增补出郦道元是《水经注》作者这一身份,增加了上下文的连贯,但林加注的译法写出其逝世的信息,这与原文理解及上下文衔接无关,不译也无妨。罗译直接增补出郦道元的身份,虽然正确,但是与上文的《水经》没有明显的联系。由此可见,在翻译中国人名时,以英译为主,但若有影响上下文理解,需要补充信息,可适当增补其身份信息。

2.2 地名翻译

《石钟山记》这篇游记中出现了五处地名,分别为:石钟山、彭蠡、齐安、林汝和湖口,翻译如下:

表 2　地名翻译

地名 译者(译法)	石钟山	彭蠡	齐安	林汝	湖口
林语堂	Stone Bell Mountain	Peng li	Qian	Linru	/
(译法)	意译	音译	音译	音译	
汪榕培	The Stone Bell Hill	Peng li Lake	Qian	Linru	Hukou
(译法)	意译	音译 + 增译	音译	音译	音译
罗经国	The Stone Bell Mountain	Peng li Lake	Qian	Linru	Hukou
(译法)	意译	音译 + 增译	音译	音译	音译
宜立敦	Stone Bells Mountain	Lake Peng-li	Chian	Lin-ru	Hu kou
(译法)	意译	音译 + 增译	音译	音译	音译

这五个地名分为三类:山名(石钟山)、湖名(彭蠡)、地方名(齐安、林汝和湖口)。除了"石钟山"的翻译运用了意译的方法,湖名和地方名都用了音译的翻译方法。湖名除了音译,还增加了一个表示地名类别的词汇"Lake"以区别于普通地名,而地方名是直接音译,第一个首字母大写。由此可见,地名的翻译一般采用音译的方式,传播中文的发音特点,以表示中文的特殊性。"石钟山"在四个译本中都没有采用音译,是因为"石钟山"的成名就是与"石"和"钟"两个字的意义相关,若用音译译法,译文读者难以理解整篇文章的写作目的,因此采用意译的方法,可以把两个字的含义直接表达出来。

2.3 称谓语翻译

称谓语是人们在交际活动中,说话者对称谓对象所选择的称呼。原散文中出现了三次称谓语,分别是亲属称谓语"长子迈"和身份称谓语"周景王"和"魏庄子",对应译文如表3。

表 3　称谓语翻译

称谓语 译者(译法)	亲属称谓语	身份称谓语	
	长子迈	周景王	魏庄子
林语堂	My eldest son	Emperor Jing of Zhou Dynasty	Wei Zhuangzi
	意译	意译 + 音译	音译

续表

称谓语 译者（译法）	亲属称谓语 长子迈	身份称谓语	
		周景王	魏庄子
汪榕培	my eldest son Su Mai	King Jing of the Zhou Dynasty	Wei Zhuangzi of the Jin State （谥号）
	意译＋音译	意译＋音译	音译＋增译
罗经国	Su Mai, my eldest son	Emperor Jing of the Zhou Dynasty	Wei Jiang by a prince of Kingdom of Jin
	音译＋意译	意译＋音译	意译＋增译
宜立敦	my son Mai	King Ching of the Chou dynasty	Wei Hsien-tzu
	意译＋音译	意译＋音译	音译

亲属关系称谓语，既包含了表达亲属关系的词"长子"，也包含了人名"迈"。亲属关系词汇的翻译要表达出说话者与称谓的关系，因此"长子"在四个译本中都是运用了意译的翻译方式。林、汪榕培（以下简称"汪"）、罗都译为"my eldest son"，而宜立敦（以下简称"宜"）省掉了"长"直接译为"my son"，虽然采用了意译的方式，但是遗漏了表达年龄的"长"，没有完全还原出中文的意义。人名"迈"的翻译，汪、罗、宜都采用了音译的方式，汪和罗还增加了"迈"的姓"苏"，译为"Su Mai"，既能让读者知道"迈"与"苏轼"同姓，又能传播子随父姓这一中国文化。

原散文中的身份称谓语包含了三重信息：国名、姓、身份。"周景王"四个译本都采用了意译和直译相结合的翻译方法，具体翻译虽有些许差异，但在翻译方法上是相当统一的。具体而言，国名"周"几乎都译为"Zhou Dynasty"，其中"Zhou"为音译，"Dynasty"是用意译的方法告知译文读者"Zhou"的内涵意义，宜把"周"译为了"Chou"，只是发音方法的差异。"景"是姓氏，因此四个译本都采用音译的方式；"王"是身份词汇，采用了意义的翻译方式，译为"king"或"emperor"。

"魏庄子"指魏绛，姬姓，魏氏，名绛，是春秋时期晋国的大夫，提出了"和戎"政策。"魏庄子"是身份称谓语，其中"魏"为其氏，"庄"为其死后晋王赐予的谥号，暗示了魏绛尊贵的大夫身份，因为古代只有身份尊贵的人死后才有谥号，而"子"则为尊称。该称谓语中的林、汪都采取了音译的方式，汪译除音译还用了增译补充"魏庄子"的国别。从文化传播的视角看，名字及谥号的翻译采用直接采用音译法可以保留中国的文化，但是遗失了"魏庄子"的国别及其尊贵的身份，用增译的方法却能增加相应的国别。罗译先意译出"魏庄子"的本名"魏绛"，然后补充"庄"这个谥号的来源，介于原散文本身用的是谥号而不是原名，此处不建议直接翻译为原名。相比之下，汪译能在传播文化的同时更好地传递该词汇的意义。

综上,称谓语翻译中,涉及姓、氏、名的直接音译,涉及亲属关系的意译,涉及身份的词意译,若是身份词汇比较隐晦,则需要通过增译进行一定的补充,最大限度还原原文传递的信息。

2.4 年份翻译

古代年份词汇翻译了当时的政治文化及纪年文化。原散文中出现了"元丰七年六月丁丑",其中"元丰"二字是年号,指北宋时宋神宗赵顼统治时期,始于1078年,"元丰七年"为赵顼统治的第七年,即1084年,这反映了当时纪年受到皇权的影响,不同皇帝统治期间年号不一致。同时"六月丁丑"反映了中国天干地支的纪年文化,"六月"指中国阴历六月,"丁丑"指第九天。

表4 古代年份翻译

年份 译者(译法)	元丰七年六月丁丑
林语堂 (译法)	in June 1084
	意译
汪榕培 (译法)	on the ninth of day of the sixth month by the lunar calendar in the seventh year during the Yuanfeng reign (1084)
	直译加注
罗经国 (译法)	on the ninth of day of June in the seventh year of Yuangfeng
	直译
宜立敦 (译法)	On the day ding-chou in the sixth month of the seventh year of the Yuan-feng era〔July 14,1084〕
	直译加注

在"中国文化走出去"的视角下,年份的翻译应该既能传播中国文化又能表达其意义,让读者知道具体是哪一天。如表4所示,林直接采用意译,虽然传播了其意义但未能传递相关文化信息;罗选择了直译方式,虽然传播了中国文化,但不能让读者理解其意义;汪和宜都采用了直译加注,在传播中国纪年文化的同时,还原了其内涵,有利于加深读者的理解。

2.5 典籍翻译

中国典籍翻译是中国文化传播的重要内容,在《石钟山记》中,出现了典籍《水经》。从表5看出,除了罗采用音译外,其他三位译者皆采用了意译的翻译方式,只是措辞有些不同。

表5　典籍翻译

典籍 译者(译法)	《水经》
林语堂	Classic of Water
(译法)	意译
林语堂	Classic of Water
(译法)	意译
汪榕培	Book of Waters
(译法)	意译
罗经国	Shui Jing
(译法)	音译
宜立敦	Guide to Waterways
(译法)	意译

　　《水经》是中国第一部有关水系的专著,"水"指的是书中的以"水系"为纲记载水道及水道各地的地理、历史、经济、人物等,"经"就是"书"的意思,因此,汪和宜的翻译比较符合这本典籍本来的意义。林把"水"译为"water"这跟原文的"水系"或"水道"是额有区别,脱离了原文表达的意思。

2.6　中国乐器翻译

　　中国古代乐器繁多,在《石钟山记》散文中,一共出现了四种乐器,有些中国乐器在英国有类似的,比如"钟"和"鼓",但由于文化空缺,有些中国乐器在西方却无法找到类似的,比如"磬",一种用石头磨制而成的打击乐器。按照乐器命名方式,这四种乐器分为两类,一类是乐器种类,如"钟磬""钟鼓"和"歌钟",一类是专有名词,如"无射"(表6)。

表6　乐器翻译

乐器 译者(译法)	种类			专有名词
	钟磬	钟鼓	歌钟	无射
林语堂	bells and musical stones	drums and bells	orchestra bells	/
(译法)	直译 + 意译	直译	意译	/
汪榕培	a bell or a stone chime	the bells and drums	Stringed chime	Wuyi Bell
(译法)	直译 + 意译	直译	意译	音译 + 意译
罗经国	a bell or a stone qing	unseen bells	Music Bell	Wushe
(译法)	直译 + 意译 + 音译	意译	意译	音译

续表

乐器 译者（译法）	种类			专有名词
	钟磬	钟鼓	歌钟	无射
宜立教 （译法）	Some bells and chi-mes	bells or drums	Singing Bells	Wu-i
	直译 + 意译	直译	意译	音译

从表6中可以看出，按照种类划分的乐器，如果英语文化中存在与中国文化中几乎一样的乐器，就采用直译的方式，如"钟"译为"bell"，"鼓"译为"drum"；若是英语文化中没有相似的，就只能采用直译方法外的其他翻译方式。四个译本几乎都采用了意译去翻译"磬"。相对而言，林译的"musical stone"和汪译的"stone chime"更能传达"磬"的质地和功能；宜直接译为"chimes"只传达了功能没有表达该乐器的质地；而罗译的"stone qing"采用了意译与音译结合的方法，意译出其质地"stone"，音译出乐器的名"qing"，但音译没有传达出该乐器的功能，不利于译语读者理解。鉴于此，针对"磬"这类中国独有的用其种类命名的乐器，从利于读者理解的角度出发，意译更能传播出其功能及质地，更利于读者理解其意义和中国的文化。

乐器"无射"从乐器种类看属于"钟"，但"无射"专指周景王制造的大型编钟，属于专有名词。从文化传播的角度看，专有名词如前文提到的人名、地名，主要采用音译的方式，所以四个译本无一例外采用了音译，由于音译不能让读者真正认识其为乐器，所以汪在音译之后加上增译，译为"Wuyi Bell"，弥补了音译的不足。

3. 结语

对比《石钟山记》六种类别的文化负载词四种版本的译文可以看出，在"中国文化走出去"视角下，我们提倡以"异化"为主，即在传播文化特色词的意义的同时，把其外延意义表达的中国文化传播出去，因此直译、音译是文化负载词翻译的主要方法。由于文化差异，英汉文化存在文化空缺，汉语中的某些文化在英语中找不到相应的对等词去表达，这种情况我们往往采用音译的方法，这就容易导致译文所表达的意思的不准确，读者很难理解译文词汇的意义，这就需要发挥译者的主观能动性，适当结合"归化"的策略采用意译、增译或者加注的方式，对译文进行适当补偿。中国的文化负载词博大精深，在"异化"为主的翻译策略下，其通常需要译者具体问题具体分析，适当结合"归化"策略，更好地把中国优秀文化传播出去。

参考文献

[1] 汪榕培,王宏.英汉翻译技巧——中国典籍英译[M].上海:上海外语教育出版社,2009.

[2] 孙致礼. 新编英汉翻译教程:第 2 版[M]. 上海:上海外语教育出版社,2011.

[3] 马会娟. 汉英文化比较与翻译[M]. 北京:中国对外翻译出版社,2014.

Analysis on English Translation Strategies of Culture-loaded Words in The Story of Stone Bell Hill from the Perspective of "Chinese Culture Export"

【Abstract】 This paper aims to extract the English translation strategies of culture-loaded words from the perspective of "Chinese culture Export" through classifying the Chinese culture-loaded words in The Story of Stone Bell Hill and making a comparative study of the translation of the four famous English versions of the prose.

【Key words】 Chinese culture; connotative meaning; English translation strategies

论《爱情是谬论》不可靠叙述者的人物形象塑造中修辞手法的运用

四川外国语大学成都学院应用英语学院　林丽①

【摘要】《爱情是谬论》是收录于高校英语专业教材《高级英语》中的经典叙事文本。该短篇小说叙事风格迥异,内容妙趣横生,主题鲜明深刻,值得读者反复品读。《爱情是谬论》的叙述过程中,作为幽默大师的马克斯·舒尔曼,巧妙地运用了生动有效的修辞手法,使得故事语言表达丰富,情节惟妙惟肖。本文以该叙事文本中的不可靠叙述策略为研究重点,试图探讨分析故事作者如何通过修辞手法的运用,来塑造主人公不可靠叙述者的人物形象,从而使文本达到揭露讽刺当时美国普遍存在的社会谬论的意图。

【关键词】不可靠叙述;修辞手法;人物形象;逻辑谬论

1. 引言

由我国著名学者张汉熙教授主编的教材《高级英语》,多年来一直是许多高校里高年级英语专业学生使用的重要教材,这是一本全面提升学生综合语言基础和理解鉴赏能力的英语教材。该教材所收录的短篇小说作品《爱情是谬论》,是美国近现代幽默大师马克斯·舒尔曼的经典叙事文本,选自1951年出版的幽默叙事作品《多比·吉尔斯》。《爱情是谬论》是围绕美国大学校园中三个年轻人之间的情感纠葛展开。从一件浣熊皮大衣的交易开始,多比·吉尔斯与波莉·埃斯皮开始约会,但约会的主题却是教授逻辑谬论的知识,这是因为多比相信凭他的才学,波莉最终将学会思考。五天晚上过去后,多比认为在他的悉心教导下,波莉已经变成了"逻辑学家",最终"配得上"成为他

---

① 作者简介:林丽,女,副教授,文学硕士,主要研究方向为英语语言文学。

的妻子。然而,当多比表白时,却遭到了波莉的无情拒绝,因为她选择与拥有浣熊皮大衣的皮特·柏奇相爱,而这件浣熊皮大衣,正是多比之前拿来与皮特交易的物品。整个故事跌宕起伏,体现了三个年轻人荒谬的思想行为。

《爱情是谬论》体现了不可靠叙述艺术手法的特征,正是因为这一叙述手法的运用,整个故事妙趣横生,充满意蕴。在不可靠叙述者的带领下,读者一步步接近故事所表达的主旨,隐含作者正是运用这样的叙述手法,揭示并批判了当时美国社会"物质至上"的价值观。"叙述者的不可靠性"这一叙事学的核心概念,是由布思在《小说修辞学》中首先提出的。有学者指出,"布思衡量不可靠叙述的标准是作品的规范(norms)。所谓'规范',即作品中事件、人物、文体、语气、技巧等各种成分体现的作品的伦理、信念、情感、艺术等各方面的标准。"同时,"在布思看来,倘若叙述者的言行与隐含作者的规范保持一致,那么叙述者就是可靠的,倘若不一致,则是不可靠的。不一致的情况往往出现在第一人称叙述中。"在文本《爱情是谬论》中,作者舒尔曼正是借助多比的第一人称叙事,在人物塑造过程中,体现主人公不可靠叙述者的人物形象特征。对不可靠叙述者人物形象特征的解读,有助于读者深刻体会故事文本的文学价值,更准确地了解隐含作者的真实目的。

研究者指出,"正是故事中三位年轻大学生荒谬的'爱情谬误',隐含但明确地表达了作者的不认同,而叙述者与作者隐含的冲突与对立不只体现在'荒谬的爱情'上,其实质是作者在更深层面上隐含地表达其对叙述者价值判断的质疑。"本文以《爱情是谬论》文本中的不可靠叙述策略为研究重点,通过重点解读其中两种修辞手法的运用,包括夸张和典故,探讨分析了作者对多比这个不可靠叙述者的人物形象的塑造,从而深化读者对故事主人公形象特征的理解赏析,突出叙事文本对社会谬论加以批判的反讽主题思想。

2. 不可靠叙述者的人物形象塑造

《爱情是谬论》的故事标题 Love Is A Fallacy 涉及两层含义,在一般意义上,其表示"爱情具有欺骗迷惑性";在逻辑层面上,其表示"爱情不能从既定前提下推论出来"。由此可见,在第一人称叙述者多比看来,这个通过他来回忆的故事,是充满爱情创伤之苦的,也是充满逻辑荒诞性的。故事的正文分3个主要情节,包括爱情买卖、逻辑约会、表白被拒。该故事的写作手法独特,内容脍炙人口,而主人公"赔了夫人又折兵"的诙谐又讽刺的人物形象,也因此而跃然纸上。研究指出,"布思聚焦于两种类型的不可靠叙述,一种涉及故事事实,另一种涉及价值判断。前者主要指叙述者在叙述事件时前后不一致或与事实不符,后者主要指其进行价值判断时出现偏差。"显然,《爱情是谬论》的作者舒尔曼有意使用了不可靠叙述策略,整个故事是主人公多比对这段爱情纠葛的回忆叙述,在故事事实和价值判断两个方面,都体现了不可靠叙述的艺术特征。作者在刻画多比这个不可靠叙述者的人物形象时,巧妙地使用了多种修辞手法,接下来我们将就夸张等修辞手法的运用展开探究。

2.1 "夸张"修辞手法的运用

《爱情是谬论》故事正文以第一人称展开叙述,在故事开头的爱情买卖中,主人公多比用一件浣熊皮大衣与室友皮特达成一笔交易,从而获得了与室友的女友波莉约会的机会。其之所以希望与波莉约会,是因为经过理性的分析推断,他认为波丽除了不太聪明,其外在条件有助于他成为一名成功的律师。在这一情节中,作者有意运用了夸张这一修辞手法,有力地体现了主人公多比在故事叙述和价值判断上的不可靠。

故事正文开始时,多比就不遗余力地对自己聪慧的头脑自我夸赞了一番,还通过贬低他人来突出自己足智多谋的形象。第一人称叙述者多比试图以夸张的论据,证明自己的才学过人,但正是如此,反而使人怀疑其有夸大事实之嫌,从而引起读者对其不可靠叙述的关注。在多比夸赞自己时,故事原文陈述如下:"Cool was I and logical. Keen, calculating, perspicacious, acute and astute—I was all of these. My brain was as powerful as a dynamo, as precise as a chemist's scales, as penetrating as a scalpel. And—think of it! —I was only eighteen. "正如研究者指出,"'冷静''严谨''敏锐''精明''聪颖''灵敏''机智'等多个具有褒义语义成分词语的叠用,肯定的陈述语气,均以不容置疑的方式展示了人物叙述者'我'的机敏过人。"其中"I was all of these"和"I was only eighteen"两句话,起到了画龙点睛的作用。在现实生活中,这样自命不凡的夸张语气,无疑令人们反感,但是在故事文本中,读者绝不会信以为真,只会对这个信口雌黄的法学专业学生,嗤之以鼻,这正好实现了隐含作者借第一人称叙述者对故事内容展开不可靠叙述的目的,从而有效塑造了多比这个不可靠叙述者的鲜明形象。作者在此处使用的夸张手法,为使读者对这个无比自负的大一学生,"未见其人,却闻其声",从而一开场就入木三分地刻画了这个滑稽荒诞的人物形象。也正是如此,读者在读到故事结尾时,对多比这个不可靠叙述者的形象,有了很深的体会。同时,多比不仅炫耀自己才学过人,而且还贬低室友皮特,把他与自己的聪明才智进行对比。在多比贬低室友时,故事原文陈述如下:"Same age, same background, but dumb as an ox. A nice enough young fellow, you understand, but nothing upstairs. Emotional type. Unstable. Impressionable. Worst of all, a faddist. Fads, I submit, are the very negation of reason. To be swept up in every new craze that comes along, to surrender yourself to idiocy just because everybody else is doing it—this, to me, is the acme of mindlessness. Not, however, to Petey. "通过这样的描述,第一人称叙述者多比呈现了以下内容:"与叙述者充满溢美之词的自我描述相反,对佩蒂的描述几乎是贬义的词汇,是对他的否定性评价:头脑空空,容易激动,情绪反复,易受影响,缺乏理智。"显而易见,作为入读美国同一所大学的学生,按照常理来说,这对室友是符合该大学录取标准中对综合能力的基本要求的。然而,在多比极其夸张的描述中,皮特变成了一个蠢笨如牛、头脑空空的人。读到此处，读者是不会轻易相信多比的一面之词的，反而会对多比言辞的客观公正性产生怀疑，也对多比的不可靠叙述的人物形象有了进一步的认识。故事结尾，皮特因为多比与之交换的浣熊皮大衣而捕获波莉的芳心，其狡黠复杂的心思昭然若揭，多比的不可靠叙述者的形象，也因此被有效塑造。

故事全文正是运用此类夸张手法，读者才对第一人称叙述者多比所陈述的部分内容的真实客观性产生怀疑，从而激发读者继续往下阅读的兴趣，激发读者主动去探索故事的真相，并思索隐含作者的价值判断。正是运用了夸张修辞手法，作者才有力塑造了多比许多的靠叙述者的人物形象，从而对当时美国青年学生的社会价值观进行了讽刺批判，揭露抨击了当时的社会现状。

2.2 "典故"修辞手法的运用

《爱情是谬论》的故事结局充满戏剧性的反转，以逻辑教学为约会主题，五个艰辛的夜晚过去后，多比认为时机成熟，开始向波莉表达自己的爱意，这时波莉竟戏仿多比的逻辑谬论教学，逐一回击了他的求爱策略。在多比气急败坏、无可奈何地寻问原因时，波莉宣称自己已经选择跟皮特相爱，而原因仅仅是皮特拥有一件浣熊皮大衣。故事结局之所以充满了反讽色彩，是因为这件皮大衣正是多比之前与皮特达成交易时的那件皮大衣，这无疑表明了多比自作聪明的后果。研究者指出，"故事采用多比的第一人称叙述视角，作者从故事中完全退出，有效地避免了作者的介入和操纵。多比用自己的话语和行动塑造自我形象，让读者直接听其言、观其行、判其人。"在叙述充满戏谑之意的结局时，作者有意使用了典故这一修辞手法，使得多比通过自己的话语和行为，塑造了深入人心的不可靠叙述者的自我形象，读者因此能深刻地体会到作者独具匠心的叙述效果。

故事结尾，多比认为波莉是因为他的逻辑教学而学会了思考，仅仅用 5 天晚上就将波莉从逻辑外行培养成了"逻辑学家"。当他打算向这个亲手塑造的"完美"女孩告白时，他把自己比作了"皮格马利翁"（Pygmalion）。在故事中，多比这样描述自己的心境："It must not be thought that I was without love for this girl. Quite the contrary. Just as Pygmalion loved the perfect woman he had fashioned, so I loved mine. I determined to acquaint her with my feeling at our very next meeting. The time had come to change our relationship from academic to romantic."此处，多比使用的"皮格马利翁"典故，是西方社会耳熟能详的文学故事。在此典故中，皮格马利翁这位希腊神话中的塞浦路斯国王，通过夜以继日的劳作，用卓越的技艺雕刻了一座美丽的象牙女像，而多比认为自己改造多莉愚笨头脑的过程，正是自己塑造这个完美女友的过程。典故中，爱神阿芙洛狄忒被皮格马利翁的爱恋精神打动，于是赐予了雕像以生命，并让他们结为夫妻，而多比认为多莉也应该像典故中那样接受自己爱的表白。正是这个典故的有效使用，作者彰显了多比的不可靠叙述者的人物形象。皮格马利翁雕刻象牙女像的初衷，是出于对雕刻纯粹的热爱，而多比却是出于精明的算计和理性的分析；雕刻象牙女像的过程中,皮格马利翁倾注了个人的全部精力和热情,而多比在五个晚上多次出现情绪焦躁、试图放弃以及对多莉不识逻辑的厌烦之情;皮格马利翁最终能与美丽雕像结为夫妇,是因为他对雕像真挚关爱的言行情感,打动了爱神,而多比对波莉的态度中,掺杂着男尊女卑和市侩功利的思想,所以多比求爱的结局不容乐观。正如读者看到的,当多比表白时,波莉利用多比教给她的逻辑谬论,一一回击了他,这让多比大失所望,暴跳如雷,惊恐不已。故事原文这样叙述道:"I ground my teeth. I was not Pygmalion; I was, and my monster had me by the throat. Frantically I fought back the tide of panic surging through me. Frankenstein At all costs I had to keep cool. "此处,多比坦言自己不是"皮格马利翁",而变成了"弗兰肯斯坦"(Frankenstein),此处,多比使用了"弗兰肯斯坦"一词,这是西方重要的文学故事典故。小说《弗兰肯斯坦》是英国作家玛丽·雪莱在 1818 年的作品。小说主角弗兰肯斯坦,是个热衷于生命起源的生物学家,他尝试用不同尸体部分,拼凑出一个巨大的人体怪物。这个怪物在获得生命时,展现出狰狞的面目,弗兰肯斯坦被吓得弃它而逃,他却紧追不舍,后来一系列诡异的悬案也因此发生。显然,多比是借此典故,把眼前因为拒绝自己而在他眼里不再美丽迷人的波莉,比作了小说中面目狰狞的怪物,而自己变成了小说中因为创造了怪物而毁灭了自己的弗兰肯斯坦。如果仔细推敲,我们会发现多比再一次展现了不可靠叙述者的特征。多比在故事开头,一再强调波莉外表如何优雅和漂亮,而此处,波莉却变成了面目狰狞的人体怪物;波莉只是借用多比所教授的逻辑知识回绝了他的表白,他却认为波莉就像怪物一样将他轻易摧毁,而他在故事开头,却一再强调自己如何冷静和精明。由此可见,这个自诩才华横溢的法律专业的年轻学生,最终因为自己的狂妄自大和自命不凡,在这场爱情纠葛中,成为最大的失败者。在多比这个不可靠叙述者的陈述下,故事结局展现了欧亨利式的戏剧性反转,充满了隐含作者对当时社会中物欲至上、尔虞我诈的辛辣讽刺。

相关研究者指出,理性精明的多比最终败于冲动愚蠢的佩蒂手下,让人感到作家对多比自我赞美的背后隐藏了讥讽、挖苦及轻蔑。读者积聚起来的对多比爱情成功、前途无量的种种预想,瞬间化为虚无,文本由此呈现强烈的情境反讽。在故事结尾,"皮格马利翁"和"弗兰肯斯坦"这两个典故,使故事内容在主人公多比的不可靠叙述下显得诙谐幽默、生动有趣,而全文寓意在这样的反讽结局中,得到极大的升华。通过这样的修辞手法的使用,作者成功地塑造了多比这个不可靠叙述者的人物形象,其扭曲膨胀的内心思想,和荒谬可笑的行为举止,折射了隐含作者对当时社会中年轻人充满谬误的价值观的批判。

3. 结语

相关研究者认为,"叙述者对事实的详述或概述都可能有误,也可能在进行判断时出现偏差。

无论是哪种情况,读者在阅读时都需要进行'双重解码'(double-decoding):其一是解读叙述者的话语,其二是脱离或超越叙述者的话语来推断事情的本来面目,或推断什么才能构成正确的判断。这显然有利于调动读者的阅读积极性。文学意义产生于读者双重解码之间的差异。"在叙事短篇《爱情是谬论》中,作者舒尔曼以其轻松诙谐的笔调,用第一人称的叙述视角,展现了不可靠叙述的艺术风格,通过夸张和典故等修辞手法的使用,作者在不可靠叙事者的形象塑造中,实现了故事的反讽主旨。通过解读故事中不可靠叙述者的人物形象塑造中修辞手法的运用,本文旨在帮助读者更好地理解故事中的人物形象,把握故事主的题。总之,叙事短篇《爱情是谬论》以不可靠叙述者多比的人物形象,讽刺了美国大学校园中年轻人充满谬论的价值观和姻恋观,作者借助不可靠叙述策略,有力抨击了当时物欲横流的社会中普遍存在的社会谬论。

参考文献

[1] 申丹.何为"不可靠叙述"?[J].外国文学评论,2006(4):133-143.

[2] 江加宏.《爱情是谬误》的语式对语旨的建构作用[J].河南科技学院学报(社会科学版),2013(7):83-86.

[3] 申丹,王丽亚.西方叙事学:经典与后经典[M].北京:北京大学出版社,2010.

[4] 张汉熙.高级英语:第二册[M].北京:外语教学与研究出版社,1995.

[5] 黎清群,曹志希.不可靠叙述:《爱情是谬误》反讽意义的呈现方式[J].外语与外语教学,2007(9):18-18.

[6] 黎清群,曹志希.互文·并置·反讽——《爱情是谬误》的复调叙事艺术[J].外语教学,2007,28(3):80-82.

[7] 张艳玲.凝固在唇上的笑——《爱情是谬误》的反讽叙事艺术[J].长江大学学报(社会科学版),2011,34(10):15-16.

[8] 申丹.叙事、文体与潜文本——重读英美经典短篇小说[M].北京:北京大学出版社,2018.

Rhetoric Devices Applied to the Characterization of the Unreliable Narrator in *Love Is A Fallacy*

【**Abstract**】 *Love Is A Fallacy* is a classical narrative text included in *Advanced English* which is a collegiate textbook for English majors. The short story has a distinctive narrative style, with fascinating content and profound theme, which is worth readers' repeated reading and savoring. During the development of the story plot of *Love Is A Fallacy*, the author Max Shulman, as a humorist, has skillfully utilized vivid and effective rhetorical devices, as a result of which the language expression of the story is enriched and the plot content is vitalized. The paper, through the analysis of the application of rhetorical devices to the narrative text, with the center on the study of the artistic characteristics of unreliable narration, attempts to explore and analyze how the author of the story has fashioned the hero's character image of unreliable narrator via the rhetorical devices, so as to fulfill the intention of exposing and satirizing the widespread social fallacies in America of that era.

【Key words】 unreliable narration; rhetorical device; character image; logical fallacy

国内寒山诗英译研究管窥(2000—2021)[①]

——基于 CiteSpace 的科学知识图谱分析

四川外国语大学翻译学院　　贾冰雪[②]　谢文静[③]

【摘要】本文以中国知网(CNKI)数据库中 2000—2021 年的寒山诗英译研究的论文为研究数据,运用 CiteSpace 软件绘制近 20 年国内寒山诗英译研究相关文献知识图谱,通过数据挖掘思维对此进行分析。研究发现近 20 年国内寒山诗英译研究发展较为稳定,但在 2009 年、2012 年及 2015 年出现激增现象,研究机构及研究者相互的联系不够紧密,研究领域重复单一。本研究在指出现有国内寒山诗英译研究现状的基础上,提出相关建议,期望能为未来该领域的研究指明发展方向。

【关键词】寒山诗英译研究;知识图谱分析;CiteSpace

1. 引言

寒山,长年隐居于天台山一带,自号寒山或寒山子。在现有的史料记载中,唐代诗人寒山子一直被描述为"风狂之士",长期以来人们认为寒山措辞伧俗,鄙陋不堪,难登大雅之堂,"故始终不被儒、释、道正统所接纳,其诗不收于佛经道藏"。但是"寒山,这位失意的中国诗人,在海外却'意外'地实现了自己生前'忽遇明眼人,即自流天下'的神奇预言。"正是这位"弃儿",打开了外国文学的大门,风靡亚洲、欧洲以及美洲的多个国家,包括日本、韩国、英国、法国及美国等,一时间世界各处

① 本文是四川外国语大学 2021 年一流学科和重点学科研究生科研创新项目的研究成果,项目编号:SISU2021XK082。
② 作者简介:贾冰雪,女,四川外国语大学成翻译学院 2020 级英语语言文学专业研究生,研究方向为翻译理论与实践。
③ 作者简介:谢文静,女,四川外国语大学翻译学院 2020 级英语语言文学专业研究生,研究方向为翻译理论与实践。

"寒山热"。从 20 世纪到 2 世纪,寒山诗被广泛翻译为英、德、法、日等各种文字,寒山诗外译研究众多,寒山诗英译多指向一些欧美国家,本文则主要聚焦于国内对寒山诗的英译研究。

"科学知识图谱,是显示科学知识的发展进程与结构关系的一种图形。"其于 2005 年被中国相关学者引入国内,经过数十载的应用拓展与完善,这种新方法在中国应用欣欣向荣,知识图谱绘制软件的出现对学术界可谓贡献非凡,形象直观的图谱呈现为研究者节省了更多的时间和精力,而 CiteSpace 软件系统便是知识图谱领域的领跑软件。此款软件具有强大的文本挖掘能力,网络信息时代带来了浩瀚宏大、复杂多元、与时俱进的现代数据库,数据挖掘的难度也相应陡升,而此软件则"能够将一个知识领域来龙去脉的演进历程集中展现在一幅引文网络图谱上",且该软件系统操作简单、界面清晰、可视化效果好、数据处理精准,非常适合各类研究人员。本文将借用 CiteSpace 软件系统将近二十年国内寒山诗英译研究相关文献转化为科学计量知识图谱,然后进行科学分析并为未来该领域的发展提供建议。

2. 研究工具及数据来源

本文的研究工具为 5. 7. R2 版本的 CiteSpace 可视化工具。该软件为美国德雷塞尔大学信息科学与技术学院陈超美(Chaomei Chen)博士研发,而该软件一经引进便因其强大功能而备受国内研究者青睐,主要可分析研究热点、关键词、作者与发文机构等。该软件通过绘制具象化知识图谱来为使用者展现一幅信息全景图,可谓科研探索"谜林"中的实时导航与指路明灯,为科研"行路人"照亮行进方向。

本文以中国知网(CNKI)为数据来源,以"寒山诗"为主题词,并含"翻译",以 2000—2021 为检索年限进行全文检索,因为检索结果中有众多无关或条件不符的文献,所以我们对此进行了人工筛选、手动剔除,最终得到国内针对寒山诗英译研究的相关文献共计 150 篇,其中学位论文 38 篇,核心期刊 22 篇,一般期刊 83 篇,会议论文 6 篇,报刊文章 1 篇。

3. 近二十年国内寒山诗英译研究数据分析

首先我们对从中国知网(CNKI)上下载的 150 条数据进行粗略浏览,然后将数据以符合 CiteSpace 软件的格式进行导入,考虑到检索结果中的相关文献起始于 2005 年,故而在软件系统中重新选择时间范围:2005—2021 年,随后根据研究需要来设置数值处理每年的数据,将"时间切片"定为 1 年,并勾选"修剪切片网络",随后再依次运算出关键词、机构、作者的可视化图谱,并借助图谱来概括国内寒山诗英译研究的研究领域和相关热点、领军作者及机构等。

3.1 整体分析

我们按照发文年份进行分类并绘制总发文情况折线图,发文数量概览图见图1。由图1可知,国内针对寒山诗英译的相关研究起始于2005年,随后发文数量随年份稳定增长,并在2009年、2012年及2015年出现激增现象,2015—2021年,发文量呈现正态分布的特点,这表明我国在此领域的研究趋于平和。而在这些文献中,核心期刊与发文数量变化趋势基本一致,也是在2009年、2012年及2015年增长较明显,但每年的核心期刊发文数并未超过5篇。国内最早对寒山诗英译进行分析研究的两位学者分别是张广龙与胡安江,张广龙(2005)以多元系统理论为理论依托,探究了寒山诗在美国的接受。而胡安江(2005)则以加里·斯奈德(Gary Snyder)对寒山诗的译介为出发点,详述了寒山诗在文本旅行过程中的创造性"误读"现象。因此,国内针对寒山诗英译的研究起步较早,研究在15年左右的时间从未间断,但始终没有进行大规模研究,且该领域具有权威性的文章数量较少。

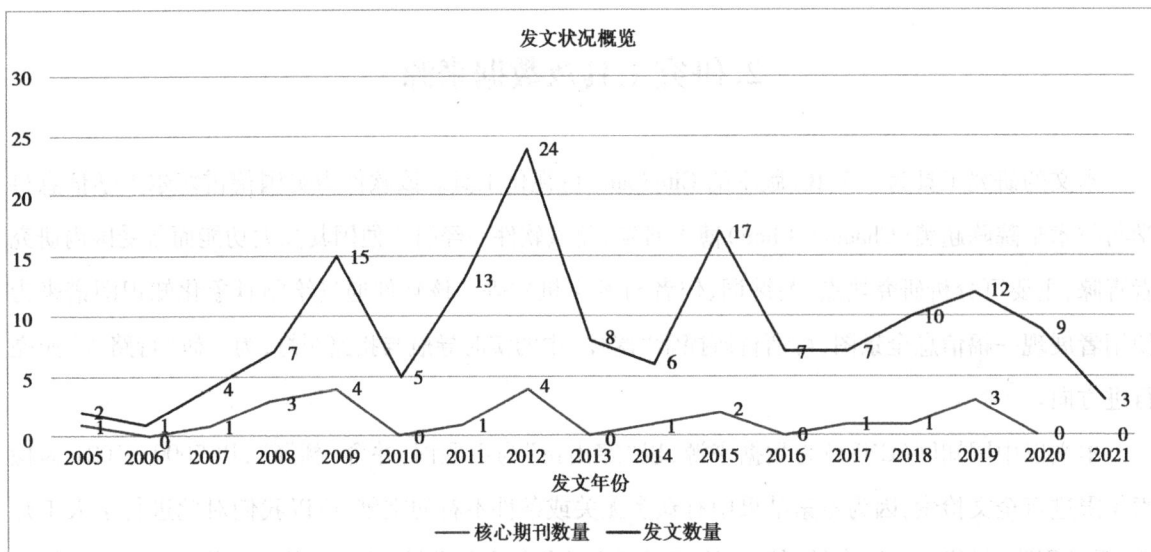

图 1 发文状况概览

3.2 研究机构及研究者分析

"科研合作是机构进行科学研究的重要方式",而"机构的科研水平会对其科研合作关系造成显著的影响",因此有必要对研究机构进行知识图谱分析。在 CiteSpace 界面中选择节点类型(Node Types)为机构(Institution),可得到机构共现图如图2。图2左上角数据"N=92,E=17"中,节点92个表示国内共有92个机构对寒山诗英译进行了研究,而连线为17条表示合作关系数为17个,总体呈现"分散大、合作少"的特点。本文总结了排名前三的核心期刊发文机构,分别是四川外国语大学(原四川外语学院)、同济大学、南京大学。其中,四川外国语大学是最早的核心期刊发文机构,同济大学紧随其后,引领了后续众多机构的相关寒山诗英译研究。

"具有一定学术影响力的作者群体是某一学科领域活动的缩影之一。"在 CiteSpace 界面中选择节点类型(Node Types)为作者(Author),可以得到作者共现图(图3)。由图中左上角数据中的"N = 137,E = 33"以及观察图谱可以得出,各作者之间合作少,这表明寒山诗英译研究的国内研究者之间交流不够。而为了使结论更准确,本文根据图3的数据制作了一张表格,截取了发文总数排名前7

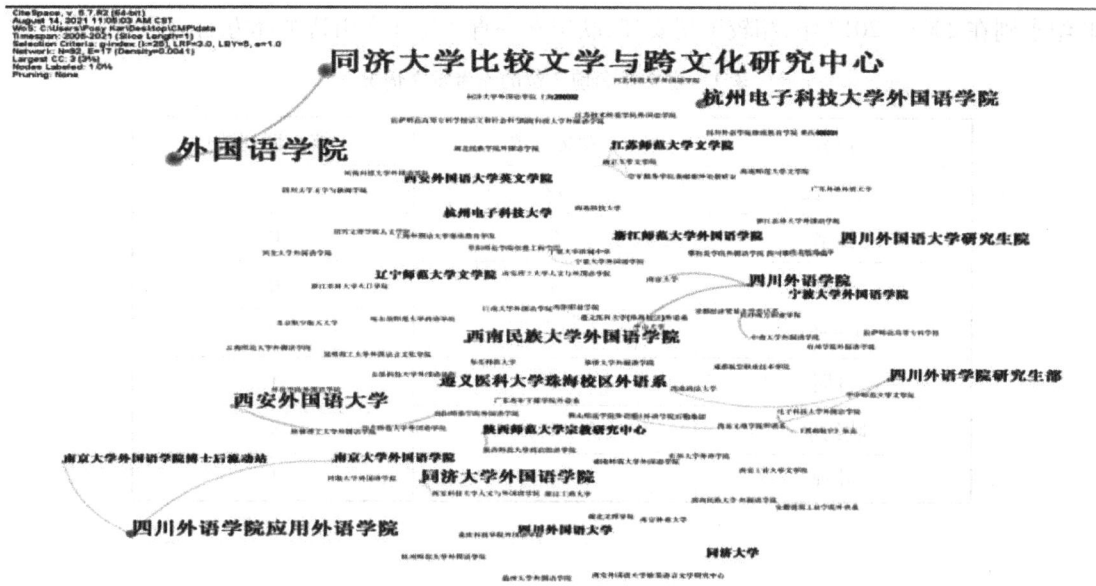

图2 机构共现

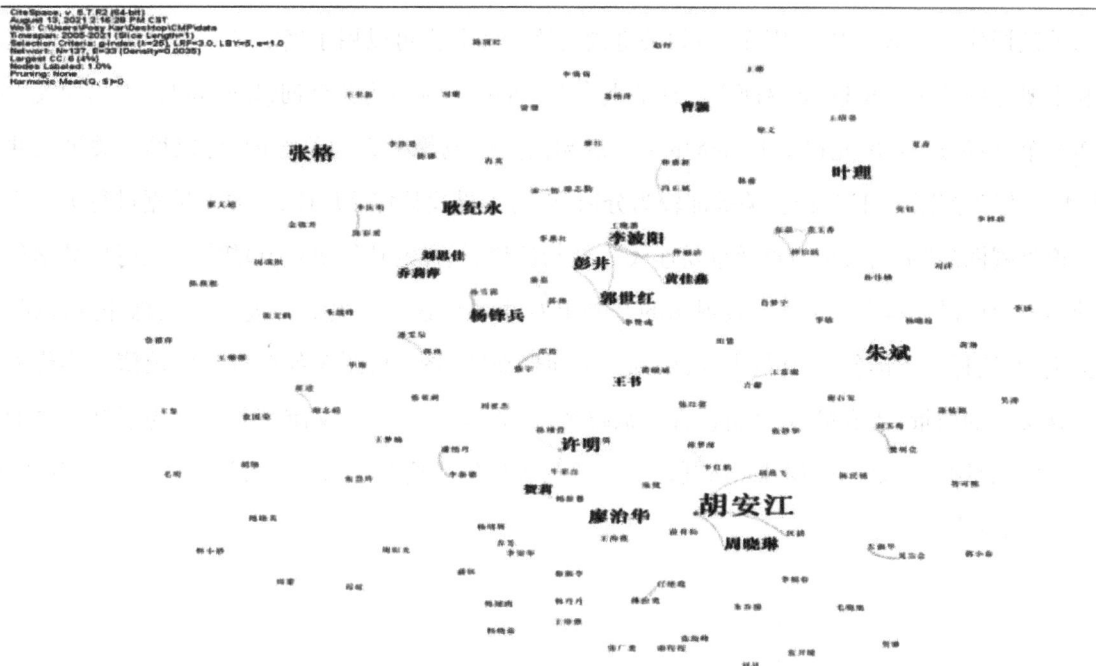

图3 作者共现

位的作者,如表1所示。由该表得知,胡安江为该领域发文量最多且在核心期刊的发文量最多的作者,耿纪永的核心期刊发文量紧随其后,但总发文数量只有4篇,其他作者发文数量与核心期刊文章数量都在0~5篇。由此可以看出,国内在寒山诗英译研究方面,少数作者如胡安江、耿纪永占据核心地位,其他作者在该领域的影响力则较小,且长期专注研究该领域的作者较少。通过对胡安江、耿纪永发表的文章进行时间上的考察,本文发现,胡安江在这方面的研究主要是在2005—2013年,而耿纪永则在2007—2019年,相较于胡安江,耿纪永一直坚持在寒山诗英译方面的研究。

表1 发文排名前7位的作者发文情况

作者	发文总数	核心期刊数
胡安江	12	8
张格	5	0
朱斌	5	0
廖治华	4	0
许明	4	1
耿纪永	4	4
叶理	4	1

3.3 关键词分析

关键词代表文章的中心,因而"高频关键词的统计和分析可以用于确定某一学科领域的研究热点和重要主题。"在CiteSpace界面中选择节点类型(Node Types)为关键词(Keyword),得出的关键词为268个,数量过多,因此在图中选择显示出现频次大于或等于2的关键词,可以得到关键词共现(图4)。但观察图4可以发现,关键词较为分散,而为了寻找其背后规律,需要对数据进行进一步处理。聚类视图能"突出关键节点及重要连线",换句话说,这样的功能决定其能大致映射出某学科领域的热点及前沿。本文在关键词共现图的基础上对联系较紧密的关键词进行了汇总,随后剔除重复类别,并选择显示排名前10的类别,得到关键词聚类图(图5),图5各个聚类的数值大小代表着其包含文献的数量,数值越小,其所包含文献越多,数值越大,所包含文献就越少。为了结论更加精确,本文结合图2与图3,依据degree排名在剔除聚类标签后选取了每一个聚类中代表性最强的前3个关键词,见表2。

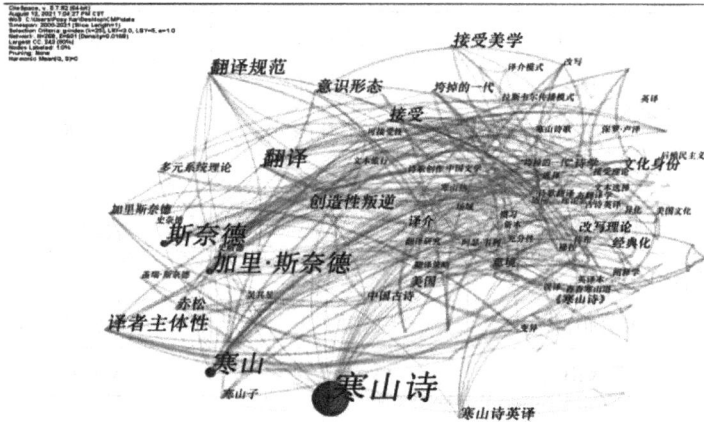

图4　关键词共现

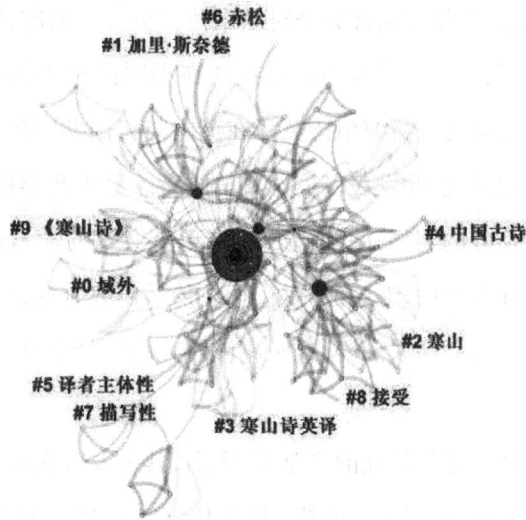

图5　关键词聚类

表2　代表性关键词聚类标签

聚类标签	关键词1	关键词2	关键词3
域外	寒山诗	翻译规范	场域
加里·斯奈德	垮掉的一代	理论旅行	诗歌翻译
寒山	文化身份	接受理论	异化

续表

聚类标签	关键词1	关键词2	关键词3
寒山诗英译	美国	古诗英译	文本选择
中国古诗	变异	生态翻译	佛禅
译者主体性	意识形态	改写	诗学
赤松	创造性叛逆	施耐德	绘画经验
描写性	接受美学	意境	英译本
接受	审美距离	美国文化	误读
《寒山诗》	杳杳寒山道	文化缺省	关联理论

对表1中的代表性关键词进行分析整理,结合图4与图5,本文归纳出国内对寒山诗英译研究的几大主要领域:在域外接受与传播研究;特定译者及译本研究;基于特定理论的英译研究。

对寒山诗在域外的接受与传播进行研究文章有24篇,其中发表在核心期刊的文章5篇。通过分析这些文章可知,这些研究大部分是对寒山诗在英美国家的英译传播状况进行研究,为历时性研究,且多关注文化因素。其缺乏对寒山诗英译在不同国家传播的共时性研究,而且缺少系统性的、整合性的文章,比如,对比分析寒山诗英译在英国与美国共时传播状况。同时,除了胡安江,几乎没有长期在此方向进行研究,并发表多篇论文的学者。鉴于此类核心期刊文章仅有2篇,其他文章多发表于学界认可度一般的刊物,因此该方向的现有文章的学术价值有待提升。在对国外的传播研究中缺乏对读者群体系统的、专门的分析,而在传播研究方面,只有耿纪永的研究角度较为新颖,其他学者的研究方向大多与前人无异,未脱离被研究的作品本身、译入语社会主流意识形态以及赞助人的影响三方面。

对特定译者及译本进行研究的文章有47篇,其中发表在核心期刊的文章有13篇,关注的译者为加里·斯奈德(Gary Snyder)、赤松(Red Pine)、巴顿·华兹生(Burton Watson),亚瑟·韦利(Arthur Waley)、吴其昱(Wu Chi-yu)、比尔·波特(Bill Porter)。值得一提的是,这47篇文章中,对斯奈德或其译本进行研究的有35篇;对赤松及其译本进行研究的只有5篇,研究韦利、吴其昱与华兹生的文章都只有2篇,而研究波特的仅有1篇。国内关于寒山诗译者及译本的文章较多,这些文章的立足点十分多元,不拘泥于对译者或译本本身的研究,其对翻译过程的前期、中期、后期都有研究,比如,前期译本的选取、中期翻译策略的抉择、后期翻译得失的分析、翻译影响探索等。

基于特定理论的英译研究的文章有55篇,从数量上看其可以说是研究的主流,但23篇文章是学位论文,且发表在核心期刊的文章仅有3篇。这些文献关注主要理论为:接受美学理论、改写理论、后殖民主义翻译理论、社会学理论、翻译适应选择论、目的论、生态翻译理论、认知信息加工论、阐释学理论、多元系统论、模因论、互文性理论、描写翻译理论,翻译规范、译者主体性、阅读理论等。由此可知,国内基于特定理论的寒山诗英译研究较为丰富,这些文章运用的指导理论涉及领域较为广泛,如语言学、认知心理学、翻译学、社会学、文学、传播学等领域,这些研究涉及的多为翻译学领域的研究或与翻译学有着密切联系的学科领域。

4. 总结及建议

国内寒山诗英译研究始于 2005 年,除了在 2009、2012 和 2015 年有所激增,总体上还是在稳步发展,该领域虽出现了极少数具有代表性的作者及机构,但总体来看,该领域仍缺少权威性的研究,也缺少长期性的研究。以下是本文在对国内寒山诗英译研究中发现的问题的总结与提出的建议。

首先,研究质量有待提升,研究不够系统。从本文的图标中可以看出,该领域缺乏权威性研究者与长期研究者,国内寒山诗英译研究滥觞于 2005 年,历经十几年,关于该领域的核心期刊文章总数仅为 22 篇,其中核心期刊发文量超过 5 篇的作者仅有一位。尽管有 137 位研究者曾对该领域进行研究,但很少有发文数量超过 5 篇的研究者,多数研究者只是浅尝辄止,并未对该领域进行新的探索。因此,其研究的学术价值还有待提升。同时,研究者、研究机构之间缺少联系,研究缺乏系统性。由作者共现图、机构共现图可直观研究者之间联系不够紧密,核心研究圈的学者自成一派,相互缺少合作。而尽管国内有寒山诗英译研究的突出机构,但机构之间的合作也较少,这就相应地导致研究内容重复等问题。

其次,研究领域重复、范围较小。通过分析上述数据可知,国内寒山诗英译研究主要有三类,其中基于特定理论的英译研究以及对特定译者、译本进行的研究占了研究总数的 68%。一方面,国内对寒山诗译者、译本的相关研究较为丰富,且关于译者、译本的研究的文章的立足点十分多元。然而,大部分文章在对译者身份背景介绍的部分没有深入考察译者与寒山诗之间的动态关系;而且除了对斯奈德的研究较多,对其他译者如赤松等人的研究却很少;且缺乏以语料库为基础的对译者英译风格进行量化分析的研究,缺少系统性地、全面地对不同译者翻译策略的对比分析研究的文章;缺少对寒山诗英译节译全译编译等的系统性研究。另一方面,国内基于特定理论的寒山诗英译研究虽然较多,但大部分基于理论进行研究的文章的学术价值不高,且许多都发表于普通刊物上,作者基本不是该领域的专门研究学者;大部分文章表现出理论与文本割裂的倾向,不能将所运用的理论与英译研究很好地结合;这些文章意在证明的观点多为理论的合理性与适用性,而这些通常早已得到反复证明。根据图 2 与图 3 的图谱数据,本文总结归纳了近 2 年出现频次较多的关键词,其分别是:信息加工理论、文内因素、翻译主体间性、24 首寒山诗、天台山、绘画经验、语言动态顺应、文化过滤、底本、语料库文体学。这些关键词大致表明近 2 年寒山诗英译研究的热点与方向,对比可知,近2年的研究内容与过往研究的内容重复率较高,角度不够新颖,虽出现了基于语料库的研究,但仅有许明、陈瑾萱、张倩对保罗·卢泽英译寒山诗中单个字考察的相关文章。

综上,本文认为提升国内寒山诗英译研究的比重可以从以下两方面入手:

加强研究者及研究机构间的合作。针对国内寒山诗英译研究现状,本文认为未来的研究应当计划性的、系统性的展开。任何研究若缺乏系统性与组织性都将荆棘塞途,任何研究者执着于孤军奋战也将举步维艰、事倍功半。因此,未来可以由寒山诗英译研究领域的领军人物带头建立一些该领域的相关机构或组织,并号召学者广泛参与,定期开展相关学术交流及讨论活动,实现研究者间的信息交流、资源共享。

拓宽研究领域,扩大研究范围。现有研究中对国内寒山诗英译研究史的考察较为空白,在中国,"我们对翻译理论和翻译技巧研究的关注远远多于翻译历史,"因此,研究者应该明确翻译史在翻译学科建设中的重要作用,尝试从翻译史角度进行研究。如今翻译界正处于语料库转向阶段,"大规模语料库可以帮助翻译研究者重新审视其研究对象,探究翻译研究对象不同于其他研究对象的原因,"因此研究者可紧跟时代,尝试建立原文与译文的平行双语语料库考察译者英译策略,尝试建立译者英译作品的单语语料库来分析译者的译文风格,以语料库为基础对翻译共性进行研究,翻译共性揭示的译语文本语言特征及变量更有利于发现双语匹配过程中的变化动因,从而有助于对翻译理论的进一步探索。另外,从"象胥"到"信达雅",再到"三美"论,可以发现中华译论之"花坛"百卉千葩,"但在翻译标准问题的讨论中却存在一种单向度、简单化的思维定式,翻译批评标准也以此为基础",这样单向度、扁平化的论调不利于译学的发展。因此,国内寒山诗英译研究可以从翻译批评研究入手对译本进行评析,探索构建具有现代内涵的翻译标准,从而完善翻译学体系。

5. 结语

知识图谱绘制软件的运用可以大大提升研究的效率,本文利用新兴可视化工具 Cite Space 软件对近20年国内寒山诗英译研究进行了科学分析,总结了研究的总体发展趋势、研究者、研究机构、研究领域等相关信息。综合上述可视化分析结果,本文发现:除了去2009年、2012年及2015年发文量出现激增现象,国内寒山诗英译的研究总体发展平稳;但是研究机构、研究者之间合作还有待加强;研究内容重复、单一,有待丰富。因此,处于核心地位的研究者、研究机构应该主动尝试建立各种学术组织或发起学术活动来加强合作,而研究者应当紧跟时代,不畏艰难,探求新颖的研究角度,挖掘具有学术价值的研究点,争取为翻译体系完善添砖加瓦。

参考文献

[1] 钱学烈.寒山诗的流传与研究[J].中国社会科学院研究生院学报,1998(3):57-60.

［2］胡安江.寒山诗：文本旅行与经典建构［M］.北京：清华大学出版社,2011.

［3］陈悦,刘则渊.悄然兴起的科学知识图谱［J］.科学学研究,2005(2):149-154.

［4］陈悦,陈超美,刘则渊,等.CiteSpace 知识图谱的方法论功能［J］.科学学研究,2015,33(2):242-253.

［5］张洋,谢齐.基于社会网络分析的机构科研合作关系研究［J］.图书情报知识,2014(2):84-94.

［6］李红满.国际翻译学研究热点与前沿的可视化分析［J］.中国翻译,2014,35(2):21-26.

［7］穆雷.重视译史研究 推动译学发展——中国翻译史研究述评［J］.中国翻译,2000(1):44-48.

［8］王克非,黄立波.语料库翻译学十五年［J］.中国外语,2008,5(6):9-14.

［9］杨晓荣.翻译批评标准的传统思路和现代视野［J］.中国翻译,2001,22(6):11-15.

［10］耿纪永.为濒危的世界翻译——生态批评视阈下斯奈德唐诗英译的意义与价值［J］.当代外语研究,2018,
(3):68-72.

［11］胡安江.文本旅行与翻译变异？——论加里·斯奈德对寒山诗的创造性"误读"［J］.解放军外国语学院学报,2005,28(6):67-72.

［12］许明,陈瑾萱.保罗·卢泽译"狗"——基于《寒山诗集》翻译语料库的研究［J］.大众文艺,2018(16):166-167.

［13］许明,张倩.保罗·卢泽如何译寒山之"月"？——基于翻译语料库的考察［J］.传播力研究,2018,2(22):190-191.

［14］张广龙.寒山诗在美国［D］.北京：首都师范大学,2005.

An Overview of Domestic English Translation Studies of Cold Mountain Poems（2000－2021）:A Mapping Knowledge Domains Analysis Based on Cite Space

【**Abstract**】Based on the papers on the English translation research on Cold Mountain poems published in China Knowledge Network（CNKI）database between 2000 and 2021, this paper uses Cite Space software to draw and analyzes the mapping knowledge domains. The development of related research has been relatively stable in the past 20 years except a surge in 2009, 2012 and 2015, the institutions and authors are not closely connected with each other, and the research fields are repetitive. The study also outlines a new direction for future research in this field by virtue of the current status.

【**Key words**】English translation studies of Cold Mountain poems; Mapping knowledge domains analysis; Cite Space